Pour une radicalisation écologiste

Le nouvel âge de la sécurité

Collection « Documents »
dirigée par Jean-Luc Veyssy

Ouvrage honoré d'une subvention de l'UMR Triangle

triangle
UMR 5206

www.editionsbdl.com
33300 Bordeaux

ISBN : 978-2-38519-060-6

Arnaud Milanese

Pour une radicalisation écologiste

Le nouvel âge de la sécurité

LE BORD DE L'EAU

Partie I
« Leur écologie et la nôtre[1] »

1 Titre d'un texte d'André Gorz, dans *Écologie et politique* (Éditions du Seuil, 1978), qui évoquait celui de l'ouvrage anti-stalinien de Trotski, *Leur morale et la nôtre* (1938). Voir aussi *Leur écologie et la nôtre. Anthologie d'écologie politique*, Éditions du Seuil, 2020.

I

La crise du consensus écologique

La signification politique de l'écologie ne fait pas consensus[1]. Elle est pourtant peu interrogée pour elle-même, et nombreux sont ceux qui contestent même ce caractère politique. L'écologie serait d'abord affaire de science ou d'éthique, voire de spiritualité. Ou encore, fonder entièrement la politique sur l'écologie serait, au mieux, hostile à l'industrie, au pire franchement réactionnaire. Ou encore, substituer l'écologie à une véritable critique sociale favoriserait une politique de gauche « édulcorée ». Même si ces positions sont fragiles, pour le moins, il reste que l'écologie politique ne partage pas l'évidence des enjeux qui la motivent.

Car bien des choses sont devenues évidentes en matière d'écologie. Les enjeux environnementaux existent, ils affectent l'ensemble des interactions naturelles qui rendent la surface de la Terre propice à la vie, et la science les documente de toutes les manières possibles. On peut bien sûr y pointer des désaccords sur le degré, la chronologie ou la réversibilité de tel ou tel processus. Il y a toujours une part de dissensus dans un champ scientifique, cela relève de son cours *normal* – y compris lorsqu'il touche des concepts aussi centraux que ceux d'écosystème ou d'équilibre naturel. Cela ne peut plus servir à contester l'altération des conditions de vie sur Terre, ni son imputation aux activités humaines ou sa dimension catastrophique.

La crise écologique est établie. Et l'écologie *politique* n'en fait pas moins problème pour des raisons de fond. Dire cela n'a rien d'éco-sceptique, mais engage à prendre plus au sérieux le problème politique que constitue l'écologie, donc la signification de la crise écologique. L'écologie politique fait problème parce que le type d'expertise dont se nourrit le discours écologique ne suffit jamais pour tirer sans difficulté des conclusions politiques. Et parce qu'à s'en tenir à un niveau superficiel, qui semble suffire à une grande partie des discours publics, écologie et politique entrent bel et bien en tension.

1 Nathanaël Wallenhorst, *Qui sauvera la planète ? Les technocrates, les autocrates ou les démocrates…*, Actes Sud, 2022.

Le discours écologique semble focalisé sur les atteintes à la *sécurité* du vivant, les contraintes de survie découvertes et provoquées par les activités humaines et dont nous ne pouvons maîtriser les conséquences – les interactions entre espèces vivantes ou les cycles de retraitement naturel des gaz carbonés s'imposent à nous. La politique, elle, semble engager les actions et choix collectifs – du moins dans leurs conséquences –, visant une amélioration de nos conditions ou leur *sécurisation.* Même si, de part et d'autre, il est question de sécurité, dire les choses ainsi aboutit quasiment à une opposition terme à terme qu'il faut prendre au sérieux, ne serait-ce que parce qu'elle travaille bien des positions qui ne refoulent pourtant pas les enjeux environnementaux. Nombre de mouvements politiques classés *à gauche* ont ainsi pu, et parfois peuvent encore, souligner le risque que l'écologie détourne des enjeux de pouvoirs, qui seuls concerneraient la politique. Comme si les questions écologique et sociale étaient disjointes, comme si l'écologie pouvait masquer les « vrais » enjeux politiques. *A contrario*, nombre de politiques, écologistes ou non, ont pu, et souvent peuvent encore, soutenir que les enjeux environnementaux sont si impérieux que les mesures pour les traiter s'imposent en dépit des autres aspirations politiques, jusqu'à échapper au clivage droite/gauche[1]. Comme si des choix politiques précis et « neutres » pouvaient s'inférer d'une expertise scientifique et *s'imposer*, parce qu'ils dépasseraient les conflits d'aspirations qui font la politique. Dans les deux cas, en réalité, la dimension politique de l'écologie est refoulée.

Les implications politiques de la crise écologique ne sont donc pas claires, alors qu'il est clair qu'elle en a. Et pour clarifier les choses, il ne sert à rien de répéter à l'envi que les enjeux environnementaux sont impérieux – comme si la difficulté se réduisait à l'existence de formes dures ou molles d'indifférence ou de scepticisme, comme si la question écologique ne posait pas de problèmes politiques réels. À commencer par celui-ci : la crise écologique a bouleversé les enjeux de sécurité collective, qui touchent éminemment au politique tel que « nous » l'entendons, et pourtant cette crise ne cesse de le mettre en défaut. Notre vie politique ne semble pas vouloir s'acclimater – mais le peut-elle seulement ? – à ce nouvel âge de la sécurité qui serait le nôtre. Près d'un demi-siècle de parole scientifique n'y a rien fait. En ce sens déjà, on peut parler d'une crise écologique qui, comme toutes les grandes crises de l'histoire, engage l'ensemble de nos conditions socio-politiques et peut-être leur mise en question *radicale.* De là ce que je me propose d'explorer : plus on approfondit la dimension politique de la crise écologique, plus

1 Antoine Waechter, Fabien Niezgoda, *Le sens de l'écologie politique. Une vision par-delà droite et gauche*, Sang de la Terre, 2017.

on nourrit la conviction qu'une certaine *radicalisation* constitue désormais la seule posture réaliste et désirable, sur les plans écologique, social et politique.

Dans les faits, écologie et politique se rencontrent, et de diverses manières. Il existe des partis politiques écologistes, un militantisme écologiste, des pensées politiques centrées sur la question écologique, et parfois même des politiques visant à traiter les enjeux environnementaux. Mais a-t-on affaire, à chaque fois, à un même *sens* de la politique ou de l'écologie? La question n'est en rien abstraite ou détachée des pratiques et des choix qu'elles impliquent. Viser une meilleure gestion des ressources et des conséquences dommageables de nos activités économiques, ou bien un changement nécessaire de nos modes de vie, ou bien encore le besoin d'une nouvelle organisation socio-économique – ces différents sens possibles de l'écologie (et il y en aurait d'autres) engagent des conséquences pratiques différentes, potentiellement conflictuelles, et assurément politiques. Si on défend, par exemple, le besoin d'une politique environnementale, on parle là d'un programme de gouvernement qui traite des problèmes touchant les altérations de l'habitabilité de la planète dues aux activités humaines. Si ambitieux et sincère soit-il, on peut vouloir le mettre en œuvre sans soutenir qu'on ait besoin en outre d'une pensée politique fondée sur la portée écologique des activités humaines, ou que cela engage une reconstruction de nos sociétés. D'un point de vue théorique et pratique, on donne alors à l'écologie politique un certain sens, et on en écarte d'autres. On fait un choix sur ce qu'on doit entendre par écologie politique, et un choix qui a des conséquences profondes et concrètes sur nos vies – toutes les interactions humaines sont potentiellement concernées, à titre de facteur ou de champ impacté, par la question écologique.

La question dès lors s'élargit : de quelles manières de tels choix doivent-ils se faire, sur quelle base et par qui? Les gouvernants? Les scientifiques et experts qui instruisent notre connaissance des enjeux environnementaux? Tout un chacun, par une activité qui peut devenir militante? On le voit, le sens de l'écologie pose d'emblée des questions politiques. Dans les années 1980, par exemple, la plupart des partis « Verts », dans le monde occidental, militaient pour une démocratie participative, ou *a minima* des procédures délibératives plus horizontales. Selon la formule convenue à l'époque, il fallait « gouverner autrement ». Quel rapport y a-t-il entre écologie et démocratie participative? Que des partis centrés sur l'écologie soutiennent *en outre* de telles transformations politiques relève-t-il de la contingence historique? N'est-ce qu'un hasard de l'histoire du militantisme si le mouvement écologique a depuis longtemps croisé le féminisme, le tiers-mondisme ou les revendications autogestionnaires ? Je ne le crois pas, et tout ceci, d'un même geste, interroge la dimension politique de l'écologie, vise des questions en elles-mêmes politiques, et engage même ce qu'on doit entendre par *politique*.

Les questions historiques et sémantiques que soulève l'écologie sont donc politiques à de multiples niveaux, et les désaccords quant aux manières d'envisager ces enjeux constituent un champ collectif conflictuel et d'emblée politique. Sur cette seule base, la question des implications politiques de l'écologie peut déjà se justifier et se formuler : au-delà de la sidération ou du refoulement que suscitent les conséquences hors normes qu'on doit se représenter lorsqu'on parle d'écologie, qu'est-ce qui en elle engage un ajustement, une reconstruction ou autre chose encore, de ce qu'on entend par *politique* et de ce qu'on pratique sous ce nom ? Il est à peine besoin d'insister sur l'ampleur des remises en cause qu'une telle question peut motiver. Si on considère que, depuis les débuts de l'État moderne, assurer la *sécurité* des gens légitime son autorité, quelles conclusions tirer des difficultés, pour ne pas dire plus, que les États éprouvent à nous prémunir des *risques* environnementaux ? Si la crise écologique est vraiment l'affaire de chacun, et une affaire « urgente », « fondamentale », pourquoi tant s'émouvoir de ce qu'un militantisme écologiste en vienne, face à l'insuffisance des pouvoirs publics, à affronter les représentants de l'ordre, et à *agir directement* ?

La question écologique conduit ainsi à décrire une véritable crise politique, qu'il faut mettre en perspective historique pour en comprendre les *racines*, comprendre ce que l'écologie fait à la pensée et aux pratiques politiques. Comprendre même ce qu'elle a d'*intrinsèquement politique. Poser la question écologique*, en ce sens, c'est se pencher sur la crise écologique dans ses dimensions environnementale *et* politique, et ainsi sur les diverses manières dont on la pense, la traite ou simplement l'envisage – autant d'attitudes qui affectent cette crise et son devenir, donc le sens qui sera le sien dans l'histoire. Ce geste diffère de la recherche de principes éthiques, même si on peut en tirer des conséquences politiques. Arne Naess, penseur de l'« écologie profonde », inférait ainsi d'une valeur intrinsèque des vivants, des pratiques anti-hiérarchiques, localistes et décentralisatrices. Mais sans partir d'une réflexion politique. Ce geste diffère aussi de la recherche d'une nouvelle pensée de la nature (l'« hypothèse Gaïa[1] », par exemple), ou d'une culture plus soucieuse de la nature ou dépassant le clivage nature-culture[2]. Il ne se ramène

1 James Lovelock, *Gaia: A New Look at Life on Earth* (1979).

2 Philippe Descola, *Par-delà nature et culture* (2005), Gallimard, 2015 ; Andreas Malm, *Avis de Tempête : nature et culture dans un monde qui se réchauffe*, La Fabrique, 2023.

pas non plus à la recherche de modèles économiques compatibles avec les limites de la planète (voir p. 40 et suivantes). Ces apports, riches et variés, de l'éthique environnementale, de la philosophie de la nature et de l'environnement, des humanités environnementales[1] ou de l'économie écologique ne sont pas sans significations ni conséquences politiques, loin de là. Mais ces champs couvrent des questions qui ne sauraient se substituer au problème politique de l'écologie, qu'ils tendent au contraire à occulter.

Traiter ce problème pour lui-même suppose de repartir du contexte qui donne sens à nos questions et de mettre en perspective la *politisation* de l'écologie qui est la nôtre – choses difficiles qui exposent à des approximations. À gros traits, les discours publics concernant l'écologie, d'où qu'ils proviennent, sont dominés par une même rhétorique : de l'*urgence*, des *blocages* et du *consensus*. Urgence de la situation et des mesures à prendre ; blocages du côté des industriels, des gouvernants, de l'opinion publique, empêchant de mettre en œuvre les « mesures nécessaires » ; consensus à construire pour dépasser ces « résistances ». Cette rhétorique n'est pas nouvelle, on l'entendait déjà dans les années 1970, mais elle s'accentue depuis vingt ans, à mesure que les rapports du GIEC soulignent en vain l'aggravation des processus qu'ils mettent en évidence. Le dernier livre d'Alain Lipietz va jusqu'à parler de « toute-urgence[2] ». Si la sécurité des vivants se trouve désormais menacée, comment ne pas voir l'*urgence* de s'emparer d'un tel enjeu ? Comment comprendre les *blocages* que nous rencontrons ? Comment faisons-nous pour échouer sans cesse à construire un *consensus* écologique ? En réalité, on ne peut pas traiter de telles questions par un discours de l'urgence.

Il est fréquent, et bien commode, d'imputer cet échec, non seulement à l'éco-scepticisme, mais aussi à la *radicalisation* écologiste qui s'opère incontestablement, dans les discours et dans les pratiques, depuis dix ou vingt ans : elle donnerait à l'écologie un visage trop effrayant, auquel on doit opposer *de toute urgence* des « solutions ». Encore faut-il prendre honnêtement la mesure de ce que cette radicalisation signifie, en l'identifiant aussi là où on ne la nomme pas comme telle et où on ne s'attend pas à la trouver. Depuis 2020 et la pandémie de Covid-19, se multiplient, par exemple, les publications, plus ou moins grand public mais issues du monde académique[3], qui soutiennent

1 Collectif, *Humanités environnementales : enquêtes et contre-enquêtes*, Éditions de la Sorbonne, 2017.

2 Alain Lipiez, *Face à la toute-urgence écologique, la révolution verte*, Les Petits Matins, 2022.

3 Andreas Malm, *Comment saboter un pipeline ?*, La Fabrique, 2020 ; Aurélien Berlan, *Terre et liberté. La quête d'autonomie contre le fantasme de délivrance*, La Lenteur, 2021 ; Alice Canabate, *L'écologie et la narration du pire*, Utopia, 2021 ; Paul Guillibert, *Terre et capital. Pour un communisme du vivant*, Éditions Amsterdam, 2021 ; Antoine Dubiau, *Écofascismes*, Grevis, 2022 ; François Jarrige, *On arrête (parfois) le progrès*, L'Échappée, 2022 ; Édouard Morena, *Fin du monde et petits fours. Les ultra-riches face à la crise climatique*, La Découverte, 2023 ;

un besoin de changements plus fondamentaux que ceux auxquels les États s'engagent – sans tenir leurs engagements. Certaines soulignent que les faiblesses des réactions socio-politiques ne tiennent pas tant à des « blocages » qu'à l'insuffisance de ce qui est visé par les politiques publiques. Depuis une vingtaine d'années, la décroissance est enfin devenue un modèle « sérieux » dans les travaux de nombre d'économistes, comme en témoignent en France les créations de l'Institut d'études économiques et sociales pour la décroissance soutenable, en 2001, ou de l'Institut Momentum, en 2011. On peut penser aux travaux de Serge Latouche, Jean Gadrey, Tim Jackson, Isabelle Cassiers, Peter Victor ou encore Timothée Parrique, auxquels on ajoutera ceux de la sociologue Dominique Méda, du politiste Paul Ariès, de l'écologue François Schneider, et de bien d'autres. Du côté de la littérature grand public, la « collapsologie » et le thème « effondriste » traduisent aussi une forme de radicalité – du moins si on la réduit à une crudité croissante dans la description des « périls[1] ». Tout ceci participe déjà d'une *radicalisation* : elle tient d'abord à une intensification de l'exigence écologique.

Mais les phénomènes socio-politiques qui expliquent la présence médiatique de ces discours sont plus significatifs encore : retour des occupations de territoires (les « zones à défendre ») ou démultiplication et durcissement des expressions militantes jusqu'aux actions relevant du sabotage. Ou de l'« écotage », comme disaient les militants des années 1970, contractant écologie et sabotage, comme lors de l'*Environmental Action's 1971 National Ecotage Contest*, organisé notamment par Greenpeace, Sea Shepherd et Earth First. On assiste aussi au retour d'un vocabulaire hostile à toutes ces manifestations, le fameux « écoterrorisme » – en oubliant que ce terme a pu longtemps qualifier, avec plus de pertinence, « nos » activités économiques destructrices. On parle de retour, parce que ce n'est pas nouveau, et l'on usait déjà de l'« écoterrorisme » pour criminaliser ce militantisme écologiste dans les années 1980. Au point que le FBI en fait une catégorie criminelle à part entière, qu'il a définie en 2002 comme « l'usage ou la menace d'user d'une violence de nature criminelle, contre des victimes innocentes *ou des propriétés*, par un groupe intranational d'orientation environnementale, pour des raisons politiques liées à l'environnement, visant un public au-delà de sa cible de nature souvent symbolique ». C'est ainsi que l'*Animal Liberation*

Bruno Villalba, *Politiques de sobriété*, Le Pommier, 2023. La liste est loin d'être exhaustive.

1 L'ouvrage du géographe Jared Diamond, *Collapse : How Societies Choose to Fail or Succeed*, paru en 2005 et traduit en français en 2009, a connu une large réception. Pour l'apparition en France de la notion de collapsologie, P. Servigne et R. Stevens, *Comment tout peut s'effondrer. Petit manuel de collapsologie à l'usage des générations présentes*, Éditions du Seuil, 2015. Pour une critique (à laquelle je souscris) de la collapsologie, Renaud Garcia, *La collapsologie ou l'écologie mutilée*, L'Échappée, 2020.

Front et l'*Earth Liberation Front* sont depuis longtemps classés comme organisations terroristes, et qu'aujourd'hui beaucoup voudraient voir disparaître *Les Soulèvements de la Terre*. Une telle définition amalgame sans vergogne le sabotage ou l'occupation illégale, à du terrorisme, et témoigne de la conflictualité politique déjà ancienne que recouvre la question écologique[1]. La *radicalisation* tient aussi à la mise en question de la légitimité même des institutions, et au durcissement de leurs réponses.

Plus largement, on sait que l'irrigation de la question écologique dans les modes de vie va croissant, et ne se limite ni aux « gestes » ni à l'effet supposé de politiques environnementales – que l'on pense à la fameuse « éco-anxiété » ou à la multiplication des « éco-communautés » ou des « éco-villages ». On peut même avoir le sentiment que les très médiatiques « bifurqueurs » ne sont qu'un phénomène de surface. À côté de ces étudiants qui refusent publiquement leurs diplômes de l'Institut National d'Agronomie, ou sortent de grandes écoles et empruntent des voies détachées de leur formation par engagement écologique[2], bien plus nombreux sont les jeunes qui « bifurquent » en amont. Ils suivent, plus discrètement mais résolument, des trajectoires semblables pour les mêmes raisons. Ils retardent ainsi la transmission d'un monde peu engageant et nourrissent les luttes écologistes. Dans nos sociétés, peu d'engagements éthiques et politiques touchent aujourd'hui de manière si directe et intime l'existence et l'expérience de ceux qui les incarnent, jusqu'à mettre en cause le « mode de vie occidental ». C'est une figure essentielle, là aussi, de la *radicalisation* écologiste contemporaine : pour eux, il ne s'agit plus seulement d'améliorer ou de sécuriser nos conditions de vie – ce à quoi se réduit le plus souvent la politique – mais d'en réinterroger patiemment le sens, de mettre en question *nos conditions*.

Intensification des exigences écologiques et délégitimation des institutions et des modes de vie qu'elles « protègent » et contrôlent. On ne peut s'empêcher d'y voir les signes d'une atmosphère incrédule face à tout consensus *a minima*. Un ensemble de pratiques plus radicales en paroles et en actes[3], toujours plus critiques à l'égard d'un ordre socio-politique ambigu

1 Pour la définition de l'écoterrorisme par le FBI, <https://archives.fbi.gov/archives/news/testimony/the-threat-of-eco-terrorism>. Pour une étude du terme « *ecoterrorism* » dans les médias états-uniens, Travis Wagner, « Reframing Ecotage as Ecoterrorism : News and the Discourse of Fear », *Environmental Communication*, vol. 2, n°1, Routledge, 1er mars 2008. Pour une critique documentée de cette catégorie, Rebecca K. Smith, « "Ecoterrorism"? : A Critical Analysis of the Vilification of Radical Environmental Activists as Terrorists », dans *Environmental Law*, vol. 8 (2), 2008.

2 Martial Foucault, Anne Muxel, *Une jeunesse engagée. Enquête sur les étudiants de Sciences Po, 2002-2022*, Sciences Po Les Presses, 2022.

3 David Porchon, Bruno Villalba, « Jusqu'où assumer la contre-violence en Anthropocène ? », dans *Analyse. Opinion. Critique*, 22 mai 2023.

sur la question écologique, et qui n'hésite pas à criminaliser l'écologisme qui le met en cause. Un ordre qui a montré son visage exemplairement lors de l'écrasement physique et symbolique de l'Altermondialisme au Contre-Sommet de Gênes en 2001.

Tout ceci fournit le contexte qui donne sens à *nos* questions. Ce qui en fait peut-être des questions *publiques*. Notre époque semble vivre la crise d'une certaine *stratégie du consensus écologique large*, d'une forme d'institutionnalisation de l'écologie opérée au cours des années 1980 et 1990 : constitution et normalisation de partis écologistes, diffusion des préoccupations environnementales dans la majorité des mouvements politiques[1], développement d'un champ scientifique pluridisciplinaire sur les questions environnementales, mise en place d'agences et de procédures internationales autour de ces enjeux. « Notre » politisation de l'écologie en serait le fruit, et la *radicalisation* écologiste contemporaine est susceptible d'être mieux comprise et stimulée par une mise en question des manières de gouverner et de l'ordre socio-politique qui nous ont conduits à cette politisation : un traitement piloté par des institutions lointaines, fondé exclusivement sur une expertise pointue, et ménageant enjeux environnementaux et ordre économique, sous couvert de consensus. Avec le succès que l'on sait. Face à cela, une radicalisation écologiste nourrit une critique *rigoureuse* : la question écologique peut-elle se réduire à une complexification experte des enjeux de sécurité qu'engage notre mode de vie ? Dire les choses ainsi, n'est-ce pas présumer que le traitement de la crise écologique et la vie que nous menons sont compatibles sous réserve d'ajustements techniques et de « courage politique » ? En fin de compte, la question écologique est-elle même une question de sécurité, de consensus minimal sur les conditions indispensables à la pérennité de « notre » vie, ou est-ce « notre » sens du politique qui l'entend ainsi ? Avec de telles questions, la radicalité écologiste est la seule posture qui prenne au sérieux le problème politique massif que constitue l'écologie : elle est la seule à poser, à proprement parler, la *question écologique*, parce qu'elle est la seule à viser la crise écologique comme une crise politique de fond.

Tout ceci fait écho à une certaine littérature écologiste très militante qui se développe dans les années 1960 et 1970. Ses thèmes se sont retrouvés dans le mouvement altermondialiste : mise en question du modèle occidental, voire de l'État et de la « science », revalorisation des savoirs « traditionnels », critique de l'économie de marché *et* de la planification dite socialiste. En somme soutenir qu'un « autre monde » est possible et désirable

1 Pierre Charbonnier, *Politiques de l'écologie*, AOC, 2022.

– une exigence politique bien plus substantielle que celle dont on semble se contenter. André Gorz, Ivan Illich ou Murray Bookchin – sur lesquels je vais m'appuyer – se méfiaient déjà d'un certain élargissement consensuel de la « conscience écologique », et de ce qu'il impliquerait : un durcissement des pouvoirs institutionnels face à leurs « opposants » et une restriction absurde des finalités – se concentrer sur le climat au détriment de la biodiversité ou des enjeux sociaux qu'engage pourtant la crise écologique. Mais ils se méfiaient aussi des inclinations qui peuvent affaiblir notre radicalité écologiste, dans les trois dimensions que j'ai soulignées : une critique qui resterait purement intellectuelle, un combat finalement orienté par ses seuls refus, un engagement qui se confine dans l'espace étroit de sa propre vie – autant de manières, là aussi, de refouler la dimension politique de l'écologie.

Face à un *consensus par concessions* qui instrumentalise l'acceptabilité sociale pour mieux *maintenir l'ordre* socio-économique, une telle radicalité oppose une autre forme d'élargissement : réinscrire les enjeux environnementaux dans le cadre socio-politique plus large qui les a suscités. Le *productivisme*, la *décroissance* ou la *sobriété* prennent alors, on va le voir, un sens bien différent de ceux que ces mots véhiculent le plus souvent, et nourrissent des discours et des pratiques critiques visant les *racines* socio-politiques dont les enjeux environnementaux sont les fruits. Viser ces *racines* jusque dans le sens que nous donnons à nos vies, les idéaux qui animent une société comme la nôtre et les institutions publiques et privées qui la tiennent. Sans se détourner de la conflictualité politique que recouvre en ce sens l'écologie. De bien des manières, une telle *radicalisation* est l'héritière du militantisme des années 1970, et conduit la question écologique – comme on parlait d'une question sociale à la fin du 19e siècle – à nourrir une contestation touchant à toutes les dimensions de la société et de ses institutions – au risque de susciter une *réaction* privant l'écologisme de tout consensus.

La recherche d'un consensus écologique ne semblait pourtant pas dépourvue de raisons et a pu très tôt se réclamer du « réalisme » : si les atteintes au climat et à la biosphère touchent à la sécurité de tous les vivants, d'une manière toujours plus *urgente*, et si, potentiellement, les actions de tout un chacun sont concernées, comment espérer *assurer* l'habitabilité de la planète sans produire et diffuser une information scientifique fiable, construire un consensus, et sans doute accepter des « concessions » avec l'ordre établi ? Ce discours écologique « réaliste », invariable depuis déjà un demi-siècle, fait aujourd'hui pâle figure face à ses « résultats », tandis que les contestations qui animent un écologisme radical, dans les années 1970 comme aujourd'hui, expriment des problèmes bien *réels*. Si « notre » politisation des enjeux environnementaux est bien le résultat d'une certaine stratégie du consensus, si l'intensification de la rhétorique de l'urgence est le symptôme de sa crise, un écologisme plus critique, inspiré d'une littérature d'un autre temps, peut constituer une ressource. Non en l'étudiant pour elle-même, mais en se saisissant de la piste qu'elle indiquait et que j'incline à suivre à nouveaux frais.

Ce geste retrouve et assume une *polarisation politique* qui travaille toute l'histoire de l'écologie, et interroge les rapports entre science, critique sociale et luttes écologistes. D'une part, ce que recouvre en réalité la stratégie du consensus qui domine depuis les années 1980 : confier les enjeux environnementaux aux seules institutions et nous déposséder davantage de nos milieux et de nos besoins, pour mieux les contrôler. D'autre part, subvertir l'ordre socio-politique responsable de la crise écologique, ce qui confère au mouvement écologique une portée révolutionnaire assumée. *Leur écologie et la nôtre*, comme l'exprimait, dans son titre, un texte d'André Gorz de 1974 (chapitre 2). Réactiver cette polarisation, contre son occultation sous le caractère impérieux des « menaces », permet de retrouver la force critique radicale d'un écologisme conséquent. Nos politiques environnementales n'y suffisent pas. Les divergences entre celles qui existent et celles que les écologistes réclament le plus souvent ne suffisent pas à dépasser la contradiction dans laquelle tendent à s'enferrer nos experts : transformer la société et son économie sans changer son cadre institutionnel et ses manières de gouverner. Ne traiter la question écologique que sous l'angle des risques encourus par le vivant manque ainsi l'anticapitalisme que recouvre une conception rigoureuse de la décroissance et de la sobriété. Un tel traitement ne pouvait qu'échouer. Les deux prochains chapitres visent ainsi à renouer avec le radicalisme écologiste des années 1970, en le confrontant aux politiques environnementales proposées depuis : elles ont donné chair à l'échec que ce radicalisme avait prévu (chapitre 3). Mais, pour des raisons qu'il faudra explorer, notre situation oblige à faire davantage. L'échec, sur le plan environnemental, de la stratégie du consensus conduit désormais à chercher en quel sens et pour quelles raisons la question écologique relève « pour nous » de la *sécurité*, touchant ainsi à ce que sont « pour nous » les tâches fondamentales de l'État. Sommes-nous vraiment entrés dans un *nouvel* âge de la sécurité, et le peut-on vraiment ? Lorsque les écologues se contentent de rappeler aux États, restés sourds tout ce temps, qu'ils ont raison depuis un demi-siècle, leur tort est de ne pas savoir interroger les liens entre la crise écologique et notre sens de la sécurité économique et politique. À certains égards, même l'écologisme radical des années 1970 semblait simplement outrer cette perspective sécuritaire, lorsqu'il justifiait la subversion sociale et politique au nom de l'ampleur des dangers encourus – « Partage ou crève ! », tel était le titre du texte d'André Gorz lors de sa première publication en 1974[1]. La question écologique croise ainsi une autre histoire, vieille d'un peu plus de quatre siècles : celle de l'État moderne et d'une politique placée sous le seul signe de la sécurité, qui semble rencontrer aujourd'hui une limite indépassable (chapitre 4). Car la crise du consensus écologique – entré en crise avant même d'avoir pu vraiment se construire – suggère un problème politique et historique plus profond. Comme si la crise écologique était vouée à mettre en échec nos institutions de sécurité, qu'elles soient publiques ou privées. Précisément parce qu'elle conduit à mettre en cause le mode de vie et les rapports de pouvoir qu'elles « protègent » et exercent par vocation. C'est en cela que la crise écologique doit nourrir une critique de « notre » ordre politique et social comme tel, une critique de la sécurité, donc une mise en question conjointe du capitalisme et de l'État. Ce nouvel âge de la sécurité serait d'abord celui de sa crise, et une crise dont il n'est pas sûr qu'elle doive se relever. Avec la crise écologique, « notre » sécurité, dans toutes ses dimensions, devient en elle-même *insécurisante* (chapitre 5). La radicalité écologiste constitue bien une *radicalisation écologiste du politique*. La recherche des racines socio-politiques de la crise écologique investit l'ensemble de nos institutions, privées et publiques, et les ramène à ce qu'elles sont devenues pour nous : une « méga-machine » à produire des dépendances, à nourrir un *fétichisme de l'institution*. Or, c'est à un tel dispositif que l'on doit conjointement l'exploitation sans limites de la nature et l'ampleur des dominations sociales, jusque dans la manière dont sont configurés nos « besoins ». Notre sens de la sécurité et nos institutions de sécurité nourrissent d'un même geste une crise écologique et une crise sociale (chapitre 6). On comprend mieux, sur cette base, en quoi une certaine exigence d'autonomie et un véritable sens des limites, dans les formes que doivent prendre nos sociétés, s'appellent l'un l'autre. Au-delà des seuls enjeux environnementaux, le rapport entre écologisme et démocratie directe, sur les plans économique et social, se joue là et interroge notre rapport aux institutions (chapitre 7). Voilà ce qu'engage au fond la prise au sérieux d'une question massive posée par la crise écologique et la dévalorisation de notre mode de vie qu'elle implique : la question du sens d'une vie humaine et de ce que peut devenir notre quête incessante de jouissance. Sans s'emparer de cette question et lui donner un statut politique, aucune sobriété ne sera désirable, donc ne sera possible (chapitre 8). La relation inverse que l'on a coutume d'établir entre radicalité et réalisme s'en trouve compromise, et nous sommes

1 « Leur écologie et la nôtre », *op. cit.*

de plus en plus nombreux à la contester. En face, des institutions publiques et privées sont prêtes à toutes les violences, symboliques et physiques, pour la maintenir, et se maintenir. La radicalisation de l'engagement écologiste trouve là des raisons d'aller au-delà des enjeux environnementaux.

2

L'écologie et son histoire : une polarisation politique occultée

Dans les représentations communes, on retrouve souvent le même poncif. L'histoire de l'écologie a ses précurseurs, ses héros, souvent des experts, seuls contre tous, prêchant longtemps dans le désert avant l'aube d'une « conscience écologique » qu'on leur devrait. Ils s'appellent Aldo Leopold, Rachel Carson, Murray Bookchin, Donella et Dennis Meadows, Arne Naess, Françoise d'Eaubonne, René Dumont, Vandana Shiva ou encore Erin Brockovich. Le film de Steven Soderbergh, *Erin Brockovich, seule contre tous* (2000), montre pourtant bien qu'elle n'était pas seule. L'importance de ces figures, et de bien d'autres, est incontestable. Mais la « conscience écologique », plus ancienne qu'on le croit souvent, est aussi plus diverse dans ses origines politiques et bien plus sociale dans ses conditions. Elle témoigne tôt de luttes *collectives*, de clivages, et même d'une *polarisation* politique, qui contestent jusqu'à la forme de ce récit, celui de la (trop) lente construction d'un consensus à partir de quelques précurseurs. Qui plus est un consensus construit autour de diagnostics scientifiques. On retrouve, sur le plan historique et politique, quelque chose comme un discours écologique *normal* dont se dégage une perspective plus *radicalement* critique à l'encontre d'un certain ordre socio-politique, et cette polarisation interroge au premier chef le statut originairement « scientifique » du discours écologique – son autonomie, son rapport au militantisme et aux politiques environnementales. Cette question vient pluraliser le sens de l'écologie et les manières d'en faire l'histoire. Mettre en perspective « notre » politisation de l'écologie implique donc, pour commencer, de revisiter rapidement cette histoire.

Le discours écologique et sa mixité

On doit la notion d'écologie, semble-t-il, au naturaliste Ernst Haeckel, qui l'aurait forgée en 1866 pour désigner la science des rapports entre les organismes vivants et leur *environnement*[1] : l'espace minéral, végétal et animal avec lequel chaque organisme *interagit*, pour se développer, se nourrir et se reproduire. Ce champ enveloppe les analyses évolutionnistes, auxquelles Haeckel se référait largement : c'est bien par une telle approche *interactionniste* que Darwin[2] entendait étudier et comprendre l'évolution même des vivants. En ce sens, l'écologie recouvre l'étude des écosystèmes et des changements qui les affectent. On parle d'éco*système* parce que les espèces font système justement, elles interagissent en formant, avec d'autres phénomènes (les courants océaniques ou les mouvements atmosphériques), des ensembles d'interdépendances, à diverses échelles, plus ou moins stables et cohérents, et dans lesquels on peut décrire des flux de matière, des rythmes de reproduction, des évolutions ou encore des rapports de complémentarité et de dépendance (les chaînes alimentaires, par exemple). Parler d'*éco*système renvoie précisément à l'idée que de tels ensembles fournissent un *habitat* (du grec *oïkos*) aux espèces qui les composent, un milieu dont un être vivant peut en partie *disposer*, qu'il peut et doit aménager pour y vivre, s'y nourrir et s'y reproduire.

De ces origines à nos jours, cette discipline, ou plutôt ce champ scientifique (puisqu'il a vite croisé nombre de disciplines), a connu beaucoup d'évolutions, notamment depuis les années 1950, jusqu'à mettre en question la pertinence des concepts d'écosystème et d'équilibre. Ces évolutions sont importantes pour interroger la conception de la nature que l'on peut en inférer, même si nous n'aurons pas ici à entrer dans ces détails : comment articuler les différentes échelles où les vivants semblent faire système ? Comment y inscrire l'impact des activités humaines ? Parler de système en un sens étroit ne fait-il pas courir le risque de nourrir l'illusion d'une fixité des ordres naturels ? Ou de mettre l'accent sur les équilibres, au détriment des hasards, des changements ou des interpénétrations entre différents milieux ?

Sans tenir tellement compte de ces interrogations, l'usage contemporain de la notion d'écologie croise cette signification scientifique avec la dramatisation des effets – durables et délétères pour les vivants – des activités humaines sur ces conditions écosystémiques. Cette dramatisation implique un mixte

1 *Generelle Morphologie des Organismen* (1866).

2 *L'origine des espèces* date de 1859.

d'enquêtes scientifiques et d'activités militantes, souvent réduites au statut de « lancements d'alertes », sur des faits ponctuels (tel projet, telle pollution) ou sur des problématiques plus globales – le réchauffement climatique, l'effondrement de la biodiversité et la sixième extinction de masse, les pollutions non-résorbables. Cette réduction du militantisme n'a cependant rien d'évident. Prise au sérieux, la mixité du discours écologique dégage même un problème interne et historique de l'écologie, qui s'est traduit, de manière récurrente depuis les années 1970, par la distinction entre un simple *environnementalisme* et une forme d'écologie visée comme plus authentique ou plus fondamentale (écologie scientifique, écologie sociale, « écologie profonde », etc.).

L'environnementalisme, ou autre expression qui en tient lieu (par exemple, Arne Naess parlait d'« écologie superficielle »[1]), est défini de manière extrêmement variable lorsqu'une telle distinction est mobilisée, mais il implique toujours un jugement de valeur. Prenons l'exemple de l'Appel de Heidelberg, ce texte du médecin et lobbyiste Michel Salomon, signé par près de quatre mille scientifiques, au moment du Sommet de Rio de 1992. Il signifiait une adhésion aux objectifs du Sommet – parvenir à prendre des engagements à l'échelle internationale en faveur du traitement politique des enjeux environnementaux. Mais, dans le même temps, il alertait contre « l'émergence d'une idéologie irrationnelle qui s'oppose au progrès scientifique et industriel et nuit au développement économique et social[2] ». Face à ces dérives « irrationnelles », anti-progrès, anti-modernes, anti-industriels, qui seraient le fait de nombre de militants, de penseurs et d'associations écologistes, il faudrait, soutenait cet Appel, s'en tenir à une « écologie scientifique », fournissant l'analyse des facteurs et les solutions, le tout mâtiné d'un souci superficiel d'aider les « pays pauvres ». À suivre cet appel, le militantisme « légitime » n'est qu'une forme de communication, de porte-voix d'enjeux instruits par d'autres – justement l'une des manières d'entendre l'*environnementalisme*. Une telle secondarisation de l'écologisme militant est loin d'être isolée, particulièrement au tournant des années 1990. Elle rejoint la gêne qu'éprouvaient un certain nombre de spécialistes en écologie (les « écologues ») face à ce qui s'apparenterait à une récupération militante de leurs travaux, mis à l'appui d'engagements éthiques et politiques – un certain militantisme outrepassant donc son rôle supposé de porte-voix. On retrouve peu ou prou le même esprit dans *Le nouvel ordre écologique* de Luc Ferry, paru la même année que

1 « Le mouvement d'écologie superficielle et le mouvement d'écologie profonde de longue portée. Une présentation », dans *Inquiry*, n°16, 1973.

2 On peut trouver le texte sur le site de l'associations Global Chance : <https://www.global-chance.org/IMG/pdf/GC1p24.pdf>.

l'Appel de Heidelberg, et dont les amalgames témoignent bien des outrances auxquelles un tel esprit peut conduire.

Presque à l'inverse, pourrait-on dire, lorsqu'en 1974 déjà, Murray Bookchin[1] se méfiait d'un simple « environnementalisme », il nourrissait l'idée que restreindre l'écologisme militant au pourtant nécessaire lancement d'alertes va de pair avec un versant *institutionnel* de l'environnementalisme : confier aux institutions publiques et privées la bonne « gestion » des ressources naturelles – ce qui correspond à la relation science-pouvoir-militantisme qu'implique l'Appel de Heidelberg dix-huit ans plus tard. L'environnementalisme se définirait à la fois par la restriction du militantisme au lancement d'alertes et une approche managériale des problèmes environnementaux, sans changement de statut de la nature, qui reste un ensemble de « ressources » à exploiter, et sans transformation de la structure économique et politique sous-jacente – un versant de l'écologisme où le rôle du militantisme est bien plus central. Mieux (et la figure d'un Bookchin, chez qui militantisme et activité intellectuelle semblent inséparables, l'illustre) : un versant de l'écologisme où la division du travail qu'impliquait l'Appel de 1992 est bousculée. Par extension, Bookchin a même pu parler, dans sa « Lettre ouverte au mouvement écologiste » de 1980[2], d'un simple environnementalisme pour désigner ce qui devenait une « vogue » verte, un souci diffus des enjeux environnementaux en passe de se détacher d'ambitions sociales plus radicales. De telles ambitions restaient pourtant fortement ancrées dans nombre de partis « Verts » européens. Pour Jonathan Porritt, par exemple, co-président de la section anglaise des « Amis de la Terre » (1980-1983), puis du parti « Vert » britannique (1984-1990), l'écologisme impliquait encore de passer d'une défense de la nature à la recherche d'une transformation socio-politique[3].

Ni le texte de l'Appel de 1992, ni celui de Bookchin, sur ce point, ne sont donc singuliers ou isolés. Ils exemplifient une divergence, et même une *polarisation* de la manière d'entendre la *mixité* du discours écologique autour d'une question : cette mixité permet-elle de légitimer, sur le plan historique et politique, l'autonomie d'une « écologie scientifique » que l'Appel de 1992 et les positions qu'il illustre postulent, autonomie à l'égard des pratiques critiques et militantes ?

---

1 « Pour une société écologique » (1974), repris dans *Pouvoir de détruire, pouvoir de créer*, L'Échappée, 2019.

2 *Ibid.*

3 Andrew Dobson, *Green Political Thought* (1990).

Brève situation socio-historique du discours écologique

Assurément, le discours écologique implique une instruction scientifique et une mise en *commun* du contenu de cette instruction, une *communication*. Un peu comme la médecine, le versant scientifique du discours écologique a toujours une visée pratique, thérapeutique, disons, par analogie. Et comme les facteurs anthropiques sont dispersés dans l'ensemble des actions individuelles, sans être pour autant tous perceptibles au quotidien, loin s'en faut, infléchir les activités qui posent écologiquement problèmes implique *a minima* un partage des diagnostics scientifiques. Cela conduit nombre d'écologues à nourrir des rapports plus ouverts avec le militantisme, loin de l'esprit de l'Appel de 1992. Symboliquement, on le sait, de nombreuses figures ont pu jouer sur les deux tableaux, scientifique et militant. Ainsi, exemplairement, Eugene Odum. On lui doit (avec son frère Howard T. Odum) les *Fondamentaux de l'écologie*, en 1953, considérés comme la première synthèse de référence sur l'écologie comme champ scientifique, soutenant son caractère pluridisciplinaire en un sens qui n'a fait que s'accentuer jusqu'à l'émergence de la notion d'*Anthropocène.* Et ce, même si nombre de principes de sa synthèse ont depuis largement été mis en question[1]. Odum est aussi l'un des premiers militants à alerter contre l'impact des pesticides aux États-Unis – au premier chef le DDT –, lançant la première grande bataille environnementaliste états-unienne, dès 1946. Seize ans plus tard, la même question du DDT, que la France interdit en 1971, et les États-Unis en 1972, occasionne le premier best-seller écologiste de l'histoire, *Silent Spring* (1962) de la biologiste Rachel Carson, à la fois militante et scientifique.

D'autres exemples pourraient être convoqués, et, pour le dire naïvement, peut-on, chez Carson ou chez Odum, distinguer les motivations scientifiques – orientant leurs hypothèses et leur champ d'étude, voire la caractérisation de leur discipline – de leurs préoccupations environnementales, voire de leur militantisme? Au-delà de ces figures, la question qui se pose, et qu'un texte comme l'Appel de Heidelberg refuse d'envisager, est celle des conditions sociales et historiques d'émergence de questionnements et de préoccupations scientifiques – une question qu'on pourrait creuser en tirant parti d'une certaine sociologie historique des sciences qui interroge le rôle du

1 Catherine et Raphaël Larrère, *Du bon usage de la nature* (1997), Flammarion, 2022 (pour la dernière édition), chap. 3; Jean-Marc Drouin, *L'écologie et son histoire*, Flammarion, 1997. Pour une critique du concept d'anthropocène, Andreas Malm, *L'anthropocène contre l'histoire. Le réchauffement climatique à l'ère du capital*, La Fabrique, 2017.

contexte et des conflits socio-politiques dans les inflexions scientifiques, au niveau même du programme, des hypothèses et parfois des méthodes mises en œuvre (par exemple le développement de l'expérimentation au cours du 17e siècle, ou l'émergence des hypothèses évolutionnistes). Comment *situer socialement* la formation, au lendemain de la seconde guerre mondiale, du champ de l'écologie et que dit cette *situation* d'une hypothétique autonomie de l'« écologie scientifique » ?

Réinscrite dans l'histoire, l'écologie, au sens le plus large, enveloppe certes des aspects, des attitudes, des dimensions qui sont plus anciens. On se contentera d'un bref résumé pour le conserver à l'esprit[1]. Tout au long du 19e siècle, on trouve nombre de descriptions des pollutions urbaines liées au charbon ou aux ordures domestiques (avec l'ensemble des problèmes sanitaires que cela posait), qui conduisirent tôt à des mesures d'éloignement des usines et d'évacuation des ordures. En zone rurale, le développement industriel et certaines pratiques agricoles et forestières suscitent vite le besoin d'une expertise et d'une intervention publique. Les déforestations massives en Angleterre font l'objet d'une prise de conscience précoce, et un peu partout se fait sentir le besoin de réguler l'exploitation forestière, et plus largement l'usage des eaux et des terres, voire le besoin de mettre à l'écart de l'emprise humaine certaines zones dites naturelles, ou de protéger certaines espèces (la protection des oiseaux sauvages fait l'objet de trois lois, au Royaume-Uni, entre 1869 et 1876).

Assez tôt, le besoin de dégager des espaces protégés a même pu prendre deux significations différentes, dont les différents défenseurs se sont affrontés durement sur la scène politique (ainsi aux États-Unis, autour du premier North American Conservation Congress de 1909) : un *préservationnisme*, défendant la nécessité de maintenir des zones « sauvages », et un *conservationnisme*, définissant les zones protégées comme des zones exploitées dans un souci de gestion parcimonieuse des ressources naturelles. Assez tôt également, on peut retrouver des protestations et des combats, dont les modes d'action sont parfois apparentés à des formes d'« écotage », contre l'emprise des institutions publiques sur les milieux de vie. Ainsi la fameuse « Guerre des Demoiselles », ces révoltes paysannes qui doivent leur nom au fait que les paysans, principalement des hommes, masquaient leur identité en s'habillant en femmes. Elles eurent lieu dans l'Ariège, principalement entre 1829 et 1832, mais se prolongèrent jusqu'au début des années 1870[2].

1 Catherine et Raphaël Larrère, *op. cit.*, chap. 4 ; Dimitrios Roussopoulos, *Political Ecology Beyond Environmentalism*, New Compass Press, 2015, chap. 1 et 2.

2 Peter Sahlins, *Forest Rites : The War of the Demoiselles in Nineteenth-Century France*, Cambridge, Massachu-

Tournées contre les agents publics forestiers, ces actions combattaient la réglementation forestière publique mise en place en 1829, et qui dépossédait les habitants de leur espace de vie. On peut retrouver des phénomènes similaires pour des raisons similaires dans l'opposition de nombreuses populations autochtones à la colonisation, tout au long du 19e siècle.

Enjeux sanitaires des dégradations environnementales, respect d'une altérité naturelle, gestion parcimonieuse des ressources, réappropriation collective des milieux de vie : ces quatre orientations, plus ou moins compatibles, traversent toute l'histoire de l'écologie.

Sensiblement au même moment où se définissait l'écologie comme discipline scientifique, ces questions conduisirent certains géographes à interroger le caractère mixte des territoires (les terres cultivées) – fruits de l'interaction historique entre données naturelles et activités humaines – et, sur cette base, à problématiser la notion d'espace « sauvage ». En décrivant des formes de « dégradations », ils posaient le problème des critères pour les identifier et en juger dès lors qu'on ne pouvait plus se référer nulle part à une nature intacte. Ils posaient aussi déjà le problème des dominations *spatiales*, dans un contexte où la construction du prolétariat a supposé une dépossession des moyens de subsistance fournis par le travail de la terre. Ainsi George Perkins Marsh, dont le rôle a été important pour la constitution des premières réserves naturelles aux États-Unis, ou Élisée Reclus, qui articule son immense travail de géographe et son engagement anarchiste à la mise en œuvre de ce type de diagnostics[1].

Il faut pourtant bien attendre le lendemain de la seconde guerre mondiale, pour que ces éléments – diagnostics experts des atteintes aux territoires, à la santé et aux espèces animales, interventions publiques ambivalentes pour réguler ces atteintes, luttes contre les formes autoritaires que prennent ces interventions – croisent l'écologie comme discipline scientifique et conduisent à sa redéfinition. De là l'importance d'une *situation* sociale de l'extension, de la complexification et de l'intensification de l'écologie scientifique : en partie, ce champ se constituerait en réponse à la montée d'un certain nombre de préoccupations sociales qu'on peut *grosso modo* rapporter à une demande de sécurité. Même à un niveau minimal, on retrouve, à propos des politiques publiques, une telle contextualisation dans la littérature urbanistique ou les études portant sur les politiques et instruments de l'aménagement du territoire. François Mancebo, par exemple, chercheur en aménagement du

setts, Harvard University Press, 1994.

1 Georges Perkins Marsh, *Man and Nature; Or, Physical Geography as modified by Human Action*, 1864 ; Élisée Reclus, *Nouvelle géographie universelle*, en 19 volumes, 1876-1894.

territoire et en urbanisme, rattache le développement de politiques environnementales et de leurs instruments à quelque chose comme une *insécurité sociale* multiforme et diffuse qui se serait intensifiée au cours des années 1970. Liée aux conditions de travail et au contexte urbain, cette insécurité a, entre autres choses, nourri une demande *sociale* d'expertise et d'action publique en matière environnementale[1]. On pourrait aisément élargir ce diagnostic. On sait, par exemple, que la peur du nucléaire – militaire, puis civil – a été pour beaucoup dans le regain et la généralisation d'une certaine méfiance à l'égard de la technologie contemporaine, dont l'industrie et ses machines offraient, depuis un siècle déjà, la cible la plus évidente et que les deux guerres mondiales et leurs armes avaient largement nourrie. De cette méfiance à la « défense de la nature », il n'y avait qu'un pas. Parallèlement, ce n'est pas un hasard si la première grande bataille environnementaliste, celle du DDT, était directement liée à des problèmes d'ordre sanitaire effectifs et avérés aux yeux d'un public, et touchait à l'agriculture. Exemplairement, dans son premier livre, *Notre environnement synthétique* (1962), Murray Bookchin, qui tirait là le premier bilan d'une décennie de combats écologistes aux États-Unis, dans laquelle il fut activement impliqué[2], associait étroitement enjeux environnementaux et enjeux sanitaires identifiés en deçà des études scientifiques.

L'élargissement et la systématisation des attitudes protectrices et défensives diverses, déjà identifiables un siècle plus tôt, se seraient ainsi opérés à la faveur d'une demande sociale de *sécurité*, que le militantisme, qui impliquait des experts et scientifiques sans s'y réduire, exprimait et formulait, donc, aussi bien, pensait. Le discours scientifique est autonome dans l'analyse des dégradations environnementales et de leurs facteurs matériels. Mais cela ne lui donne sans doute pas les moyens et la légitimité de prescrire lui-même ce que signifie, pour une société, tenir compte du diagnostic qui en résulte. Il appartient à l'écologie comme mouvement social, mais n'a pas vocation à en décider le sens.

---

1 *Le développement durable*, Armand Colin, 2006.

2 À cette époque, Bookchin publie sous le pseudonyme Lewis Herber. Avant 1962, presque toutes les publications de Bookchin sont liées à la lutte contre les pesticides : « The Problem of Chemicals in Food », dans *Contemporary Issues : A Magazine for a Democracy of Content*, 3, 12, 1952 ; « A Follow-Up on the Problem of Chemicals in Food », *ibid.*, 6, 21, 1955 ; « Reply to Letters on Chemicals Food », *ibid.* ; « The Limits of the City », *ibid.*, 10, 39, 1960. Sur la genèse et la réception de *Our Synthetic Environment*, voir Juan Diego Perez-Cebada, « An Editorial Flop Revisited : Rethinking the Impact of Murray Bookchin's *Our Synthetic Environment* on its Golden Anniversary », dans *Global Environment : A Journal of Transdisciplinary History*, janvier 2013.

Crise écologique et critique sociale

Une telle interaction science-société bouscule ainsi une division trop simple entre instruction scientifique et communication sociale. Elle ne nourrit pas une position anti-science, mais situe l'identification des problèmes au niveau même du vécu en société, un niveau où les enjeux environnementaux se mêlent à une diversité de problèmes sociaux, de dominations territoriales, où la critique écologiste se mêle à toutes les critiques sociales. Ce pourquoi je fais mienne l'idée, déjà avancée par Bookchin dans un texte de 1965 (« Écologie et pensée révolutionnaire »), que l'écologie scientifique est fondamentalement une « science critique » – une science vouée à nourrir la critique sociale. Pour bien l'entendre, il faut précisément repartir d'une situation sociale critique, en deçà de la production et de la diffusion des *savoirs* écologiques : l'état d'abondance qui s'instaure aux États-Unis dès le lendemain de la guerre a pour corrélat, bien avant la première crise énergétique des années 1970, un état d'« insécurité » sociale qui ne se réduit pas aux atteintes environnementales que les rapports d'experts sont susceptibles de documenter.

En 1970, dans l'introduction du recueil qui reprend ce texte[1], Bookchin y a vu une forme nouvelle de « rareté » – à l'encontre du discours économique dominant, qui oppose naïvement abondance et rareté. L'« abondance » de biens disponibles dans notre société ne touche en réalité pas au cœur de ce que signifie la « rareté », bien au contraire. Elle ne concerne à la limite que la « rareté des ressources », et encore pour une partie de la société. Mais, dans son sens plein, la rareté « englobe les relations sociales et le système culturel qui créent l'*insécurité* dans le psychisme », une condition dans laquelle les individus ne disposent pas des moyens de conduire et développer leur existence. Dans les sociétés archaïques, ou plutôt « organiques », cette *insécurité* peut tenir à une rareté des ressources : lorsque les individus n'y disposent pas d'eux-mêmes, faute de ressources suffisantes. Cela ne signifie pas que « notre » abondance de ressources, que l'on vit comme réalisation des promesses de la révolution industrielle, dépasse toutes les formes de « rareté », ou pire n'en produise pas de nouvelles. Tout dépend de ses conditions sociales. Or, « notre » abondance, écrivait déjà Bookchin, n'est que « privilèges matériels que le capitalisme moderne accorde en apparence aux classes moyennes », au prix d'un « gaspillage effréné des ressources ». Un gaspillage qui exprime déjà ce que peut avoir d'irrationnel notre époque – mue par une croissance indéfinie que ses besoins

1 Murray Bookchin, *Post-Scarcity Anarchism* (1971).

en ressources condamnent par avance. Mais, en deçà même de la conscience des gaspillages qu'elle suppose, les conditions sociales de cette croissance sont *insécurisantes*. Précisément parce qu'une société industrialisée comme la nôtre est « hiérarchique » à un niveau inédit. De là une autre forme de rareté, celle qui résulte de l'ensemble des rapports de domination : cette fois, en dépit de ressources suffisantes, les individus, parce que dominés, ne disposent toujours pas d'eux-mêmes, ils ne vivent toujours pas en sécurité, en état de « post-rareté » (dans le vocabulaire que Bookchin reprenait). L'insécurité, en ce sens, c'est la condition du dominé.

Une certaine abondance fait certes partie des conditions matérielles d'une telle sécurité (ce qui impliquera de revenir sur la critique écologiste de la technique et de l'industrie) : les individus ne disposent de leur existence que s'ils peuvent disposer, d'une façon ou d'une autre, des moyens d'assurer la perpétuation de leur existence – des moyens de *subsister*. Un milieu de vie n'est un *habitat* que si l'on peut librement interagir avec ce qu'on y trouve pour assurer, développer et perpétuer sa vie (voir plus haut p. 20). Mais « notre » abondance se traduit, au contraire, par des conditions *insécurisantes*, que les risques environnementaux et sanitaires viennent illustrer. Parce que cette abondance instrumentalise la subsistance, en dépossédant des moyens de l'assurer, pour constituer des rapports de domination, au mépris des conséquences sociales et environnementales de la production économique (de ce point de vue, la bataille du DDT pouvait paraître symbolique puisqu'elle touchait aux activités agricoles, supposées assurer la subsistance de chacun). Et parce que cette abondance s'articule à une démultiplication des « besoins » qui perpétue un sentiment de rareté, renforçant les dispositifs de domination en brouillant la frontière entre le nécessaire et le superflu (plus loin, p. 53 et suivantes).

C'est sur cette base que l'écologie peut prendre le statut de « science critique ». Un statut qui tient certes d'abord à son objet : « Les problèmes dont traite l'écologie, écrivait Bookchin en 1965, sont indépassables » car « on ne saurait les négliger sans mettre en péril la survie de l'espèce humaine et même la survie de la planète », ou disons son *habitabilité*. Elle est science critique parce que science des limites matérielles, qui expriment « la puissance *souveraine* de la nature » dont elle tire en partie sa force argumentative. Ce qui implique, entre autres choses, qu'elle soit science critique parce qu'elle décrit et documente des enjeux de sécurité que nos États ne peuvent pas surmonter, alors que leur légitimité en dépend – elle décrit et documente une *crise* politique d'origine écologique.

Mais, « ce qui donne à l'écologie sa vertu critique, ce n'est pas uniquement le fait d'être la seule de toutes les sciences à adresser à l'humanité cet avertissement terrible ». Ce qui en fait un facteur « révolutionnaire », lui confère des « implications explosives », tient aussi à une propriété formulée d'abord comme adjointe à sa fonction critique, pour s'inscrire ensuite en elle et la *radicaliser* : sa « dimension sociale ». Lorsqu'on interroge ce qui conduit une société comme la nôtre à dégrader son propre environnement – les racines socio-politiques de la crise écologique –, on retrouve les coordonnées de tous les rapports de domination : spatiaux (la ville domine la campagne), institutionnels (l'État domine la « collectivité », le « centralisme » domine le « régionalisme »), ou encore économiques (l'employeur domine le salarié, l'industrie domine l'agriculture et l'artisanat). Tous les rapports qui *dépossèdent chacun de sa vie et de son milieu* et maintiennent ainsi en état d'*insécurité.* Ce qui peut faire de l'écologie la science critique de notre temps, non parce que les enjeux environnementaux seraient les seuls motifs de critique sociale, que la crise écologique s'y réduit, mais parce qu'ils sont la pointe saillante où convergent tous les motifs de critique sociale. Ils en sont la synthèse, ou mieux le *symbole.* C'est un aspect central de ce que Bookchin entendait par « écologie sociale », qui affecte la signification de la crise écologique : il y a *crise*, non seulement parce que les fonctions et la légitimité de l'État sont mises en défaut, mais parce que notre ordre socio-politique lui-même est une condition critique. Il est en lui-même insécurisant. La critique sociale prend dès lors une dimension systémique : elle vise l'ordre social dans son ensemble, et articule pour ce faire toutes les luttes. Si les mouvements sociaux des années 1960 et 1970 (féminisme, anti-racisme, luttes contre-culturelles), qui ont eux aussi nourri des savoirs critiques émergeants, ont rencontré l'écologisme, c'est parce que ces mouvements touchent à ce qui, dans notre histoire, constitue des dominations séminales – principalement genrées et raciales – dont s'originent toutes les autres, et, finalement, la crise que nous connaissons. La convergence des luttes anticapitalistes, féministes, anti-racistes et écologistes a bien des raisons de fond, et un Bookchin y croyait : une histoire du capitalisme le montre aisément, la crise écologique s'enracine dans un réseau complexe de dominations – de classes, de genres et de races.

Dans ses deux versants – conditions de pérennité de notre ordre socio-économique et insécurités multiples liées à cet ordre –, le sens critique de l'écologie tient donc à ce qu'elle s'inscrit dans une attitude sociale critique multiforme qui la précède, la conditionne et donne à l'écologisme une portée plus large et cohérente, une portée systémique. Rechercher les racines socio-politiques d'une *crise* définit en ce sens le geste critique. Et dès lors que la crise engage potentiellement tous les rapports de domination sociale, ce geste critique doit s'ancrer dans les réactions spontanées des gens aux rapports de domination qu'ils vivent. Le moteur qui pousse à produire des savoirs scientifiques *pluridisciplinaires*, nourrissant un diagnostic écologiste *multifactoriel*, ce sont donc bien les attitudes critiques qui animent notre société, et dont les premières formulations sont le plus souvent militantes.

Une telle affirmation n'est pas sans rapport avec le fait qu'une bonne part des écologistes des années 1970 entendaient élargir le champ de la production de connaissances au-delà de ses espaces « professionnels ». Même si Bookchin, exemplairement, ne semblait pas alors voir de tension entre une expertise environnementale et un savoir critique qui se construit à même la société et ses luttes – mais le pouvait-on déjà en 1965 ? Les sciences de l'environnement ne se développent, certes, qu'en se dotant de procédures rigoureuses, objectives, irréductibles au flux des opinions communes et des intérêts qu'elles expriment, mais ne seraient pas vouées à se séparer des attitudes critiques et subversives qui les suscitent et qu'elles nourrissent en retour de leurs propres résultats. Elles ne sont exemplairement pas vouées à ne nourrir qu'un réajustement de la gestion bureaucratique, publique ou privée, sinon par confiscation ou par dénaturation.

C'est l'un des aspects de la fameuse polémique que certains écologistes, notamment André Gorz, ont menée, tout au long des années 1970, contre le risque qu'une science écologique nourrisse une nouvelle forme – bien plus invasive – d'« expertocratie », un « technofascisme » ou même un « écofascisme ». On reverra ces termes, plus ou moins rigoureux, mais ce n'est pas un hasard si Gorz est revenu sur cette question dans un texte de 1992 justement[1], pour souligner que le « mouvement écologique » n'est aucunement né d'une quelconque information scientifique et technique – comme une réponse critique à l'Appel de Heidelberg. Une bonne part des enjeux environnementaux ne peuvent certes faire l'objet d'une appréhension indépendante de démarches scientifiques. Mais justement, « le mouvement écologique, écrivait Gorz, est né bien avant que la détérioration du milieu et de la qualité de la vie pose une question de survie à l'humanité », ce que ces savoirs scientifiques instruisent. Il est d'abord une « protestation spontanée », en réaction à « la destruction de la culture du quotidien par les appareils de pouvoirs économiques et administratifs » – *grosso modo* les facteurs d'insécurité pointés par Bookchin en 1965. Cette question de la « culture du quotidien » renvoie à des thèmes largement formulés par Henri Lefebvre, Guy Debord, Raoul Vaneigem ou encore Ivan Illich, et qui constituent, dès les années 1960, une critique systématique de la société de consommation – donc de la

1 « L'écologie, entre expertocratie et auto-limitation », dans *Actuel Marx*, n° 12, 1992, repris dans *Leur écologie et la nôtre, op. cit.*, 2020.

bureaucratie et de la technologie dont elle se soutient – en tant qu'elle *dépossède* chacun de son milieu de vie. Comme un écho historique – quoique plus urbain et « intellectuel » – à la « Guerre des Demoiselles », dont on a pu retrouver l'esprit dans la lutte du Larzac, à partir de 1971.

Refuser une telle *dépossession* n'enveloppe pas nécessairement une « conscience » des enjeux environnementaux (est-ce l'une des raisons pour lesquelles Debord et Bookchin ne se sont pas entendus, lorsque ce dernier, qui s'intéresse de près aux mouvements sociaux français, vient à Paris en 1967 et le rencontre ?). Et pourtant, c'est dans cette critique, et, en deçà, dans une « protestation spontanée », bien plus ancienne et dont cette critique provient, que serait né le « mouvement écologique » comme mouvement social. En deçà même de la société de consommation, « protestation spontanée » contre la dépossession de nos terres, de notre travail, de nos corps. Si on touche là aux *racines* du mouvement écologique, à suivre Bookchin, Gorz ou Illich (auquel Gorz renvoyait), c'est que l'*habitat*, l'*oïkos*, d'un écologisme ainsi *radicalisé* est d'abord plus local (*notre* milieu de vie), plus circonscrit à *notre* expérience, mais plus divers dans ses composantes et ses échelles – l'espace domestique, le milieu de travail, le territoire sur lequel se déploient nos vies – que les seuls enjeux environnementaux scientifiquement instruits.

C'est à ce niveau socio-politique qu'une part substantielle de la société peut être portée à *croire* à des enjeux environnementaux systémiques, et parfois même en deçà de leurs certifications scientifiques. Parce qu'elle vit et perçoit la violence de notre ordre social. Elle vit *directement* ses multiples « insécurités » : lorsque des gens se trouvent privés des terres qu'ils savent cultiver, que des travailleurs, dans une société dite *libérale*, sont privés de travail *libre* par la norme du salariat et le rythme des machines, que des paysans ne peuvent vivre d'un travail dont les fruits font vivre les autres, que des femmes sont assignées à des travaux domestiques dévalorisés dans une société qui prétend valoriser le travail et la liberté individuelle, que des individus racisés et genrés sont plongés, au « pays des Droits de l'Homme », dans une hiérarchie professionnelle structurée par une histoire coloniale et patriarcale, ou que des gens se trouvent exclus du travail rémunéré dans une société qui en fait une condition de survie. Si les menaces environnementales sont le fruit de ces dominations multiformes et de ces rapports d'exploitation, et si les institutions étatiques participent à leur perpétuation, ce n'est ni à la science ni à l'État – sans même parler des multinationales – de décider les implications pratiques de la conscience écologique. Sa signification est entre les mains de ceux qui se *soulèvent* contre les dominations qu'ils subissent.

Le radicalisme écologiste des années 1960 et 1970 a ainsi établi un diagnostic qui reste selon moi valable. L'idée même d'une écologie scientifique indépendante d'un militantisme socio-politique, qui devrait s'y soumettre, constitue une *position* politique : celle de la hiérarchie bureaucratique privée et publique qui tire son pouvoir de ceci que les individus ne disposent pas de leur milieu de vie. Pour cette bureaucratie, la véritable « urgence », c'est que la question écologique ne conduise pas à défaire son pouvoir. Autour de cette question du milieu, et des rapports de domination qui le traversent et le configurent, le discours écologique serait bien historiquement marqué d'une *polarisation* politique – « leur écologie et la nôtre » (Gorz, 1974[1]). D'un côté, l'idée d'un champ scientifique ciblé et circonscrit aux dommages environnementaux, venant de lui-même nourrir les actions gouvernementales et les pratiques militantes. D'un traitement de la crise écologique par les seules institutions dominantes, privées comme publiques, s'accommodant des ambivalences qui piègent des notions comme celles d'abondance, de rareté ou même, on va le voir, de sécurité. Ce discours écologique entend intégrer le traitement des contraintes environnementales au discours de légitimation des institutions dominantes – y compris en les diffractant comme des contraintes individuelles dont chacun doit « prendre sa part ». De l'autre, le pôle où se situe la radicalisation écologiste que je défends ici, celui d'une *situation* des enjeux environnementaux et du discours scientifique dans une critique sociale systémique et diffuse, si la crise écologique s'origine dans les dominations sociales. Une critique qui plonge ses racines dans les résistances multiples que la société de consommation et la révolution industrielle ont rencontrées, et qui articule précisément la crise écologique aux multiples dépossessions de soi et de nos milieux autour desquelles notre monde est construit. Seule une telle critique, une telle radicalité peut se soucier de poser vraiment la question écologique et de lui donner tout son sens. Son caractère est d'emblée militant, voire « révolutionnaire » (Bookchin, 1965). Une certaine rhétorique du consensus, lisible jusque dans le récit standard de l'émergence de « notre » conscience écologique, tend au contraire à occulter, au nom de la prévention des risques, ce caractère *radicalement* critique de l'écologie. Elle témoigne bien du conservatisme inhérent à l'institutionnalisation de l'écologie opérée au cours des années 1980 et 1990. Mais la conflictualité croissante de la question écologique est peut-être en train de remettre enfin au jour cette radicalité.

1 Dans *Écologie et politique*, *op. cit.*

3

Les ambivalences de la prévention des risques

Lorsqu'on restreint le discours écologique à ce qu'ont d'impérieux les risques environnementaux, on neutralise la critique sociale qu'implique la question écologique, on gomme historiquement et politiquement cette *polarisation* de l'écologie. On la fait disparaître sous ce que semblent avoir en commun ses deux *pôles* : une exigence de *sécurité*, entendue comme protection contre les risques – un enjeu central de politique publique s'il en est. Qu'il s'agisse de protéger un milieu de vie, toujours déjà anthropisé et que nous fragilisons, ou qu'il s'agisse de nous protéger de ce que nos activités techniques et économiques font de *notre* milieu. D'un point de vue politique, ces deux perspectives tendent à se confondre – là où une approche éthique les distingue davantage. Tel serait l'esprit des politiques publiques environnementales : répondre aux enjeux environnementaux qui émergent comme des effets cumulatifs *inintentionnels*, insus par les agents ou simplement négligés. Des enjeux qui constituent une classe de risques et appellent un contrôle public pour protéger notre société contre elle-même.

Et un contrôle d'autant plus urgent, exigible et susceptible de *suspendre* toute critique sociale « trop » exigeante que les dynamiques environnementales visées ont pris une ampleur planétaire, à mesure que notre puissance industrielle globale s'est accrue. Tour à tour, les géologues ont montré les risques de pénurie de ressources souterraines disponibles, les démographes, du moins à une époque, les risques de surpopulation (notamment à partir de *The Population Bomb* de Paul Ehrlich, en 1968), et les climatologues, un peu plus récemment, les risques d'un effet de serre (ou plus rigoureusement d'une dérive de l'effet de serre), documentant un réchauffement climatique accéléré d'origine humaine. Ce changement d'échelle a compliqué doublement les choses. Il induit une ampleur croissante des menaces et des phénomènes, donc d'un besoin de mesures politiques à des échelles qui dépassent celles des États, et appellent, comme le maintien de la paix internationale, des constructions institutionnelles plus vastes – avec, dans les deux cas, le succès que l'on sait. Mais il induit aussi un problème de *visibilité* ou de *perceptibilité*, que seule l'expertise des écologues semble pouvoir compenser. L'élaboration de scénarios d'évolution du climat, par exemple, peut, d'un certain point de vue, relever d'une forme mixte, instruite scientifiquement et répondant à des besoins de gouvernement. Mais, en deçà, cette *prospective* vise à compenser un déficit de perception des phénomènes les plus vastes. Cette question des médiations par lesquelles on rend perceptible ce qui échappe à l'expérience *commune* recouvre des enjeux politiques de fond, à commencer par l'inclination à s'en tenir à un point de vue unilatéral mais que l'on prétend politiquement « neutre », potentiellement « consensuel », celui où une écologie scientifique documente de manière autonome les mesures que les gouvernements sont supposés prendre et le discours que le militantisme doit propager. Ce point de vue infléchit le sens dans lequel la question écologique touche à « notre » sécurité : les conditions dans lesquelles nous pouvons disposer de nous-mêmes (p. 27-28) sont réduites à une gestion des « risques ». De là un paradoxe : à mesure que les risques environnementaux s'accentuent, la force politique critique de l'écologie s'amenuise, ce qui a contribué à occulter le radicalisme écologiste, jusqu'au tournant des années 2000.

On pourrait s'attendre à ce qu'une telle écologie politique, réduite à la prévention institutionnelle des risques environnementaux, se soit au premier chef formulée en étendant la sphère de prévention et de contrôle des risques *vitaux* – dans le prolongement des politiques de protection ou des politiques sanitaires dont l'État moderne s'est doté depuis longtemps. Pourtant, c'est d'abord, semble-t-il, dans son rapport à l'économie que l'écologie est entrée dans le champ des politiques publiques. La nature des risques visés en devient confuse, épuisement des ressources exploitables et effondrement de la biodiversité tendent à se fondre dans un même type d'enjeu. Une telle ambivalence pose problème, à l'évidence. Elle peut ressourcer les vieux soupçons d'une certaine gauche à l'égard du discours écologiste : et s'il n'était qu'une nouvelle dimension de l'instrumentalisation de l'État par le capitalisme? Loin de pouvoir s'en tenir au souci politiquement « neutre » de la survie, une telle écologie politique institutionnelle s'est mise ainsi d'emblée au service de la pérennité de « notre » ordre socio-économique, au détriment d'une appréhension plus sérieuse de la question écologique. Cette ambivalence de la prévention des risques oblige, même si c'est fastidieux, à interroger avec plus de précisions le *sens* de la question écologique dans « nos » politiques publiques et la manière dont il a été théorisé d'un point de vue économique. Si notre radicalisation écologiste du politique se nourrit de la contestation de ce *sens* – de ce qu'il faut bien appeler un *détournement* –, on ne peut se contenter de le comprendre de manière vague. Il faut s'y plonger, autant que faire se peut, pour en comprendre les limites, sur le plan social comme sur le plan écologique, et renouer avec la manière dont le radicalisme des années 1970 a pu en partie les anticiper.

Le réencastrement biophysique de l'économie

Il est significatif qu'en France la notion d'écologie politique puisse être attribuée d'abord à Bertrand de Jouvenel, écrivain et intellectuel public libéral. Il la définit, en 1957, à partir d'une critique de la démarche même de l'économie comme discipline scientifique[1]. Celle-ci se serait construite en niant l'importance des interactions physiques qu'engagent les activités économiques. Dans les théories du marché, les questions de productions et d'échanges sont traitées abstraction faite des relations de dépendance qu'entretiennent ces activités à l'égard des ressources et des effets extra-économiques de l'extraction, de la transformation, de la circulation et de l'usage des matières disponibles naturellement. La science économique incline à décrire le marché *toute chose égale par ailleurs*, et ainsi à inspirer des politiques économiques aveugles aux conditions et conséquences concrètes des activités économiques. Exemplairement, lorsque l'économie dite néoclassique (chez Walras, Menger ou Pareto) se concentre sur la question de l'équilibre général du marché, par la fixation des prix des biens et services en fonction de l'offre et de la demande, cette notion d'équilibre fait abstraction d'autres formes de déséquilibres susceptibles d'être provoquées par les activités économiques, qu'elles atteignent, ou non, cet équilibre du marché – déséquilibres entre la production naturelle de certaines ressources et leur usage économique (par exemple, les hydrocarbures), ou entre la capacité de l'environnement naturel à résorber certaines pollutions et leur émission par les activités humaines (les gaz à effet de serre, les polluants éternels, etc.). L'équilibre du marché reste aveugle aux déséquilibres induits *par ailleurs*. Les modèles (néo)keynésiens de croissance que l'on appliquait depuis la guerre dans la plupart des États, alors même qu'ils étaient en partie construits contre ce modèle néoclassique, conservaient cependant ce problème : la croissance économique est stimulée et pilotée de manière abstraite – en fonction de ses conséquences économiques et sociales, mais abstraction faite de ses conséquences environnementales, parce que les modèles keynésiens, comme les modèles néoclassiques,

1 « De l'économie politique à l'écologie politique », *Bulletin de la SEDEIS*, n°671, mars 1957.

se focalisent sur la circulation monétaire. N'existe, économiquement, que ce qui a un prix.

Pour reprendre un concept de l'économiste Karl Polanyi[1], on peut dire que Jouvenel critiquait une forme de « désencastrement » de l'économie de marché, du point de vue de la science économique et des politiques qui se construisent d'après ses modèles abstraits. Polanyi parlait plutôt de la manière dont la théorie sépare les processus économiques des autres processus sociaux, selon un schéma qui a d'abord une existence pratique et politique – lorsque travail, terre et monnaie se retrouvent marchandisés –, ce qu'il enveloppait dans la même critique (du moins pour le travail et la monnaie)[2]. Jouvenel récusait, lui, une forme de « désencastrement » *biophysique* du marché, et cette perspective doit d'abord se comprendre à partir, non de la question écologique, mais d'une question suscitée par l'expérience des crises économiques, exemplairement celle des années 1930 : comment assurer au long cours les activités économiques? Dans ce contexte, nombre d'économistes ont reproché à l'économie classique et néoclassique de s'être focalisée sur la construction d'une théorie des échanges marchands, sans s'interroger sur les conditions de production et les effets des échanges marchands sur la production pour mieux la perpétuer. On pense exemplairement au rôle de la « demande globale », dans l'analyse keynésienne. Il faut que les échanges marchands assurent une demande suffisante pour offrir des débouchés aux productions, ce que l'approche classique n'a pu suffisamment traiter. Dans ce contexte, Jouvenel parlait d'écologie politique pour signifier le besoin en outre de ressaisir les flux et rythmes de matière et d'énergie mis en jeu par les activités productives, inscrites dans un environnement naturel engageant lui aussi des flux et des rythmes de matière et d'énergie. Parce que l'économie est « une organisation pour tirer parti de l'environnement », la science économique doit inclure la connaissance des « conditions *physiques* de la croissance économique »[3]. C'est en ce sens qu'elle doit s'élargir pour devenir une « écologie politique[4] ».

Quelles sont les implications réelles d'un tel *réencastrement*? Au premier chef, la prise en compte des conditions environnementales dans les objectifs

1 Karl Polanyi, *La Grande Transformation* (1944).

2 Pour une discussion du recours aux analyses de Polanyi dans une perspective écologiste, James O'Connor, « Capitalism, Nature, Socialism. A Theoretical Introduction », 1988; Alain Caillé, *Théorie anti-utilitariste de l'action. Fragments d'une sociologie générale*, 2009; Fabrice Flipo, « Penser l'écologie politique », dans *Vertigo*, 16, 1, 2016.

3 « De l'économie politique à l'écologie politique », *op. cit.*

4 « L'économie politique de la gratuité », dans *Arcadie. Essais sur le mieux-vivre*, Gallimard, 2002.

que se donnent les politiques économiques – dans un contexte où les pays développés menaient des politiques de croissance forte. Une telle perspective implique donc un retour critique sur ces politiques. Mais, même si Jouvenel était membre du Club de Rome au moment de sa fondation en 1968, il ne semble pas avoir pour autant partagé le diagnostic qui lui a vite été associé : celui d'une fin de la croissance pour contenir les pressions sur l'environnement – pressions sur les ressources et par les conséquences environnementales des activités industrielles. Cet ensemble international de scientifiques, d'industriels et de hauts fonctionnaires s'est fait connaître, certes, par son néomalthusianisme prononcé en matière démographique (il faut limiter la population mondiale), mais surtout par la parution, en 1972, du rapport Meadows (*Limits to Growth*), commandé en 1970 aux ingénieurs du MIT. Or ce rapport est souvent considéré comme fondateur d'une théorie de la « croissance zéro », ou d'un état stable de l'économie (en tout cas, il lui a apporté nombre d'arguments empiriques). Reprise de l'économiste Kenneth E. Boulding[1], la formule est connue : dans un monde fini, la croissance économique ne peut être infinie. Ce type de rapports illustre même le recours aux outils de *prospective* – l'élaboration de scénarios de développement à l'aide d'outils de modélisation – dont Jouvenel fut l'un des principaux promoteurs en France (même s'il y aurait des distinctions à faire entre le type de prospective qui se construit alors en France, et les modèles qui se développent aux États-Unis). Mais il n'était pourtant ni partisan d'une croissance nulle, ni, *a fortiori*, en rupture avec l'idée d'une exploitation de la nature (pas plus d'ailleurs que le Rapport Meadows). Il visait un « renouvellement du capitalisme » et pour cela une « croissance *disciplinée* »[2].

On reconnaît aisément la trame d'une certaine pratique politique de l'écologie que nous sommes nombreux à récuser, particulièrement lorsque dégradations environnementales et épuisement des ressources naturelles sont confondus dans une même problématique. Cette question du réencastrement biophysique des activités économiques a ainsi inauguré une tendance de fond des interactions entre écologie et politique, impliquant un retour critique sur les politiques de croissance sans nécessairement – l'exemple de Jouvenel le montre – enjoindre à une croissance nulle ou à une décroissance. Puisque ce sont les activités économiques qui suscitent la crise environnementale, et que ces activités sont potentiellement menacées par cette crise, l'écologie serait bien devenue un enjeu politique effectif par le biais de sa

1 « The Economics of the Coming Spaceship Earth » (1966).

2 Olivier Dard, « Bertrand de Jouvenel et l'écologie », dans *Écologie et politique,* n°44, 2012.

relation à l'économie – l'ensemble des activités assurant les conditions matérielles de perpétuation de notre mode de vie. Cette médiation par l'économie infléchit le sens de la question écologique engagé dans les politiques environnementales. Il ne s'agit même pas de protéger notre milieu de vie en nous protégeant de ce que nous faisons du milieu. Si l'on part de la relation entre économie et écologie, il s'agit plutôt, et à la fois, d'assurer la perpétuation des activités économiques contre leurs propres conséquences (les rétroactions sur le cadre biophysique qui les conditionne) et de protéger des activités économiques un cadre biophysique qui leur fournit des ressources et conditionne leur sens (sans environnement habitable, ces activités perdent leur sens).

Les deux énoncés qu'on en tire – perpétuer les activités économiques et préserver l'environnement des activités économiques – ne s'articulent pas sans tension, d'un point de vue politique. Parler de *prévention des risques*, sans plus de précision, entretient l'ambiguïté entre risques vitaux et risques économiques. Et de fait, ce geste de réencastrement biophysique a bel et bien nourri des positions divergentes. Jouvenel, membre de la Société du Mont-Pèlerin au moment de sa fondation en 1947, était proche de la mouvance néolibérale, centrée sur une pensée des conditions de possibilité et d'efficience de l'économie de marché concurrentiel, et c'est à ce titre que les questions environnementales devaient être incluses dans les politiques économiques : assurer la pérennité du capitalisme. Mais, par ailleurs, une exigence semblable de *réencastrement* se retrouvait aussi dans le discours économique de la décroissance tel qu'on en attribue l'origine au mathématicien et économiste Nikolas Georgescu-Roegen (1971)[1] – une exigence qui explique ce qu'il appelait « bio-économie ». Il partait du même postulat de réencastrement biophysique, mais pour étendre aux activités économiques des principes élaborés à partir de l'étude des processus physiques en général – les principes de la thermodynamique. Comme tout système matière-énergie, les activités économiques peuvent se voir appliquer deux principes fondamentaux. D'une part, le principe de conservation globale : « Rien ne se perd, rien ne se crée, tout se transforme. » D'un point de vue strictement matériel, il n'y a pas de création. D'autre part, le principe d'entropie : celui de la diminution au cours du temps du potentiel d'énergie dissipable, donc utilisable, lié à une quantité de matière donnée. Les processus d'usage ou de consommation peuvent ainsi s'entendre le plus souvent comme des dissipations *irréversibles* d'énergie, y compris dans la plupart des innovations techniques : « Du point de vue de l'économie des ressources terrestres », la plupart « représentent un

1 *La décroissance. Entropie, écologie, économie* (1971), Paris, Sang de la Terre, 1995.

gaspillage de basse entropie ». Une ressource de « basse entropie » étant une quantité de matière recelant une part importante d'énergie utilisable[1]. Si ce processus est plus rapide et plus soutenu que la tendance inverse (la tendance néguentropique du vivant), alors, *passé un certain seuil* d'activité économique, il faut ralentir le rythme de production et « décroître » pour ne pas appauvrir globalement la matière utilisable. Cela implique également une prescription démographique : s'en tenir à une population que l'on puisse nourrir par une « agriculture exclusivement organique », qui ne repose que sur les interactions entre des êtres vivants.

La nécessité de produire et d'appliquer des modèles économiques de décroissance découlerait ainsi, selon Georgescu-Roegen, de cette continuité entre l'économique et le biophysique, qu'une forme plus stricte de réencastrement biophysique de l'économie – une forme ajustée aux enseignements de la thermodynamique – permettrait de théoriser et de modéliser. Un tel réencastrement permet ce qu'un Jouvenel n'envisage pas, sur le plan théorique : tenir compte des limites, de la *finitude* de la biosphère. Cette seconde perspective problématisait ainsi davantage, que la première illustrée par Jouvenel, le recours aux solutions techniques possibles dans les scénarios d'évolution conjointe de l'économie et des dynamiques écologiques. Si tension il y a entre économie et environnement, aucune solution technique ne peut la résoudre à long terme puisqu'une technique quelle qu'elle soit mobilisera toujours des ressources naturelles, pour les épuiser. Y compris les techniques de recyclage, qui ne font que ralentir cet épuisement.

Même si le lien n'est pas toujours rigoureux, c'est cette perspective qu'incarne exemplairement l'épuisement des ressources, la « bombe démographique », renforcé voire relayé ensuite par la relation réchauffement climatique/effondrement socio-économique – à mesure que les climatologues ont documenté la dérive de l'effet de serre, les démographes ont tempéré le problème de l'explosion démographique[2]. Et ce n'est que sous cet angle – celui des limites, de la *finitude* de la biosphère, à tous les points de vue – qu'une approche économiste de l'écologie politique semble pouvoir rejoindre le problème de la prévention des risques *vitaux*, dès lors que l'horizon des contraintes environnementales au « développement » engage un risque d'effondrement économique, donc touche à la possibilité même d'assurer les conditions de subsistance humaine. Ce que le titre de l'ouvrage récent

1 *Ibid.*

2 Pour une critique de l'accent mis sur la surpopulation, voir Murray Bookchin, « *Pouvoir de détruire, pouvoir de créer* » (1969), dans le recueil du même nom; André Gorz, « 12 milliards d'hommes? », dans *Écologie et politique, op. cit.*; Ivan Illich, *La convivialité* (1973), Éditions du Seuil, 2021, p. 76-79.

de l'économiste décroissant Timothée Parrique exprime de manière crue : *Ralentir ou périr* (2022). Un titre qui n'est pas sans rappeler celui du programme de René Dumont, premier candidat écologiste, en 1974, à une élection présidentielle en France : « À vous de choisir : l'écologie ou la mort. »

Les ambivalences de « nos » politiques environnementales

Entre Jouvenel et Georgescu-Roegen, il ne s'agit pas seulement de graduer les politiques publiques en fonction de l'ampleur des risques, mais bien de deux manières différentes d'articuler économie et environnement dans les politiques publiques – et la perspective ouverte par Georgescu-Roegen est tout aussi problématique, comme on va le voir. Un rapide aperçu des divergences à l'œuvre dans l'économie de l'environnement le confirme, et l'on peut y voir s'élargir et se préciser les deux percées que je viens d'imputer à Jouvenel et Georgescu-Roegen.

Au cours des années 1960, une certaine approche, vite devenue standard, s'est mise en place, et nourrit les politiques environnementales, lorsqu'elles existent. Elle part, comme Jouvenel, du fonctionnement d'une économie de marché. Les activités économiques tendent à détruire l'environnement – se retournant ainsi contre les intérêts des agents économiques –, parce que les prix, établis par les rapports entre offres et demandes, ne parviennent pas à inclure une certaine classe de *coûts* liés à la production économique. Ce diagnostic ne concerne pas seulement les enjeux environnementaux, mais tout ce qu'on appelle, en économie, les externalités *négatives*, ou *coûts cachés*, les dommages susceptibles d'engendrer des coûts (de réparation, de reproduction ou de substitution) sans que le mécanisme des prix les inclue dans les coûts d'investissement productif. Ces externalités sont des *défaillances du marché*, pouvant légitimer le rôle économique de l'État : intervenir en réformant les *règles du jeu* et en rendant les marchés plus *efficients* par des incitations financières (taxes et subventions). Un marché est d'autant plus *efficient*, en effet, que les prix tiennent compte d'un maximum de coûts réels, et donc minimisent les coûts cachés. Lorsque l'économiste Arthur C. Pigou[1] développait, au début des années 1920, le principe du pollueur-payeur (taxer un agent économique à hauteur de la pollution qu'il engendre), c'en est un exemple – correspondant à des pratiques courantes au 19e siècle. Les prix reposent sur les offres et demandes des agents, donc sur ce qu'ils *perçoivent*

1 Arthur C. Pigou, *The Economics of Welfare* (1920).

comme des coûts. Ainsi, plus les interactions physiques et les ressources impliquées dans les activités économiques sont *monétisées*, plus les coûts réels sont économiquement *visibles* et *sensibles* pour les agents économiques, et plus le mécanisme des prix est fiable. Dans cette analyse, l'opportunité des interventions publiques doit, aussi bien, tenir compte des coûts de l'intervention de l'État (ses propres coûts, explicites ou cachés), compliquant les calculs coûts/avantages dont l'intervention publique doit tenir compte. En ce sens, une politique environnementale vise, elle aussi, par l'action publique, à *internaliser* ou *visibiliser* une certaine classe de coûts, dès lors que cette intervention publique est *tout compte fait* avantageuse : assurer la gestion rationnelle de l'environnement par sa mise en coûts explicites, donc son inclusion dans les calculs des agents économiques. De là tout un programme de recherche, reposant sur l'étude des marchés de jouissance environnementale déjà existant (dans le domaine touristique, par exemple), sur l'estimation des coûts de recyclage et de restauration de certaines ressources ou encore sur les coûts de substitution (par exemple, remplacer les hydrocarbures par des « énergies vertes »). Une telle expertise nourrit des outils politiques largement en usage sur d'autres enjeux (taxes et subventions), mais aussi ces outils hybrides que sont les marchés de quotas de pollution.

Cette approche, dont relève la plupart des politiques environnementales, n'interroge pas la croissance ou le niveau de production comme tels, encore moins les fondements du capitalisme[1]. Mettre un prix sur les ressources et services environnementaux supposés gratuits n'est pas sans rapport, en effet, avec tout un discours visant à soutenir que la *privatisation* des ressources environnementales garantit leur meilleure « gestion », et jugule ainsi la fameuse « tragédie des communs » – parce que personne ne s'en préoccupe *particulièrement*, les biens communs sont supposés voués au gaspillage[2]. Pourtant, si on suit ce raisonnement, les mégabassines, qui en un sens privatisent l'eau commune, devraient permettre d'éviter de la gaspiller : pas sûr que leurs promoteurs se savaient si écologistes ! En réalité, on le sait, elles ne servent qu'à *assurer* un modèle agricole précis, pour le moins contestable et directement lié aux intérêts dominants de « notre » économie de marché concurrentiel – l'évaluation des « gaspillages » n'est pas toujours si neutre qu'on le

1 Joseph E. Stiglitz, « Growth with Exhaustible Natural Resources : Efficient and Optimal Growth Path » dans *Review of Economics Studies*, vol. 41, 1974 ; Robert M. Solow, « Intergenerational Equity and Exhaustible Resources », *ibid.*

2 Voir l'impact de *The Tragedy of the Commons* de Garrett Hardin, paru en 1968. Pour une critique de ce motif et son articulation à l'économie néolibérale de l'environnement, Pierre Crétois, « L'incomplétude économique face à la catastrophe écologique qui vient », dans *Analyse. Opinion. Critique.*, 7 avril 2023 ; *ibid.*, *La Copossession du monde. Vers la fin de l'ordre propriétaire*, Paris, Éditions Amsterdam, 2023, p. 28 et suivantes.

voudrait. Une telle approche prolonge ainsi, dans l'esprit même de ce qu'on trouve chez Jouvenel[1], la question des conditions d'optimisation des activités économiques *telles qu'elles sont* – une question née de l'expérience des crises économiques et dont les implications écologistes sont donc tout sauf évidentes (l'exemple des mégabassines le montre). Elle se situe à l'*intérieur* de cette question, sous une forme qui a nourri le néolibéralisme : assurer les conditions de possibilité et d'efficience d'une économie de marché *concurrentiel.* Il n'est pas exagéré dès lors de parler d'une version néolibérale de la politique de l'environnement.

Dans les années 1980, une critique de cette approche standard et des politiques qu'elle nourrit émerge au sein même des études économiques. Nombre des travaux sur lesquels elle s'appuie sont antérieurs : *Steady-State Economics* de Herman Daly date de 1977, par exemple. Ses prémisses peuvent être identifiées tout au long des années 1960. On a même pu estimer que le rapport Meadows (1972) y a puisé nombre de ses concepts (comme les boucles de rétroaction) et images (comme la métaphore de la Terre comme vaisseau spatial limité[2]). Mais c'est au cours des années 1980 que cette critique s'institutionnalise : un premier Symposium a eu lieu en 1982, réunissant notamment l'économiste Herman Daly ou les écologues Howard T. Odum et Robert Costanza, la Société Internationale d'Économie Écologique est créée en 1988 (Robert Costanza en fut le premier président), et la revue *Ecological Economics* est fondée en 1989. Cette nouvelle approche se réclame de Georgescu-Roegen et de toute perspective qui part, non simplement de l'idée que les activités économiques se développent dans un cadre biophysique, mais plus spécifiquement de la *finitude*, des limites de la biosphère et de ses ressources, dont l'approche standard est supposée ne pas pouvoir tenir compte (au cours des années 1990, on peut même parler d'une véritable controverse entre l'économie écologique et l'économie de l'environnement standard[3]).

L'insuffisance de l'approche standard tient à ce que traiter sans précaution les contraintes environnementales en les rendant visibles comme des coûts

1 « Au lieu de voir la pollution comme un cancer de la biosphère, il faut y reconnaître un coût, les mesures propres à la faire reculer ont des coûts, entre ces coûts, il faut chercher le point d'équilibre », Bertrand de Jouvenel, « Les économistes et l'environnement » (1971), dans *Arcadie…*, *op. cit.*

2 L'image est de Kenneth E. Boulding (*op. cit.*, 1966, où il développe les prémisses d'une « économie circulaire »). Voir Antonin Pottier, *L'économie dans l'impasse climatique*, EHESS, 2014.

3 Herman Daly, « Georgescu-Roegen Versus Solow/Stiglitz », dans *Ecological Economics*, 22, 1997. Ce numéro comporte d'ailleurs les réponses de Solow et Stiglitz. Sur tout ceci, voir Quentin Couix, « Natural Resources in the Theory of Production : the Georgescu-Roegen/Daly Versus Solow/Stiglitz Controversy », dans *European Journal of History of Economic Thought*, 26(6), 2019.

revient à traiter les biens et services produits par l'homme et ceux fournis par l'environnement comme s'ils étaient *substituables*. Plus précisément, on peut distinguer deux présupposés de *substituabilité*. Tout d'abord, mettre un prix sur les services environnementaux permet certes de les inclure dans le calcul économique mais présuppose une équivalence des ressources naturelles qui ne tient pas compte de la finitude de ressources de nature distincte, des ressources limitées qu'on ne peut ni reproduire ni remplacer techniquement. On ne peut dès lors pas, ou pas toujours, mettre en balance les conséquences environnementales avec d'autres formes de contraintes, d'opportunités ou de risques. L'approche standard ne suffit pas, si, dans les calculs économiques des agents, un coût est un coût, quelle que soit la réalité qu'il recouvre, et si un risque n'y prend pas un autre sens que celui d'un risque encouru par un investissement ou une dépense.

Cette différence entre ces deux approches rejoint une distinction qui critique un second présupposé de *substituabilité* : entre « durabilité faible » et « durabilité forte ». Parler de *durabilité* vise le souci d'inscrire les activités économiques *dans la durée*, sous contrainte environnementale. D'un point de vue économique, la « durabilité faible » repose sur l'idée que les ressources (le *capital naturel*) sont composées d'éléments certes hétérogènes et, pour partie au moins, épuisables, mais entièrement substituables les uns aux autres, *sous réserve de procédés techniques*. Pire, elle s'efforce de tenir ensemble ressources limitées et croissance indéfinie : grâce au progrès technique, une quantité limitée de ressources est supposée avoir une productivité infinie. En économie, on parle d'*élasticité*. En jouant sur le mot, on peut étirer indéfiniment l'usage d'une ressource, comme un élastique qui ne romprait jamais, comme si capital technique et ressources naturelles devenaient eux-mêmes *substituables* entre eux. C'est en cela qu'une telle approche ne prend pas au sérieux les limites de la biosphère. Elle part du principe, non que nos ressources sont infinies, mais que leur productivité est infinie, et que les dommages environnementaux sont réparables à l'infini. En somme, cette approche standard traite la nature comme le capitalisme traite ses travailleurs : de simples facteurs de production remplaçables – alors qu'en réalité accroître leur productivité signifie les épuiser. *A contrario*, Georgescu-Roegen permettait déjà de critiquer ce mythe de la substituabilité et de la productivité indéfinies des ressources naturelles, et, de ce point de vue, les analyses écologiques de l'économie peuvent être vues comme des conceptions « fortes » de la durabilité, impliquant de tenir compte de raretés *absolues*, de biens potentiellement rares parce que la production en dépend sans qu'elle puisse les reproduire, ni en étirer indéfiniment la productivité. Il y a rareté *absolue* parce que la dépendance des procédés technologiques à l'égard de l'environnement et de ressources naturelles épuisables est *absolue*.

De là l'idée de modéliser les *dynamiques écologiques* de manière indépendante des activités économiques, de rechercher des outils d'évaluation, parce que ces dynamiques représentent des contraintes fortes, *inarbitrables* au sein d'un calcul économique[1]. Tout un champ de recherche s'ouvre ainsi, centré d'abord sur la critique du PIB. On doit, par exemple, à l'économiste Herman Daly le *Genuine Progress Indicator* (indicateur de progrès véritable), qui corrige le calcul du PIB en soustrayant, notamment, les pertes économiques dues à la pollution et aux dégradations environnementales. C'est une tentative parmi d'autres, impliquant aussi la création d'indicateurs spécifiquement environnementaux[2], des indicateurs qui, comme le suggérait Georgescu-Roegen, réinscrivent les activités économiques dans les interactions écologiques plus vastes dont elles dépendent au sein d'un environnement limité et fragile.

Pour un certain nombre de ces économistes, ce ne sont pas seulement les ressources, mais aussi les biens qui se trouvent ainsi distingués qualitativement au sein d'une politique de développement. L'approche écologique de l'économie a pu ainsi s'efforcer tôt de distinguer croissance économique et développement, en repartant des finalités de la vie économique et sociale : le véritable développement, c'est le progrès du bien-être, qui implique une diversité *irremplaçable* de biens, dont un certain nombre d'exigences en matière de justice et de durabilité[3]. L'économie écologique ne se contente alors pas d'un réencastrement biophysique incluant les limites de la biosphère. Elle opère aussi un réencastrement *social* de l'économie, impliquant ainsi une approche pluridisciplinaire des objets économiques (sociologie, histoire ou anthropologie). On peut penser par exemple aux travaux plus récents de l'économiste Kate Raworth, développés durant plusieurs années au sein d'Oxfam Grande-Bretagne, et s'efforçant de modéliser l'« espace *sûr* » de développement humain, entre un *plancher* social, impliquant protection, subsistance ou encore équité, et un *plafond* environnemental – maintenir

1 Herman Daly, « Towards an Environmental Macroeœconomics », dans *Land Economics*, n°67, 1991. L'économie écologique regroupe des travaux plus divers que ne le laisse supposer ma présentation, de sorte que ce champ n'est pas dénué de polémiques internes. Certains économistes n'y ont pas abandonné les modèles néoclassiques, et la question de l'évaluation monétaire des ressources et services écosystémiques, et de sa signification, reste en débat. Je me concentre sur les lignes de fractures les plus apparentes en termes de politique publique. Pour plus de précisions, Ali Douai, Gaël Plumecocq, *L'économie écologique*, La Découverte, 2017 ; Clive L. Spash (dir.), *Routledge Handbook of Ecological Economics. Nature and Society*, Routledge, 2017.

2 Florence Jany-Catrice, Dominique Méda, « La post-croissance, mais avec quels indicateurs ? », dans *L'Économie politique*, n° 98, mai 2023.

3 Herman Daly, « Il n'y a pas de croissance durable », dans *Silence*, déc. 1991.

la population et les activités économiques en deçà de ce qui est supportable pour l'environnement. De la sorte, il ne s'agit plus seulement d'inscrire les conséquences environnementales dans la rationalité économique telle qu'elle est (approche standard), mais bien de réinscrire l'économie dans une politique de développement dont les multiples finalités la débordent[1].

Si certains économistes de cette nouvelle approche entendent développer une science d'abord critique, ces travaux semblent, pour leur plus grande part, viser à fournir des outils de diagnostics et de gouvernement, mais des outils distincts de la macroéconomie standard : des moyens de *percevoir* et d'estimer directement les effets, réels et possibles, des interactions entre société, activités économiques et environnement naturel, et ainsi de modéliser les limites au sein desquelles il faut contenir les activités économiques. Ce qui a des implications en termes de politique environnementale. Dans la version standard de l'économie de l'environnement, tout se passe comme si les agents économiques mettaient *directement* en œuvre les implications pratiques des politiques environnementales, à travers un calcul économique dont la forme reste inchangée (les prix sont des informations pour les agents économiques). Au contraire, une politique d'indicateurs écologiques, qui s'efforcent d'articuler à la rationalité économique des exigences plus larges, semble conduire les pouvoirs publics à être les acteurs en première intention de la politique environnementale : les indicateurs sont *directement* destinés aux décideurs publics, et *indirectement* aux agents économiques (par anticipation des décisions publiques, par exemple). À une stratégie d'adoption du point de vue du marché et de son optimisation, semble s'opposer ou s'ajouter un point de vue qui surplombe les interactions entre activités économiques, société et environnement naturel pour mieux les contrôler et les ajuster en un développement cohérent et satisfaisant. C'est ce qu'implique exemplairement l'idée d'une *planification écologique*.

La différence entre l'approche standard de l'économie de l'environnement et celle de l'économie écologique est souvent assimilée à une opposition entre un modèle de croissance contrôlée (ou durable) et un modèle de décroissance. En réalité, rien n'empêche, dans l'absolu, une politique nourrie par l'approche standard d'avoir des effets décroissants, dès lors qu'elle conduit à diminuer les opportunités de profit, donc, dans une économie de marché

1 *La théorie du Donut, l'économie de demain en sept principes* (2017), Plon, 2018, pour la traduction française. Pour une présentation simple, <https://www.oxfamfrance.org/actualite/la-theorie-du-donut-une-nouvelle-economie-est-possible/>. Voir aussi le modèle LowGrow, développé par Tim Jackson (*Prosperity Without Growth : Economics for a Finite Planet*, 2009) et Peter Victor (*Managing without Growth : Slower by Design, not Disaster*, 2008).

concurrentiel, à inhiber les investissements productifs. Dès les années 1950, l'économiste allemand Karl W. Kapp pouvait ainsi inclure nombre de coûts sociaux et environnementaux cachés jusqu'à fournir des outils de critique forte des politiques de croissance, de même pour Ezra Mishan, membre de la London School of Economics[1]. Karl W. Kapp constitue même une source importante pour l'économie écologique. Il semble pourtant que ces économistes travaillaient dans un cadre théorique standard. Conjointement, si Georgescu-Roegen était clairement décroissant, tous les travaux qui se sont développés en économie écologique ne le sont pas, loin s'en faut. L'économie écologique, qui regroupe des travaux d'une grande diversité, dans leurs méthodes et leurs rapports aux craintes démographiques ou au capitalisme, par exemple, a surtout vu se développer des théories de l'*état stable* de l'économie ou de la « croissance zéro ». Même si on parle souvent de *post-croissance*[2] pour inclure décroissance et « croissance zéro », les discours de la décroissance sont loin de tous pouvoir se ramener à ce modèle (on y revient p. 59-60).

À ce niveau d'analyse, la différence se centre plutôt sur une autre question : celle de l'*homogénéité* ou de l'*hétérogénéité* des rationalités économique et écologique – en entendant par « rationalité » les manières éclairées et réfléchies dont les agents prennent leurs décisions, qu'il s'agisse des pouvoirs publics ou d'acteurs économiques. Abstraction faite des intentions de ceux qui animent ces champs de recherche, ces orientations se traduisent le plus souvent par des implications gouvernementales sensiblement différentes et qu'on peut déjà plus ou moins identifier dans l'histoire récente des politiques environnementales, effectives ou exigées. D'une part, l'action publique opère surtout sur la monétisation des coûts environnementaux et l'incitation aux innovations technologiques : les pouvoirs publics interviennent pour stimuler le recours à des procédés techniques qui optimisent l'usage des ressources, et pour inciter financièrement les agents à tenir compte de leurs effets sur l'environnement. On continue à gouverner par et pour le marché, et on conçoit les contraintes environnementales comme des *coûts*, *homogènes* à d'autres formes de coûts *pour* les agents économiques. D'autre part, on inclut ces contraintes *dans les décisions et arbitrages opérés au premier chef par les institutions publiques*. Même lorsqu'on ne renonce pas aux évaluations monétaires des ressources et services environnementaux, on s'appuie sur des outils spécifiques : des indicateurs qui conçoivent ces contraintes comme

1 Karl W. Kapp, *The Social Costs of Private Enterprise* (1950) ; Ezra Mishan, *The Cost of Economic Growth* (1967).

2 Isabelle Cassiers, Kévin Maréchal, Dominique Méda (dir.), *Vers une société post-croissance. Intégrer les défis écologiques, économiques et sociaux*, Éditions de l'Aube, 2017.

des *obstacles* potentiels – des limites physiques, extérieures à l'économie, un « *plafond* environnemental ». Parler de coût n'est pertinent que pour ce qui est reproductible, remplaçable, pour des raretés relatives, et non absolues. Parler d'*obstacle* vise les contraintes environnementales comme impératives, comme ne devant pas faire l'objet d'un arbitrage économique – d'une mise en équivalence par rapport à d'autres formes de contraintes, au sein des calculs économiques.

Une telle distinction est plus confuse dans ses implications politiques, même si on en reste à des constats simples. Un certain nombre d'indicateurs environnementaux, par exemple, sont présents dans l'espace public, et pas seulement destinés aux décideurs politiques : indicateurs d'empreinte en termes d'émission, indicateurs de consommation d'énergie, ou encore labels « bio », si on s'en tient à ceux qui visent les consommateurs. En les présupposant fiables, ces indicateurs, un peu comme les prix, produisent et condensent des informations à destination des consommateurs ou des usagers. Mais il n'est pas évident que, sous cette forme, ils fonctionnent autrement qu'en soutien au mécanisme des prix : ils peuvent expliciter ou légitimer un surcroît de prix, ou un effet de différenciation monétisable sur un marché. On peut faire une analyse semblable du côté des politiques publiques. Même si des décisions sont prises en fonction d'indicateurs non monétaires, dès lors qu'elles s'appliquent par le biais d'incitations monétaires (taxes et subventions), elles reviennent au fond à agir par les mécanismes du marché. Tant que les décisions de produire et d'acquérir reviennent aux agents économiques, les effets d'une politique environnementale opèrent toujours *via* la rationalité économique, l'évaluation par les agents des coûts et bénéfices.

Si les contraintes environnementales doivent fonctionner de manière plus impérative que des coûts, cela ne repose pas seulement sur la facture de l'expertise qui nourrit les politiques publiques, ni même sur leur finalité globale (croissance contrôlée/« croissance zéro »/décroissance, par exemple, ou encore croissance économique/progrès du bien-être). Cela repose d'abord sur le type d'outils politiques mis en œuvre, donc sur les manières de gouverner. Interdire, par exemple, un produit chimique (comme le DDT ou le glyphosate), recourir à une autorisation préalable de mise sur le marché conduisant les agents eux-mêmes à produire de l'expertise pour l'obtenir (voir plus loin, p. 109-110), c'est poser des conditions non-négociables économiquement, des conditions qui restent en principe extérieures à la rationalité économique. De même pour l'idée de biens communs environnementaux confiés à des institutions nationales ou internationales, ou à des structures institutionnelles plus innovantes et locales (collectifs, associations, etc.), mais qui restent sous contrôle étatique[1] (même si la question des communs ne s'y réduit bien sûr pas[2]). Inversement, un dispositif qui semble *homogénéiser* les rationalités économique et écologique peut rendre impératives des contraintes environnementales, et fonctionner ainsi de manière mixte. C'est le cas d'un marché de quotas de pollution, s'il est articulé à une planification globale des émissions *supportables*. On passe bien par une monétisation pour les agents, alors même que l'idée d'une planification répondant à des diagnostics écologiques rend les contraintes environnementales impératives. On peut aussi penser à des dispositifs ne jouant pas sur les externalités (les conséquences environnementales ou sociales des activités économiques), mais sur les *entrants*. Herman Daly avait ainsi imaginé une distribution, par les pouvoirs publics, de droits de procréer ou de droits d'extraire des ressources naturelles, qui pourraient se négocier sur un marché. Dans tous les cas, le statut des enjeux environnementaux – coûts ou obstacles – dépend de la manière dont les pouvoirs publics les *objectivent*, et les diverses orientations de nos politiques publiques ne semblent envisager que deux options : optimiser le mécanisme des prix ou bien soumettre les activités économiques à une réglementation impérative décidée par des experts, plus ou moins mâtinée de « consultations » citoyennes.

Antiproductivisme, anticapitalisme et risque technocratique

Tout se passe donc comme si, du point de vue des politiques publiques, on ne pouvait se passer de la médiation par le mécanisme des prix, sauf à supposer un surcroît d'autorité – user de l'interdit et de l'impératif non négociables, ou de l'étatisation de biens. À s'en tenir là, l'investissement politique de l'écologie ne pourrait qu'opter entre des ajustements de l'économie de marché inaptes à tenir pleinement compte d'enjeux environnementaux en passe de devenir des obstacles vitaux, et ce qu'un discours écologique plus sérieux y oppose le plus souvent : le recours à un surcroît autoritaire risquant de renforcer les relations de contrainte déjà à l'œuvre dans la société, de rencontrer ainsi des résistances trop fortes, quelle que soit la valeur des fins poursuivies, ou tout bonnement, dans une économie de marché ouverte, de faire fuir les investisseurs, exerçant une pression pour revoir à la baisse les normes environnementales – sauf à parvenir, ce qui est hautement improbable,

1 Elinor Ostrom, *La gouvernance des biens communs*, 1re édition, 2010.

2 Pierre Dardot et Christian Laval, *Commun, Essai sur la révolution au XXIe siècle*, La Découverte, 2014 ; Pierre Crétois, *La part commune. Critique de la propriété privée*, Éditions Amsterdam, 2020.

à les graver dans le marbre au niveau international. Ces deux grandes orientations de nos politiques environnementales – libérales ou technocratiques, pour aller vite – restent donc problématiques et insuffisantes, sur le plan politique comme sur le plan écologique[1].

Dès les années 1970, une bonne part de la littérature écologiste radicale – c'est là tout son intérêt pour nous encore – formulait déjà un problème semblable, et l'on peut répéter, et même préciser, aujourd'hui la conclusion qu'elle en tirait : à défaut de subvertir *à la racine* les ressorts socio-politiques de l'exploitation de la nature, nos institutions publiques et privées ne peuvent juguler la crise écologique (p. 32). Parce que les diverses orientations de nos politiques environnementales – celles qui dominent en pratique et celles que leur oppose le plus souvent une posture écologiste plus exigeante – laissent intactes les finalités à l'œuvre dans les activités économiques, dès lors qu'elles ne touchent pas, ou à peine, au capitalisme. Elles fournissent l'expérience qui faisait encore défaut dans les années 1970 : celle du « traitement » de la question écologique par les institutions du capitalisme. S'il faudrait creuser cette question en allant voir du côté d'une expertise économique plus ouvertement anticapitaliste[2], le réencastrement biophysique de l'économie, qu'il enveloppe ou non les limites de la biosphère ou même certaines exigences sociales, reste le plus souvent d'un seul côté de la *polarisation* historique et politique de l'écologie telle qu'on l'a décrite : du côté d'un ajustement *gestionnaire*, quelles que soient ses méthodes. Borner les activités économiques entre un *plancher* social et un *plafond* environnemental, par exemple, ce n'est pas en changer la nature : c'est prétendre qu'une autorité institutionnelle, parce que bien instruite et bien intentionnée, a le pouvoir de *contenir* le capitalisme sans le renverser, de l'amener à ménager nos ressources et notre habitat, et à servir enfin – promesse mille fois formulée déjà et mille fois trahie – un véritable développement humain.

En ressaisissant plus précisément le sens de la question écologique dans les politiques publiques environnementales, on peut bel et bien comprendre les raisons et le sens d'une radicalisation écologiste (p. 34-35). Les politiques environnementales, dans leurs deux orientations concurrentes, correspondent en effet toutes à la manière dont on a vu Bookchin définir l'environnementalisme en 1974 (p. 22) : une meilleure gestion des *ressources*, « des ressources

1 Nathanaël Wallenhorst, *op. cit.*, 2022.

2 Alexandre Rambaud, Jacques Richard, *Philosophie d'une écologie anticapitaliste. Pour un nouveau modèle de gestion écologique*, Presses de l'Université Laval, 2021. Du côté de l'économie écologique, Clive L. Spash plaide pour « une forme d'organisation sociale et économique radicalement différente » (dans « The content, direction and philosophy of ecological economics », 2015). Voir aussi Giacomo D'Alisa, Federico Demaria, Giorgos Kallis, *Degrowth : A Vocabulary for a New Era*, Routledge, 2014.

naturelles, des ressources urbaines ou même des ressources humaines [...] en mettant au point des *techniques* qui limitent les *risques* que (l'exploitation de la nature) entraine ». Ces techniques, ce sont aussi bien des procédés techniques au sens industriel du terme, que des techniques de gouvernement. De ce point de vue, rendre visibles les coûts cachés ou *confiner* indéfiniment l'économie réelle dans les limites d'un environnement fini reviennent au même : amener une économie de marché concurrentiel comme la nôtre, un capitalisme, à tenir compte d'exigences qui conditionnent sa pérennité, mais qu'elle ne satisfait pas spontanément. En ce sens, les divers modèles de politiques environnementales témoignent peut-être d'un tournant dans l'histoire du capitalisme. Ses institutions doivent désormais prendre en charge la reproduction des « infrastructures biologiques » dont il dépend – ce que l'écoféministe Ariel Salleh appelle le « travail méta-industriel »[1]. Il ne peut plus maintenir dans la gratuité les ressources et services écosystémiques puisque cela conduit le mécanisme des prix à des conséquences dysfonctionnelles sur le plan économique. Le capitalisme a toujours dépendu de cette reproduction et de la disponibilité de ces ressources, mais sans qu'elles soient gouvernées *en vue de* perpétuer le capitalisme. Comme il a toujours dépendu de cadres juridiques et sociaux rendant possibles les marchés économiques, avant que l'expérience des crises économiques et sociales conduise à développer une gouvernementalité *néolibérale*, une gouvernementalité qui prenne explicitement en charge ces conditions institutionnelles. De manière similaire, nos politiques environnementales – effectives ou exigées – ne conduisent qu'à une prise en charge institutionnalisée des conditions de reproduction et de ressources biophysiques et sociales du capitalisme.

Traduire la question écologique en termes de *risques*, quelles que soient leur nature ou leur ampleur (les « jérémiades interminables sur la menace apocalyptique »), ne modifie donc pas fondamentalement le rapport à la nature qu'impliquent nos activités productives. Notre environnementalisme, écrivait déjà Bookchin (1974), ne fait que mettre en œuvre « un savoir-faire qui permette de piller le monde naturel en perturbant au minimum le cadre habité ». Que les risques concernent l'épuisement de ses ressources naturelles ou de son cadre biophysique, il ne s'agit que d'inciter ou de forcer la production à mieux en tenir compte. Mais intensifier la rhétorique des risques ne suffit pas à changer le sens de nos activités économiques, parce que la gestion des risques fait partie de leur « rationalité instrumentale », même si elles ont besoin de cadres et de décisions institutionnels pour en tenir pleinement

1 Ariel Salleh, « Sustainability and Meta-Industrial Labour : Building a Synergistic Politics », dans *The Commoner*, 9, 2004.

compte, même si l'ampleur et la complexité des risques conduisent désormais à mobiliser l'ensemble de nos institutions politiques pour les « gérer ». Voilà pourquoi Bookchin rappelait, non sans ironie, que même un Richard Nixon a pu, en 1973, prétendre que les États-Unis avaient dors et déjà gagné la bataille environnementale, et conclu une « paix » avec la nature, parce que l'État Fédéral développait une réglementation environnementale et disposait d'outils institutionnels pour l'ajuster aux risques à venir !

On retrouve souvent cet esprit dans ce qu'on appelle aujourd'hui la « redirection écologique ». Introduite principalement par le spécialiste en *design* Tony Fry[1], cette notion entend se substituer à celles de « développement durable » ou de « transition écologique », parce que ces dernières impliqueraient l'illusion d'une conciliation possible entre nos dispositifs économiques et politiques et les limites biophysiques de la planète. Au contraire, parler de « redirection écologique » mettrait l'accent directement sur une *stratégie* de renoncement progressif à tout ce qui, dans ces dispositifs et leurs conséquences, et par extension notre niveau de vie, est incompatible avec ces limites. Tout, sauf l'idée même d'une société conduite de manière managériale, d'une gestion confiée à ceux dont la charge serait dès lors de produire l'« acceptabilité sociale » des restrictions, d'une vie économique qui *doit* continuer à être orchestrée par des grandes entreprises produisant du profit – simplement, elles doivent le faire autrement. Ce n'est pas un hasard si, en France, la notion de « redirection écologique » se trouve promue principalement dans les Écoles Supérieures de Commerce : elle est leur version d'un environnementalisme un tout petit peu plus exigeant[2]. Dans une telle perspective, l'écologie ne joue pas le rôle d'une « science critique » (Bookchin, 1965), une critique du mode de production et de gouvernement qui est le nôtre. On n'use de l'expertise écologique que pour réajuster l'économie telle qu'elle est ou l'accommoder à d'autres exigences. L'expertise écologique se fond alors dans la « rationalité instrumentale » de nos activités productives : elle nourrit une adaptation conservatrice. Que l'on considère les rationalités économique et écologique comme homogènes ou comme hétérogènes, d'un point de vue théorique, dès lors que cette expertise ne sert en pratique que d'instrument de gestion pour des institutions publiques et privées inchangées dans leurs intentions, on ne sort pas du *productivisme*, quelle que soit la manière dont on entend le « gérer ». Un productivisme défini comme

1 Tony Fry, *Design Futuring : Sustainability, Ethics, and New Practice* (2009).

2 Alexandre Monnin, Diego Landivar, Emmanuel Bonnet, *Héritage et fermeture. Une nouvelle voie pour démanteler le legs du capitalisme*, Divergences, 2021 ; *Engager la redirection écologique dans les organisations et les territoires*, numéro spécial de *Horizons publics*, printemps 2021.

le fait, non d'abord de produire plus que ce que l'environnement naturel peut supporter, mais de « produire *pour* produire » (Bookchin, 1974), ce qui reste à préciser.

Certes, on l'a vu, les modèles d'économie écologique qui réinscrivent la rationalité économique dans un ensemble plus large de finalités sociales confiées à un gouvernement éclairé rompent d'une certaine manière avec le productivisme ainsi défini, mais seulement du point de vue des fins que se donne un tel gouvernement. Les activités économiques ainsi *confinées* n'en demeurent pas moins productivistes dans leurs finalités propres. Or, de telles finalités tendent d'elles-mêmes à désencastrer les activités économiques et, par effet de concurrence, les poussent à « croître ou mourir ». Un souci écologique qui ne soit pas « instrumental » ne peut que leur être étranger et le leur imposer revient à maintenir sous tension une situation critique : amener, par des arguments moraux ou scientifiques, une économie productiviste, dont la croissance est spontanée, à ne plus croître – autant « persuader une plante de renoncer à la photosynthèse » (*ibid.*).

C'est aussi bien dire que, dans leurs ambivalences, nos politiques environnementales, lorsqu'elles existent, ne peuvent aller au bout de l'idée d'une rationalité écologique et, en ce sens, déconstruire l'exploitation de la nature. Telle est leur limite. Dès lors que produire est une fin en soi, la nature est réduite à une ressource exploitable. Qu'elle soit présumée gratuite ou non : la dévalorisation capitaliste de la nature est plus fondamentale que la gratuité marchande des ressources et services environnementaux. Elle se joue dans sa réduction à la norme de la valeur marchande, donc sa réduction à une ressource exploitable – y mettre un prix n'y change rien, et ne change pas la nature du capitalisme, dans tous les sens de l'expression[1]. Déconstruire le productivisme ou le capitalisme appelle donc une ressaisie de la nature dégagée de cette réduction, en deçà, non de tout usage (comme tous les vivants, nous ne satisfaisons nos besoins qu'en interagissant avec notre milieu), mais de toute relation d'exploitation. Précisément ce que, d'un point de vue *radical*, on peut appeler rationalité *écologique*. C'est en cela que l'alternative au productivisme impliquait, pour Bookchin, de viser « l'équilibre de la biosphère et son intégrité comme une fin en soi » (*ibid.*), quelque chose comme une conception globale de la valeur intrinsèque de la nature. Ce motif ne peut dès lors en rester à une valeur éthique : il est d'abord *économique*. Il n'y a pas à opposer une éthique bio ou éco-centrée et les enjeux économiques – sauf à réduire d'avance l'économie au productivisme. Déconstruire

1 Paul Guillibert, *Exploiter les vivants. Une écologie politique du travail*, Éditions Amsterdam, 2023.

l'exploitation de la nature, ce n'est ni refuser l'économie (ce qui n'a guère de sens), ni accommoder d'une façon ou d'une autre « notre » économie à des exigences environnementales. C'est renverser la rationalité à l'œuvre *dans* les activités économiques elles-mêmes, renverser le productivisme, donc le capitalisme, qui en est la forme historique dominante. Là on va au bout de ce qu'implique une spécificité de la rationalité écologique. Là, elle ne reste pas théorique. Si nos activités doivent s'inscrire dans la nature comme dans un milieu habité, l'économie ne peut pas être exploitation de *ressources*, gratuites ou non, ni *mise au travail* de processus naturels – qu'on en assure ou non la reproduction –, mais interactions, aménagements, conduite de processus de transformation, non plus *pour* perpétuer une production matérielle, mais *pour* satisfaire des besoins qui incluent toujours celui d'un milieu habitable, et, pour cela, toujours déjà habité par d'autres, humains et non-humains. Une telle *économie* implique une éthique de la complémentarité comme sa conséquence directe[1]. Elle est notre comportement *écologique* – un usage de la nature sans exploitation.

Cette prise au sérieux de la rationalité écologique nous ramène ainsi à un *leitmotiv* de l'écologisme radical, hier comme aujourd'hui, l'exigence de repartir de *nos* besoins, sur fond d'une certaine critique de la société de consommation : à force de produire pour satisfaire des besoins et en tirer des profits, les « producteurs » sont devenus aptes à produire des besoins – des besoins qui ne sont donc plus vraiment *nôtres* – pour répondre aux crises récurrentes de surcapitalisation, menaçant la réalisation des profits et les pouvoirs capitalistes. C'est à ce stade que produire – des biens, des besoins, des profits – fonctionne comme une « fin en soi », et en réalité une fin en vue des intérêts qui gouvernent les activités économiques. De là ce qu'on a rencontré chez André Gorz (plus haut, p. 30 et suivantes) : la « protestation spontanée » contre la société de consommation, et, en deçà, contre la révolution industrielle, et toutes les formes de dépossession de nos milieux, est l'origine sociale du « mouvement écologique ». Parce que l'exploitation de la nature est suscitée par des rapports de domination internes à la société. C'est aussi un point central dans l'« écologie sociale » bookchinienne. L'oligarchie économique conduit au consumérisme, donc un mode de domination qui intensifie l'exploitation de la nature, et aucune éthique de la nature n'est possible dans un tel contexte. L'exploitation de la nature s'inscrit dans les rapports de domination – dominations sociales *donc* exploitation de la nature. Ou, dans les termes de Bookchin, notre abondance matérielle n'est que

1 Murray Bookchin, « Économie morale et économie de marché », dans *Pouvoir de détruire, pouvoir de créer, op. cit.*

reproduction indéfinie des raretés, une certaine culture de l'insécurité, vouée à l'illimitation (plus haut, p. 27-8). C'est en ce sens que la critique écologiste est d'abord une critique des dominations sociales, et que c'est bien au niveau d'une reconstruction socio-économique que se joue la possibilité d'une relation éthique à la nature : *se réapproprier* nos besoins donc nos milieux de vie et respecter la valeur intrinsèque de la nature et de sa biodiversité vont de pair, dès qu'on comprend que l'exploitation de la nature procède d'une domination sociale qui repose structurellement sur l'aliénation de nos milieux et de nos besoins. En ce sens, un milieu nous est *propre*, non parce que nous le *dominons*, mais parce que nous parvenons à *vivre avec*[1], qu'il est ainsi *notre habitat*.

De telles analyses me semblent décisives. La question écologique se jouerait dans la manière dont les sociétés « développées » ont sécurisé leur développement économique autour de rapports de domination, et les orientations concurrentes de nos politiques environnementales – effectives ou exigées – ne rompent pas, ou pas suffisamment, avec cet esprit. « Produire pour produire » implique la production incessante de besoins qu'on ne satisfait que sous la *dépendance* d'institutions publiques et privées qui en tirent leur pouvoir, par dépossession de nos besoins et de nos milieux, par leur réduction à des ressources exploitables. Cela passe par l'obsolescence programmée : produire des biens matériels moins durables, certes, mais aussi développer des tactiques socio-psychologiques (le surinvestissement symbolique des innovations mineures) pour restreindre le temps de satisfaction et relancer la frustration, donc, d'un point de vue économique, la « demande ». Mais cela passe aussi par un certain aménagement du territoire : la construction des distances physiques par une dissémination des lieux d'activité et une marchandisation du logement et des espaces qui entretiennent le besoin d'un certain type de transport[2], une organisation de la production et de la distribution d'énergie qui crée des dépendances institutionnelles fortes, une séparation des espaces urbains et ruraux qui maintient dans l'abstrait la relation entre besoins et ressources naturelles, etc.

C'est toute une réalité sociale et matérielle, une disposition des contraintes et des possibles, qu'un radicalisme écologiste met ainsi en défaut. Une réalité sociale dont la régulation et le contrôle sont captés par des *institutions* : en ce sens, des organisations hiérarchiques (entreprises, administrations, etc.) dont les fonctions conduisent à concentrer en leur sein les décisions qui

1 « Qu'est-ce que l'écologie sociale ? » (1993), dans *Pouvoir de détruire, pouvoir de créer, op. cit.*

2 André Gorz, « L'idéologie sociale de la bagnole » (1973), dans *Écologie et politique, op. cit.*

configurent nos milieux de vie, conditionnent l'usage de ce qu'on y trouve, donc les moyens de satisfaire nos besoins, et même leur définition – ce qui implique une monopolisation du savoir légitime (voir aussi p. 130-1). Lorsque des besoins de mobilité ou de chauffage prennent la forme concrète d'un besoin d'hydrocarbures, c'est tout un complexe institutionnel de dominations et de dépendances qui est à l'œuvre et s'inscrit dans l'espace qui conditionne nos actions et nos choix.

La crise contemporaine est ainsi indistinctement écologique et sociale, jusqu'à inverser la relation entre réalisme et utopie. Face à la crise écologique, soutenait par exemple André Gorz, la décroissance constitue une forme de réalisme, auquel résistait une bonne partie de la gauche, prise qu'elle était dans l'illusion que la croissance est condition nécessaire de justice sociale. Une double utopie, en réalité : parce que la croissance indéfinie est impossible, pour des raisons physiques, et parce qu'on sait que, pour des raisons sociales et institutionnelles, la croissance n'est pas faite pour améliorer le niveau de vie de tous, encore moins l'égaliser. Mais cette attitude n'était pas incohérente vu la manière dont la société et son territoire sont configurés. De sorte que c'est cette configuration même qui devient quelque chose comme une utopie, face à une réalité écologique qui exige un changement *radical* de ce qu'on doit estimer *réaliste*. Un tel renversement entre réalisme et utopie rappelle également une formule récurrente de Bookchin, depuis 1965 : avec la crise écologique, ce que « nous » jugions « désirable » – le renversement des rapports de domination et de dépossession de soi qui travaillent toute l'histoire humaine et ont configuré nos milieux – devient désormais « nécessaire » – là où le plus souvent les mesures environnementales peuvent sembler aujourd'hui nécessaires sans être pour autant désirables.

Ces analyses de la crise écologique conduisent à une certaine manière de comprendre la résistance que rencontre aujourd'hui l'écologie. Les « blocages » rencontrés par l'écologie ne renvoient pas à une cumulation de motivations intrinsèquement hétérogènes – économique, environnementale, éthique –, dominées par la motivation économique, mais à une saisie des racines matérielles et institutionnelles – dans la vie socio-économique elle-même, son espace et « nos » manières de les maintenir sous contrôle – de ce qui vient séparer ces motivations. L'enjeu n'est ni d'espérer qu'un souci éthique abstrait vienne limiter les choix économiques, ni d'inscrire les risques environnementaux dans la raison économique telle qu'elle est, ni de prétendre les imposer de force par une action gouvernementale verticale dont on peut douter qu'elle y parvienne. Pour un Bookchin, par exemple, *confiner* indéfiniment la dynamique capitaliste, par des voies institutionnelles et autoritaires, était d'emblée voué à l'échec, quand bien même il serait sensé de l'espérer. Et l'on peut aisément réinscrire ce diagnostic dans l'histoire du néolibéralisme dont nous héritons. Au moment où il écrit, se développait en effet toute une analyse qui visait précisément à réinscrire les décisions publiques dans la rationalité économique par effet de concurrence. Cette analyse est depuis devenue un poncif. Lorsque différents espaces socio-économiques, dont les réglementations diffèrent, se retrouvent en concurrence, ce sont ces réglementations elles-mêmes qui entrent en concurrence, ce qui conduit les pouvoirs publics à les altérer pour des raisons économiques (par exemple, déconstruire le droit du travail). Une mise en compétition des réglementations, dans le cadre d'une économie ouverte, ne peut ainsi que conduire à une déflation des normes environnementales imposées aux économies. C'est aussi bien dire que, de ce point de vue, le capitalisme ne peut réussir ce qu'il tente depuis une quarantaine d'années : la prise en charge institutionnelle et épistémique de la reproduction et des ressources biophysiques, une charge que jusqu'ici il pouvait laisser à la nature et au reste de la société.

Dès lors que capitalisme il y a, tout conspire à *résister* à une rationalité écologique – ces fameux « blocages » qu'il est tellement plus confortable d'imputer à la « mauvaise volonté » des gens ou aux limites de la démocratie. Mais justement : que cette rationalité et la rationalité économique telle qu'elle est soient *hétérogènes* n'a pas à être un objet de gestion. C'est bien plutôt un espace de lutte, un lieu dont il faut intensifier la conflictualité, une tension critique que le discours écologique, socialement et scientifiquement construit, nourrit et qu'on ne traite qu'en reconstruisant les activités économiques à partir d'une réappropriation de nos milieux et de nos besoins – leur définition et leurs conditions de satisfaction. Derrière cette critique des ambivalences de nos politiques environnementales – *optimiser* ou *confiner* « notre » productivisme – on retrouve ainsi les enjeux d'une *polarisation* politique de l'écologie : faire valoir l'écologisme comme critique sociale radicale nourrie de savoirs, contre l'appropriation de la question écologique par les modes de légitimation des institutions publiques et privées.

On ne sait toujours pas comment traiter politiquement la question écologique, mais on comprend mieux ce que ces enjeux d'une polarisation politique de l'écologie peuvent avoir de « révolutionnaire » (Bookchin, 1965) : ils poussent à reconstruire les rapports sociaux et les manières dont ils ont configuré nos espaces de vie – au sens large, notre *habitat*. Ils poussent à reconstruire l'*oïkos* (voir plus haut, p. 20). Répondre à la question écologique par un simple ajustement des manières néolibérales d'optimiser l'économie de marché, ou par l'adjonction, à cette gouvernementalité, d'un *surcroît* d'interdits, d'impératifs et de biens « communs » tenus par des institutions centralisées, mâtinés de quelques exigences sociales de base pour faire consensus, ne vise ainsi pas seulement à « gérer les risques » : cela vise aussi à contenir ce caractère « révolutionnaire ». De là, dans les années 1970, la formulation, à l'inverse de l'impuissance institutionnelle que décrit Bookchin, d'un risque « écofasciste », plus ou moins bien nommé : le risque que les institutions dominantes usent de tout leur pouvoir pour contenir ce facteur révolutionnaire, y compris en se réappropriant ses objectifs les plus « consensuels », ou les plus « urgents ». La question qui se posait était différente de ce qu'examine le géographe Antoine Dubiau[1], par exemple : du fait de l'intérêt que prête une part de l'extrême-droite à l'écologie, et des distorsions de sens qu'elle opère sur certains motifs écologistes jusqu'à les dénaturer (prendre la nature pour norme ou appeler à un ré-enracinement dans le territoire), on doit prendre au sérieux le risque d'une forme véritable d'écofascisme, même s'il reste virtuel. Chez Gorz ou Illich, c'est autre chose qui était en jeu : que la question écologique soit la ressource d'une nouvelle forme de technocratie, la tentation de pousser le *surcroît* autoritaire jusqu'au renversement des libertés publiques pour espérer, ou prétendre, couper court aux *blocages* dus à la société de consommation – et incidemment aux aspirations « révolutionnaires » écologiquement motivées. Ce risque, qui ne relève du coup pas rigoureusement du fascisme, croise autonomie de l'écologie scientifique, jusque dans les prescriptions socio-économiques qu'il serait possible d'en inférer, et ampleur du pouvoir institutionnel qu'il faudrait, dans un contexte productiviste, pour prétendre traiter la question écologique. Dans les années 1970, outre la multiplication de rapports d'experts, le *Manuel d'instruction pour le vaisseau spatial « Terre »* (1969) de Richard Buckminster Fuller pouvait parfaitement illustrer le risque technocratique d'une telle idée. À un premier niveau d'analyse, tout se passe comme si aux risques environnementaux et économiques s'adjoignait en outre un tel risque technocratique ou autoritaire : un contrôle bureaucratique d'autant plus insidieux que tous les comportements individuels sont potentiellement problématiques d'un point de vue écologique. Si on a l'habitude d'associer ce discours à la critique de l'écologie politique développée par les libéraux, notamment dans la première moitié des années 1990, et visant au mieux à modérer les exigences écologiques, il semble bien qu'il fut d'abord formulé au sein même de la littérature écologiste radicale – typiquement chez Ivan Illich et André Gorz, à l'occasion de la sortie du rapport Meadows (1972). Comme s'ils y avaient

1 *Écofascismes*, *op. cit.*

perçu l'amorce d'un tournant biophysique du capitalisme – un capitalisme qui pourrait, pourquoi pas, s'accommoder d'une économie décroissante en se dotant d'institutions toujours plus autoritaires.

Il serait dès lors tentant d'opposer un Bookchin qui ne croit pas à la capacité des pouvoirs publics d'imposer à long terme les contraintes environnementales au capitalisme et un Illich ou un Gorz qui semblent d'abord craindre une telle technocratie. En réalité, pour Bookchin aussi, traiter la question écologique sans s'attaquer « aux racines sociales de la crise » fait courir un risque technocratique maximal[1]. Car ces deux évaluations se ramènent à une analyse semblable, qui reste opératoire. La politique environnementale, en régime capitaliste, est conduite soit à gouverner par un marché qu'elle doit saturer par les coûts, soit à un surcroît autoritaire des États[2]. Cette intensification de l'*hétérogénéité* des motivations écologique, économique et éthique (p. 55) tient à ce que la dépendance d'une société à l'égard des institutions politiques et économiques qui en sont les racines est supposée indépassable. À l'encontre de l'usage qui est fait du motif écofasciste depuis son détournement libéral ou écosceptique, j'y vois donc, non une modération des exigences écologiques, mais l'affirmation de la radicalité des transformations socio-économiques et territoriales appelées, au contraire, par la question écologique : la subversion du capitalisme qu'implique une radicalisation écologiste du politique. Bookchin, Gorz, Illich, chacun à leur manière, semblent avoir perçu les prémisses de ce que l'institution de l'écologie a déployé depuis les années 1980 : conduire le capitalisme à prendre en charge la reproduction et les ressources biophysiques dont il a toujours dépendu. Et chacun à leur manière, ils ont souligné l'intensification des violences sociales et écologiques qu'implique une telle entreprise, qu'on l'estime possible ou non (j'y reviendrai au chapitre 5).

Un premier bilan : productivisme, décroissance, sobriété

On aurait pu s'attendre à ce que les politiques environnementales soient d'emblée branchées sur la prévention des risques sanitaires et vitaux, gommant de cette manière toute polarisation politique de l'écologie. Mais c'est aussi et d'abord dans le prolongement des tâches de *sécurisation* de l'activité économique qu'on les a vues apparaître, jouant des ambivalences

1 Murray Bookchin, « *Pouvoir de détruire, pouvoir de créer* » (1969), dans le recueil du même nom, p. 26-27.

2 André Gorz, « Écologie et liberté » (1977), dans *Écologie et politique, op. cit.*

de la prévention des risques. Le modèle standard de l'économie de l'environnement – inscrivant les finalités environnementales dans le cadre des politiques d'optimisation des marchés et du mécanisme des prix – montre exemplairement que ce qu'opère Jouvenel en 1957 n'a rien d'un *hapax*. Articuler écologie et économie réelle est bien une tendance de fond de notre politisation de l'écologie, et d'une certaine manière une *radicalisation* écologiste ne remet pas en question cette articulation. En deçà des menaces environnementales et du capitalisme, *éco*nomie et *éco*logie ont en commun la question des interactions matérielles par lesquelles des vivants *s'inscrivent* dans un espace altéré par l'expression et la satisfaction de leurs besoins – la question de l'*oïkos*.

Cette politisation standard de l'écologie recouvre deux grandes orientations en termes de politique publique : soit que l'on soutienne l'homogénéité possible des rationalités économique et écologique (on peut rendre sensible les enjeux environnementaux comme des coûts dans le mécanisme des prix) ; soit que l'on soutienne leur hétérogénéité (les enjeux environnementaux sont au premier chef rendus sensibles comme des obstacles par le biais des institutions publiques). Dans ces deux formes de réencastrement biophysique de l'économie, il s'agit de concilier « notre » productivisme et une meilleure prise en compte des risques sociaux et environnementaux qu'il fait courir, de le conduire à assumer ce dont il a toujours dépendu, le besoin d'assurer ses propres conditions sociales et environnementales. Si la première perspective reste pleinement dans la sécurisation des activités économiques, la seconde s'efforce de tenir ensemble cette sécurisation et la prévention de risques vitaux et sociaux irréductibles à leur traduction économique. Ce faisant, cette seconde perspective peut rompre avec le productivisme, mais au seul niveau des fins que se donne une politique de gouvernement. Elle rouvre même à sa manière la question du sens d'une vie humaine, mais elle tend à la confier à une politique d'experts. Le plus souvent, ces deux perspectives partagent cependant une même conservation de l'ordre économique qui est le nôtre et que la seconde entend simplement *confiner* dans certaines bornes par des institutions publiques (un *plancher* social et un *plafond* environnemental). Car, sans rupture avec le capitalisme, on ne peut prendre au sérieux l'idée d'une *rationalité écologique*, préserver la nature signifie sa mise en réserve pour perpétuer les intérêts capitalistes.

De là le besoin d'un point de vue plus *radical* – qui ressaisisse la question écologique par ses racines socio-politiques. L'ambivalence qui travaille nos politiques environnementales masque une tension plus forte, une lutte que permet de ressaisir une distinction entre deux acceptions du *productivisme*, de la *décroissance* et de la *sobriété*. Si on tend le plus souvent à définir le productivisme par le fait de produire plus que ce que l'environnement peut supporter (quitte à y inclure le cadre symbolique et culturel qui conduit à surconsommer), un écologisme *radical* le définit par le fait de viser la production – de biens, de besoins, de profits –, et surtout les intérêts hiérarchiques qu'elle sert, comme des « fins en soi », puisque telle est la racine de l'accroissement illimité de la production. De là les implications d'une véritable critique du productivisme : faire de l'« équilibre de la biosphère », donc de la biodiversité, dont nous sommes une partie, des fins en soi. Ce qui implique, paradoxalement, de se réapproprier nos milieux et nos besoins – leur définition et leurs conditions de satisfaction –, de se réapproprier l'*oïkos*, puisque l'exploitation de la nature est une conséquence des dominations sociales. C'est en cela que la décroissance ne s'évalue pas simplement en termes de baisse des volumes de production, ni même de critique et de refonte des schèmes scientifiques, bureaucratiques et psycho-culturels qui entretiennent le mythe de la croissance infinie. Elle ne se réduit pas aux privations supposées constituer un mode de vie plus sobre. Elle est une sortie, une déconstruction *effective*, d'un mode de gouvernement de la production économique et de structuration aliénante de nos milieux de vie qui incline à la croissance des volumes de production et de consommation – parce que telle est la forme structurelle de domination dans une société dite développée. La question écologique n'implique donc pas d'imposer à la rationalité économique des exigences environnementales, encore moins de traduire la rationalité écologique dans les termes du calcul économique, mais de modifier les conditions sociales, *réelles*, qui suscitent une rationalité économique inclinant par elle-même à la croissance matérielle aveugle. La décroissance, en ce sens, est bien un anticapitalisme visant la production de nouveaux milieux et modes de vie.

Parler de *rationalité* ne vise alors plus seulement les manières réfléchies de se conduire (p. 46), mais d'abord les cadres institutionnels et matériels, variables au cours de l'histoire, qui inclinent à se conduire et à réfléchir nos conduites d'une certaine manière. Face à la crise écologique, dans ses dimensions sociales et environnementales, la décroissance des volumes de production et de l'ampleur des dommages environnementaux ne peut résulter que d'un changement radical de *rationalité*, comprise en ce sens. Entre ce projet « désirable » de renversement des rapports de domination qui devient « nécessaire » (Bookchin) et nos mesures environnementales nécessaires qui n'ont pourtant rien de désirables se jouent deux sens radicalement différents de la *sobriété*, d'un mode de vie dissocié de l'*ivresse* productiviste. Un seul, on va le voir, peut nourrir d'un même geste un traitement sérieux de la question écologique et un nouveau récit de libération. Un seul nous libère socialement et spatialement du productivisme. Mais dans ces deux sens, en tout cas, la sobriété n'a rien du « choix de vie » apolitique auquel on la réduit trop souvent, parce qu'une critique radicale du productivisme cible « notre » rationalité à partir des bases matérielles et institutionnelles qui conditionnent nos « choix de vie ».

Partie II

Crise écologique, crise de la sécurité

4

L'hypothèse d'un troisième âge de la sécurité

Rappelons la ligne qu'on essaie de tenir : une mise en question de la *politisation* écologique qui est la nôtre depuis une quarantaine d'années, et dont la rhétorique de l'urgence et des blocages signe la crise. On peut s'appuyer sur une forme *radicale* d'écologisme, déjà ancienne, pour mettre à jour les limites de cette politisation, parce qu'elle les a en partie anticipées. En ce sens, la *radicalisation* écologiste contemporaine est l'héritière d'une *polarisation* historique de l'écologie et réactive le radicalisme écologiste des années 1970, renoue avec lui.

Le nœud du problème, ce sont les rapports entre économie et écologie. Ce n'est pas une surprise. Il n'y a pas de radicalité écologiste sans reconstruction de l'économie réelle. Les ambivalences de « nos » politiques environnementales procèdent d'une critique superficielle du *productivisme* et des rapports de domination à l'œuvre dans la vie économique. Elles tendent, au mieux, à le *confiner* indéfiniment – et l'on peut douter que ce soit vraiment possible. Elles procèdent d'une compréhension insuffisante de la crise écologique. De là des conceptions faibles, simplement privatives ou soustractives, de la *décroissance* et de la *sobriété*, qui ne saisissent pas que la crise est indistinctement sociale et écologique, qu'elle engage ainsi à renverser les rapports entre réalisme et utopie, donc à renverser l'ordre social et institutionnel. Gommer la polarisation du discours écologique par souci de consensus, la masquer sous le caractère impérieux des *risques* environnementaux ou se détourner des questions économiques par pureté éthique ne peuvent que laisser dans l'ombre les racines socio-politiques de la destruction de la biosphère, la nature des risques dont les politiques publiques se soucient et le sens de la violence exercée contre un activisme écologiste plus radical – par crainte du potentiel « révolutionnaire » de l'écologie. Le discours écologique « consensuel » ramène la question écologique à une crise adaptative du capitalisme.

Voilà pourquoi l'écologisme radical des années 1970 semblait aussi soucieux d'une autre forme de risque, celui de la violence institutionnelle à laquelle le capitalisme peut conduire « notre » politisation de la question écologique. Soutenir qu'en régime capitaliste les exigences environnementales ne s'imposeront jamais, ou bien majorer le risque technocratique sans précédent que ferait courir la tentative de *confiner* les activités économiques sans en renverser la rationalité : ce n'est là qu'une opposition secondaire. L'essentiel, c'est l'idée qu'une société capitaliste ne peut être conciliée *sans violence* avec la question écologique (et encore, de façon superficielle), donc qu'un écologisme conséquent implique son renversement. La question écologique est une conséquence structurelle du productivisme (p. 54 et suivantes). Nulle exigence éthique abstraite, nulle expertise ne sauraient donc *contenir* la production lorsqu'elle opère comme une fin en soi, sauf à supposer une institution autoritaire sans précédent qui *nous* maintienne – procréation, émissions et consommation – sous les seuils de tolérance environnementale. Dès lors une chose au moins est claire : lorsque des écologistes parlaient, dans les années 1970, de renverser le capitalisme, cela ne correspondait pas au collectivisme d'État ou à la planification autoritaire qu'incarnait l'Union Soviétique pour la plupart d'entre eux, bien au contraire – ce n'est pas un hasard si le titre d'un des textes les plus célèbres d'André Gorz, « Leur écologie et la nôtre », imite celui d'un ouvrage anti-stalinien de Trotski[1]. Mais, assurément, il est faux que l'écologie ne puisse nourrir qu'une politique de gauche « édulcorée » !

L'argument du risque écofasciste, bien ou mal nommé, pose cependant un problème massif. Tout se passe comme si le débat que l'on a reconstitué était saturé par la question des *menaces*. Menaces dues à une production incontrôlée et à ce qu'il faudrait mettre en œuvre pour parvenir à la contrôler. L'intérêt des écologistes radicaux serait d'avoir tenu ensemble les deux types de menaces, là où nos politiques publiques, lorsqu'elles existent, oscillent entre traitement insuffisant des menaces environnementales et minoration des menaces issues d'institutions qui deviendraient autoritaires (sans être efficaces pour autant) pour des raisons écologiques impérieuses – s'ils restent minoritaires, de plus en plus d'« éco-anxieux » sont déjà prêts à sacrifier ce qu'il leur reste de libertés publiques.

En somme, cette discussion ne sortirait pas d'une rhétorique décuplée de la *sécurité*. L'hypothèse d'un nouvel âge (écologique) de la sécurité serait celle d'un élargissement sans précédent de l'empire des menaces, des risques, colonisant l'intégralité du champ politique. Si on a évoqué en commençant les difficultés que les États rencontrent aujourd'hui pour nous préserver des

1 Léon Trotski, *Leur morale et la nôtre* (1938).

risques environnementaux et l'objection de poids qu'elles constituent à la légitimité des politiques menées, voire des institutions qui les mènent, la notion de sécurité reste lourde d'implications politiques, que l'on objecte souvent à l'écologie : le risque de soumettre la politique au règne de la *nécessité* – *a fortiori* d'une nécessité dictée par une expertise scientifique. L'écologie exacerberait un problème déjà posé par les questions économiques. De là, certes, l'importance d'inscrire le mouvement écologique dans le développement d'attitudes sociales critiques, contre l'idée d'une autonomie complète de l'expertise écologique. Mais il semble qu'une radicalisation de l'écologie politique retrouve à sa manière une forme de *nécessité*, de clôture de la sphère des choix politiques. Comme lorsqu'un Gorz parlait de « réalisme » au sujet de la décroissance, ou pire qu'un Bookchin voyait des transformations « désirables » devenir à présent « nécessaires ». Réinscrire la question écologique dans une critique sociale diffuse n'altère pas cet effet de la question écologique : « la puissance souveraine de la nature » nourrit l'« avertissement terrible » (Bookchin, 1965) que porte l'écologie scientifique et ferme brutalement le champ politique des possibles. « Ralentir ou périr » (Timothée Parrique), « l'écologie ou la mort » (René Dumont), « Partage ou crève ! » (André Gorz).

Expertocratie écologique et ambitions révolutionnaires écologistes auraient ainsi en partage, si on s'en tient là, de parler une langue *sécuritaire* – ce ne serait pas un hasard si, dans les années 1960, Bookchin articulait la question écologique à de nouvelles formes d'« insécurité ». Alors même que cet écologisme refusait la tentation technocratique qui accompagne une certaine conception du rôle politique dévolu à une écologie « scientifique ». Un Bookchin partait certes d'une conception différente de la sécurité : non une protection institutionnelle contre toutes les formes de risque, mais l'ensemble des conditions dans lesquelles nous disposons de nous-mêmes. La sécurité par opposition à la domination. Mais cette conception se ramène à une rhétorique des « risques », si l'essentiel est d'affronter conjointement les menaces environnementales et les menaces institutionnelles. Ressaisir la politisation standard de l'écologie et ses limites, pour approfondir ce qu'implique *pour nous* une radicalisation écologiste, conduit ainsi à réinscrire la question écologique dans le cadre théorique et historique plus large où notre discussion semble coincée : celui du *problème de la sécurité*, qui couvre toute l'histoire de l'État moderne, bien avant l'émergence de la question écologique. Faut-il vraiment que la question écologique soit ramenée au problème de la sécurité ? Signifie-t-elle, plus radicalement, une véritable crise de la sécurité politique ?

Le problème politique de la sécurité

Face à la tentation de clore les choix politiques par l'écologie, on convoque souvent une formule du philosophe et médecin Georges Canguilhem (1974[1]) : « C'est à l'homme, et non à l'écologiste, qu'il appartient de décider de son avenir. » Si l'écologiste est celui qui, par ses discours et pratiques, exprime les contraintes écosystémiques qui s'imposent à nous, une telle formule souligne la pluralité des choix que laisse la prise en compte de cette expression. Pour différents positionnements politiques, investir les enjeux environnementaux reviendrait au contraire à tenter de s'approprier l'espace des choix politiques en se parant des atours de la « nécessité ». Canguilhem partait des débats suscités par le rapport Meadows, au cours de l'année 1973, qui montraient bien à quel point « le terme d'écologie désigne actuellement un amalgame idéologique (... qui) va du *mea culpa* libéral à l'anticapitalisme marxo-maoïste, du naturisme archaïsant à la contestation hippie, du romantisme au régionalisme ». On pourrait décrypter assez facilement plusieurs de ses cibles : Gorz ou Illich, derrière l'anticapitalisme marxo-maoïste (même si l'idée que le rapport Meadows relève du « *mea culpa* libéral », il a pu tout à fait la trouver chez Gorz[2]) ; un écologisme nourri d'une quête d'authenticité, voire d'une forme de ré-enracinement territorial, n'est pas étranger à la manière dont un certain romantisme (qui pouvait provenir de la *Kulturkritik*) a nourri le discours écologique, et toutes les formes de discours réactionnaires ou contre-culturels qui se retrouvaient dans une certaine aspiration au « retour à la nature » – alors même que la contre-culture, qui ne constitue sans doute pas à elle seule une lutte anticapitaliste consistante[3], n'a cependant rien de réactionnaire. L'amalgame idéologique tient à ce qu'une même étiquette, l'écologie, puisse connaître ainsi des traductions politiques où l'on reconnaît des positionnements classiques et incompatibles – réaction, conservatisme plus ou moins réajusté, révolution. Et ce, sous des formes qui précèdent leur investissement dans la question écologique et son instrumentalisation. Mais Canguilhem récusait aussi une écologie qui s'appuierait sur une expertise, en partie « présomptueuse », pour motiver un surcroît technocratique des États,

1 « La question de l'écologie. La technique ou la vie », dans *Dialogue*, mars 1974. Pour une lecture différente de cet article, Catherine Larrère, « La question de l'écologie ; Ou la querelle des naturalismes », dans *Cahiers philosophiques*, n°127, 2011.

2 À la parution du Rapport Meadows, « la première réaction, chez beaucoup d'entre nous (les écologistes), était jubilante : enfin, le capitalisme avouait ses crimes », « Socialisme ou écofascisme », dans *Le Sauvage*, 1973, repris dans *Écologie et politique*, *op. cit.*

3 Joseph Heath, Andrew Potter, *Révolte consommée. Le mythe de la contre-culture* (2004), L'Échappée, 2020.

ce qui retrouvait les critiques formulées par Bookchin, Gorz ou Illich : « Une action aussi docile aux conclusions d'une prévoyance bien informée tient davantage de la résignation à l'ordre du monde que de la *remise en question de cet ordre.* » « L'écologiste » qui n'a pas à choisir à la place de « l'homme », c'est aussi bien l'écologue que le révolutionnaire, supposés parler une langue semblable, celle de l'absence d'alternative.

Canguilhem ne niait pas, ce faisant, les implications politiques de l'écologie. Il existait bien, pour lui, En deçà de cette expertise « présomptueuse » que le rapport Meadows pouvait à ses yeux illustrer, un ensemble de points scientifiquement établis et susceptibles de documenter un impact anthropique critique sur les équilibres écosystémiques. Ces acquis impliquaient déjà des choix politiques qui en tiennent compte – quitte à mettre en question l'« ordre du monde ». Car, s'il ne développait pas alors sa position propre, ce qu'il en écrivait touche un point crucial du modèle de croissance économique indéfini qui avait cours : articuler progrès scientifique et progrès technique conduit à ôter toute limite à la technologie. Face à cela il ne s'agissait pas de récuser la technique, mais de la ré-articuler à la « vie » et à ses besoins – ce qui n'est en fait pas étranger à *notre* écologisme radical.

Ce texte de Canguilhem aiguise ainsi l'attention que mérite la rencontre entre question écologique et politique de sécurité. Le risque de confiscation des choix politiques qu'elle fait courir se retrouve peu ou prou dans tous les discours qui mettent en tension écologie et démocratie. Pourtant, si l'on peut se méfier de la force légitimante exclusive de toute rhétorique des menaces et de l'urgence – elle *nécessite* par avance des sacrifices problématiques –, la sécurité implique d'abord autre chose : l'idée que la politique ne concerne pas seulement des choix en vue de ce qui semble préférable, mais aussi des conditions *sine qua non* de la vie sociale. Ce qu'on retrouve bien à propos de l'écologie, lorsqu'on soutient, par exemple, que la question écologique ne se contente pas d'ajouter un nouvel objet de gouvernement, qu'elle vise des conditions qui affectent l'ensemble des activités humaines. Et cette manière de passer des préférences politiques à des conditions *indispensables* traverse toute l'histoire de l'État moderne. Les pratiques et les discours ne s'y sont en effet jamais contentés d'adjoindre ou de supprimer des objets de gouvernement, pour établir des priorités et des préférences. Dans la caractérisation des fonctions de l'État – nombre de textes en témoignent depuis le 17e siècle au moins –, il y a toujours eu, à un niveau normatif au moins, des charges *conditionnelles*, au sens où s'y énoncent des conditions sans lesquelles un État ne remplit plus son rôle, contredit sa raison d'être, perd sa légitimité, justifiant une résistance au besoin armée. C'est ce que recouvre historiquement un concept *politique* de sécurité : lier les conditions de légitimité de l'État aux conditions *sine qua non*, indispensables à la vie sociale – laissant ouverte la question de savoir comment en juger ou comment les connaître.

Quand on parle de sécurité politique, il ne faut donc pas se presser d'y entendre ce que véhicule ordinairement le discours dit *sécuritaire* : les opérations policières et militaires, ou les procédures judiciaires centrées sur les violences interindividuelles – pire, les stratagèmes visant à rendre toute autre finalité politique sacrifiable au nom de la sécurité. On pourrait explorer la littérature scientifique montrant que la notion de *police* – et corrélativement de *forces de l'ordre* – a pu longtemps recouvrir l'ensemble des tâches administratives de l'État. Non parce que ces tâches se réduisaient à ce qu'on appelle aujourd'hui les opérations de police, mais parce que cette notion était bien plus large, quoique toujours enracinée dans l'idée d'un besoin d'institutions pour *préserver* de menaces diverses l'organisation que, partie spontanément partie intentionnellement, une société développe[1]. Mais les usages courants du français « sécurité » suffisent déjà à indiquer une extension plus importante du concept qu'il désigne. Prenons l'exemple de la directive Seveso, qui impose aux États membres de l'Union Européenne des normes de précaution spécifique pour les sites industriels à haut niveau de risque : il s'agit bien là de *sécurité* sanitaire – ce qu'on peut aisément élargir aux politiques de prévention des risques développées tout au long de l'histoire de l'État moderne. *A fortiori*, lorsqu'on parle de « Sécurité Sociale », on voit que ce champ des préventions publiquement organisées qu'est la sécurité excède largement le seul champ dit *sécuritaire*.

En pensant aussi à son étymologie, la sécurité couvrirait ainsi l'ensemble des *soins* (*cura* en latin) qui constituent la raison d'être des institutions, leurs fonctions *légitimantes*. L'idée même de faire coexister dans une société des systèmes de valeurs et des orientations politiques différents, conflictuels, renvoie historiquement à cette idée qu'une telle pluralité ne laisse pas de reposer sur des conditions communes qu'il faut *assurer*. *Lier* les conditions de légitimité des institutions à la charge d'assurer des conditions indispensables à la vie sociale – un *lien* qui constitue une politique de sécurité –, c'est d'abord décrire un espace où une pluralité sociale coexiste : *protéger pour* laisser se développer des processus sociaux. La tolérance comme valeur présuppose la sécurité comme condition. On comprend alors ce qui a conduit le philosophe

1 Paolo Napoli, *Naissance de la police moderne*, La Découverte, 2003.

Michel Foucault à associer libéralisme et sécurité[1]. Mais ce *lien* qui donne sens à la sécurité expose aussi à des situations où les enjeux sécuritaires sont susceptibles de dévaloriser, de sacrifier, toute autre finalité socio-politique, puisqu'ils touchent à des conditions « fondamentales ». Et l'on retrouve ce qui fait problème dans la sécurité : il est d'autant plus facile et tentant d'en abuser que ses enjeux sont cruciaux pour le développement de la vie en société. Ce n'est pas un hasard si c'est au nom de la sécurité, et de la défense des institutions supposées la garantir, qu'un État libéral devient si aisément autoritaire et violent.

La sécurité touche ainsi *à la fois* à ce qui conditionne la légitimité de l'État et au risque autoritaire qu'implique cette institution. Les conceptions restrictives du *sécuritaire* sont le fruit d'une certaine légitimation des actions de l'État, y compris le recours à des moyens violents dès lors qu'on parvient à les rattacher à des enjeux de sécurité. Prenons l'exemple de cette pénalisation rampante des luttes sociales que nous vivons depuis une vingtaine d'années en France. Qui tolérerait le centième de cette répression si les multinationales l'exerçaient directement, si elle n'était pas le fait d'une instance qui peut réduire des enjeux de justice économique et sociale à des catégories de jugement et d'action relevant du contrôle des violences et de la sécurité?[2] Même s'il ne devrait échapper à personne qu'elle le fait au service de ces multinationales. Cette question croise, plus largement, le fait que, en matière de sécurité, les pouvoirs publics se retrouvent en position de juge exclusif et de point de convergence des informations qui touchent à la sécurité. Les dispositifs face au terrorisme l'illustrent particulièrement bien, et l'abus contemporain outrancier de la notion d'écoterrorisme est sans ambiguïté quant aux intentions de mobiliser cette violence d'État contre les militants qui tentent de se réapproprier la question écologique. Ce qu'on a déjà vécu en la matière, ici et ailleurs, n'est sans doute qu'un vague prélude. Tout ceci illustre les effets pervers d'une idée politique pourtant centrale depuis plus de quatre siècles : s'il assure les conditions *sine qua non* d'une certaine vie en société, l'État acquiert une légitimité qui devient difficile à contester.

La sécurité recouvre en somme bien des difficultés, qui structurent nos conditions politiques : comment légitimer une institution sans qu'elle ne confisque les moyens de la juger? Comment connaître et décider les conditions *indispensables* à la vie en société, et qui peut en juger? Comment en

1 *Naissance de la biopolitique. Cours au Collège de France (1978-1979)*, Gallimard, Éditions du Seuil, 2004.

2 Sur l'évolution des doctrines du maintien de l'ordre depuis vingt ans, Fabien Jobard, Olivier Fillieule, *Politiques du désordre*, Éditions du Seuil, 2020.

juger sans décider par avance de la vie que l'on peut ou doit y mener, établir ce qui est *indispensable* sans trancher par avance ce qui est *préférable*, et réduire ainsi toute question politique à un enjeu de sécurité ? Et plus généralement, comment distinguer politiquement ce qui est *préférable* et ce qui est *indispensable*, et qui est supposé le faire ? Ces difficultés concernent aussi l'idée, largement investie dans l'espace public, dans les politiques environnementales et, semble-t-il, dans un écologisme radical, de faire de la question écologique un enjeu de sécurité. Qu'implique l'hypothèse d'une question écologique venant reconfigurer ce qu'on entend par sécurité, lorsqu'on vise là les conditions de légitimité de l'État, ou des institutions en général, qu'elles soient publiques ou privées ? Et dans quelle mesure le problème de la sécurité, tel qu'on vient de le décrire, éclaire-t-il les difficultés que pose une conception politique de l'écologie ? Car l'écologie flirte toujours avec la description d'un niveau de risque susceptible de pousser une institution à formuler des exigences sécuritaires exclusives et à confisquer les moyens d'en juger. Et ce d'autant plus que le discours écologique s'adosse à une difficile *visibilité* publique des risques qu'il décrit, intensifiant le problème que pose la connaissance des conditions indispensables à la vie sociale.

Historiciser la sécurité : de la paix civile à la sécurité économique

Le problème politique de la sécurité est donc au cœur de la légitimation des institutions et précède, certes, l'émergence de la question écologique. Mais si « notre » politisation de l'écologie et ses contestations croisent une rhétorique de la sécurité (urgence, blocages à surmonter, consensus à construire, mais aussi risque autoritaire), il faut mettre l'écologie politique en perspective à partir d'une histoire de la sécurité. Car, en deçà de l'hypothèse d'y inclure l'écologie, une telle histoire décrit déjà un élargissement du champ de la sécurité selon des catégories directement liées aux ambivalences de « nos » politiques environnementales. Autrement dit, les ambivalences de la prévention des risques semblent s'inscrire dans une certaine complexité historique et politique de la sécurité. Comment l'entendre ?

Dès les débuts de l'histoire de l'État moderne comme ensemble d'institutions plus ou moins centralisées et administratives, un certain contenu du concept de sécurité s'est dégagé. En premier lieu, il y aurait État parce qu'il y aurait besoin de dispositifs protégeant chacun des risques « majeurs », et, au premier chef, les risques de violences interindividuelles. Quelles que soient les expériences historiques qui les motivent – conflits médiévaux, guerres de religion, guerre civile anglaise des années 1640 –, les analyses théoriques reconstruisant les fonctions légitimantes de l'État autour de la prévention de ces violences fournissent un premier noyau sémantique à la notion de sécurité, dont le développement des dispositifs juridiques, judiciaires et policiers constitue le versant pratique. Leur argumentaire tourne ainsi le plus souvent autour des mêmes récits, celui de la guerre civile ou celui de la contamination de la *vendetta* comme risque social encouru par les violences et la liberté de se faire justice soi-même.

Un tel contenu recouvre déjà une pluralité, potentiellement conflictuelle, de conceptions des charges gouvernementales, mais il fournit en même temps un principe de dispersion : cette diversité se déploie comme autant de conceptions de ce qu'il s'agit de préserver de la violence, de ce qu'il s'agit de protéger. Schématiquement, selon ce qu'il s'agit de *protéger* – la vie et l'intégrité physique, des droits et des libertés naturels, des corps et des biens, etc. – on développe différentes conceptions normatives de l'État, donc aussi différents types de critiques de ce que sont et font concrètement les gouvernants. Mais ces conceptions tournent toujours autour de la prévention des risques de violence et des fruits qui en résultent – les fruits d'une société se développant dans la paix civile, dans un cadre *sécurisé*, préservé notamment des conflits d'aspiration dont les guerres de religion ont montré la violence potentielle. Nombre de penseurs classiques témoignent particulièrement bien de cette caractérisation de l'État : Thomas Hobbes, exemplairement, cherchait à reconstruire la légitimité de l'État à partir de cette seule fonction de prévention des violences interindividuelles en vue de maximiser la liberté d'action de chacun[1] ; John Locke ou encore Montesquieu[2] mettaient aussi bien l'accent sur le rapport entre sécurité et liberté, enveloppant des *conditions*, comme la défense de droits individuels ou des procédures de limitation du pouvoir des institutions (conservation de la forme du gouvernement, séparation des pouvoirs, etc.).

1 « Par sécurité, j'entends ici, non la seule préservation, mais aussi toutes les autres satisfactions de la vie, que chacun acquerra par une industrie légale, sans danger ou dommage pour la république », *Léviathan* (1651), chapitre 30. Pour sécurité, Hobbes dit « *safety* » en anglais et « *securitas* » en latin (1668).

2 Locke, *Second traité du gouvernement*, paragraphe 134 : « La fin principale pour laquelle les hommes entrent en société (est) de jouir de leurs propriétés et de la sécurité (*safety*). » Montesquieu, *L'esprit des lois*, livre 12 : « La liberté politique consiste dans la sûreté, ou du moins dans l'opinion que l'on a de sa sûreté. » De là la célèbre *Pensées* n°32 : « Le seul avantage qu'un peuple libre ait sur un autre, c'est la sécurité où chacun sait que le caprice d'un seul ne lui ôtera point ses biens ou sa vie. »

À un tel sens de la sécurité s'est adjointe une autre dimension, pleinement formée lors de la crise économique et sociale des années 1930, mais née de l'émergence de la *question sociale* – l'expérience des conséquences sociales, différenciées et inégalitaires, de la révolution industrielle. Les activités économiques se sont mises à jouer un rôle de plus en plus central à mesure que l'industrie se développait et que ses conséquences contrastaient avec les promesses qu'elle pouvait nourrir. Comme la violence interindividuelle, les risques sociaux liés aux dysfonctionnements industriels sont vite apparus comme systémiques : ils réagissaient sur l'ensemble des dimensions socio-politiques d'une population et des tâches assignées à son gouvernement. Y compris, par exemple, sa politique étrangère, et jusqu'aux décisions d'entreprendre une guerre ou une conquête – industrialisation et colonisation sont intimement liées.

L'expérience des disettes ou des famines a certes toujours rappelé aux gouvernements, quelle que soit leur forme, que les questions économiques recèlent des enjeux politiques – particulièrement lorsque se développent les villes et la dissociation des espaces de vie et de production de nourriture. On connaît l'importance de l'expérience des villes, dès le 15e siècle, dans le développement des outils et des tâches modernes de gouvernement : gestion des approvisionnements, de la production et de la circulation de marchandises, mais aussi des épidémies et des questions sanitaires en général, ou encore des flux de populations. Le mot *police* en porte la marque dans son étymologie, et c'est là que s'est forgée la *statistique*, les savoirs et techniques dont l'*État* doit se doter[1]. Dans les pratiques gouvernementales, préserver des violences s'est presque aussitôt étendu à une préservation des *menaces matérielles*, des *risques*, touchant d'abord les mêmes objets que les violences inter-individuelles – vie et intégrité physique, droits et libertés naturels, corps et biens, etc. Distinguer deux âges de la sécurité ne doit pas conduire à forcer le trait, ni masquer les continuités.

Mais, avec l'industrialisation et le développement du salariat, les facteurs et les formes de la misère et de l'exploitation prenaient une tout autre dimension. L'expérience des crises économiques industrielles montrait en outre que la production marchande pouvait désormais altérer toutes les activités sociales, à un rythme et à une échelle dépassant les facultés ordinaires d'anticipation, appelant à multiplier les outils de gouvernement, à produire de nouveaux savoirs pour son usage. Parce que les activités économiques entraient en interaction comme jamais, avec une ampleur géographique jamais connue.

1 Paolo Napoli, *op. cit.*

Au tournant des 19e et 20e siècles, les échanges marchands atteignent déjà une échelle internationale. On sait aujourd'hui que, peu avant la première guerre mondiale, le niveau du commerce international était équivalent, en valeur constante, à celui des années 1980. En histoire économique, on a même pu parler d'une « première mondialisation[1] », puisque la Grande Guerre a vu ce niveau d'échanges s'effondrer, sans remontée significative et durable avant les années 1950, qui voient donc s'amorcer notre (seconde) mondialisation. Ces deux mondialisations ont cependant eu le même corrélat : l'espoir que, sous certaines conditions politiques, la vie sociale humaine pouvait, grâce à l'industrialisation, atteindre un niveau de satisfaction sans précédent, qu'il ne s'agit plus seulement de *protéger*, de préserver des violences et des menaces, mais d'*assurer les conditions* de croissance d'un standard de vie. Une telle finalité définit alors la sécurité *économique*.

On peut ainsi parler d'un second âge de la sécurité, qui croise plusieurs expériences historiques. Par exemple, lorsque se construit en France, tout au long de la Troisième République, la notion de service public. Partie d'un concept défini en 1873 par le Conseil d'État pour justifier l'autorité « indiscutable » de l'administration et soustraire ses fonctionnaires à la justice ordinaire, la notion se charge progressivement, au fil des conflits sociaux et politiques, de diverses fonctions qui infléchissent son sens – parce que l'industrie impliquerait désormais la prise en charge étatique d'un certain nombre de tâches pour pallier ses conséquences sociales (comme assurer un droit du travail) ou pour remplir des fonctions que la société ne remplit pas ou plus spontanément, ou que la République ne veut plus laisser seulement à l'Église (comme assurer les conditions de vie des exclus du salariat)[2]. En ce sens, la sécurité économique implique de préserver une société des conséquences de ses propres activités économiques, en matière de justice (équilibre des rapports entre employeurs et salariés) ou de subsistance, par exemple. Mais ces services ont vite enveloppé aussi des éléments directement liés au progrès matériel attendu d'une société industrialisée, comme la production et la distribution de l'électricité ou l'eau courante domestique : et en ce sens, la sécurité économique s'étend à la diffusion sociale du fruit des activités économiques industrielles. Autre exemple de tâche nouvelle, assurer la redistribution des richesses par l'impôt et les droits de succession – là où l'impôt avait, jusque-là, pour finalité quasi exclusive le financement des tâches de l'État. Les rapports entre justice et impôt étaient alors susceptibles de changer :

1 Suzanne Berger, *Notre première mondialisation. Leçons d'un échec oublié*, Éditions du Seuil, 2003.

2 Charles Bosvieux-Onyekwelu, *Croire en l'État. Une genèse de l'idée de service public en France (1873-1940)*, Éditions du Croquant, 2020.

il ne s'agissait plus seulement de répartir avec justice le financement des charges de l'État, mais de viser (ou non, pour ceux qui le contestent) à « redistribuer » les richesses pour accroître la justice économique au sein de la société gouvernée – ce qui impliquait une traduction économique de la justice. La question de l'impôt touchait ainsi, à la fois, à la protection sociale contre les conséquences de l'industrialisation et à la diffusion de ses fruits. Autre point, particulièrement important à partir des années 1930 et de la Grande Dépression, et entrant souvent en tension avec ce qu'on vient de décrire : la charge d'assurer la stabilité des activités économiques – là où l'opinion dominante était plutôt de *laisser faire* la cyclicité des activités économiques (les phases de récession venant corriger les excès des phases d'expansion, même s'il pouvait s'avérer nécessaire de pallier les conséquences des récessions pour les plus pauvres). Les liens entre la Grande Dépression et l'arrivée au pouvoir du nazisme en Allemagne pouvaient achever de convaincre du caractère politique des enjeux économiques. On peut aussi ressaisir dans cette perspective les formes dominantes de socialismes, celles qui étaient favorables à l'industrialisation comme condition d'élévation du standard de vie et de la liberté des travailleurs : socialiser les moyens de production se donne alors comme une forme radicale de reconfiguration politique appelée par l'exigence de sécurité économique – *préserver* des formes nouvelles de violence impliquées dans les rapports industriels de production *et assurer* un mode de vie libéré des contraintes de survie par le développement des forces productives.

Tous ces points illustrent différentes dimensions, tantôt complémentaires, tantôt conflictuelles, de la *sécurisation* de ce champ central et spécifique des affaires sociales que devenaient les activités de productions et d'échanges. Établir la *sécurité* économique devenait ainsi une tâche supplémentaire, voire centrale, parmi les conditions légitimantes des institutions étatiques. Ce qui impliquait des finalités nouvelles et concurrentes, mais aussi de nouvelles manières de gouverner – on ne soutient pas l'investissement industriel de la même manière qu'on traite les conflits interindividuels, par exemple. Si nombre des tâches qu'implique la sécurité économique ont une origine plus ancienne, elles se trouvaient articulées d'une manière nouvelle dans un discours et une pratique du progrès matériel continu des sociétés : des socialismes aux libéralismes, cette perspective s'est trouvée assignée au développement équilibré (de diverses manières) des forces productives. Établir la sécurité ne se réduisait désormais plus, dans ses conséquences positives, à la paix civile et à la protection contre les menaces matérielles, mais engageait une autre dimension – qu'on l'appelle *progrès, prospérité, défense* ou *croissance d'un standard de vie*, ou encore *état d'abondance*. On peut retrouver ce type de diagnostic, en pleine crise des années 1930, chez l'intellectuel public états-unien Walter Lippmann, dans *The Method of Freedom* (1934)[1]. Paru dans le contexte des polémiques qui entouraient les débuts du New Deal, ce texte est significatif en ce qu'il articule précisément deux choses, l'inflexion de sens de la sécurité (corrélat d'une inflexion de l'« exigence démocratique » vers l'assurance d'un certain niveau de vie pour tous et « d'opportunités de carrières pour les meilleurs ») et une description des nouvelles tâches de l'État qui relève déjà du néolibéralisme, que Lippmann et d'autres allaient élaborer : « La tâche d'assurer la continuité du standard de vie pour son peuple est maintenant une tâche aussi fondamentale pour l'État que de préserver l'indépendance nationale. Tous les autres devoirs de l'État, préservation de l'unité nationale, protection de la liberté et administration de la justice, se sont vus enchâssés dans cette nouvelle obligation et liés à elle », de sorte que « l'État moderne ne peut plus durer qu'à la condition d'assurer à son peuple son standard de vie ».

Cet élargissement du champ de la sécurité en a ainsi modifié considérablement le sens et l'intention. On soutient souvent qu'avec l'État moderne, la politique a connu une forme de déflation sémantique : son enjeu légitime n'est plus, comme dans la Grèce ancienne des Cités, de rechercher et accomplir collectivement la vie bonne ou la vie *humaine* la meilleure, mais d'assurer des conditions communes d'existence, laissant chacun juge de la manière de mener sa vie. Née en bonne partie du traumatisme des guerres européennes de religion, une telle conception du politique, étroitement liée à la sécurité, a produit des valeurs comme la tolérance ou la laïcité de l'État, écartant du politique les valeurs trop précises et exclusives susceptibles, par les conflits qu'elles nourrissent, de troubler la paix sociale jusqu'à la guerre civile. Ce type d'analyse est cependant aussi fréquent que partiel. Si, du point de vue de la sécurité politique, l'État est bien censé n'être qu'un instrument au service de la vie sociale, si la sécurité est liée à un certain sens du consensus *a minima*, il n'est en revanche pas évident qu'une telle conception du politique n'engage pas de décisions substantielles et « positives » sur la vie que l'on *doit* mener, même si elles ne sont pas collectivement prises, ni assumées comme telles. Cela devient tout à fait clair avec la promotion de la sécurité économique. Des notions comme celles de progrès, de prospérité ou même de développement montrent qu'avec la révolution industrielle, l'articulation entre économie et politique a reconfiguré nos vies et nos idéaux, même si la question de la vie bonne n'est pas revenue au cœur de la vie politique.

1 Voir notre ouvrage *Walter Lippmann, d'un néolibéralisme à l'autre. Changement social et leadership libéral*, Classiques Garnier, 2020.

Le libéralisme classique entend en faire l'économie – de sorte que ce récit standard de l'État moderne est en réalité le récit du libéralisme, même lorsqu'il est développé par des penseurs qui le critiquent (on peut penser à Hannah Arendt ou Leo Strauss, par exemple[1]). Le néolibéralisme, en revanche, l'assume tout aussi clairement que les socialismes – cela transpire dans le texte de Lippmann que l'on vient d'évoquer –, en même temps qu'il assume le rôle économique de l'État. Sans doute parce qu'il s'est construit dans un antagonisme avec le « communisme ».

Alors que la sécurité est censée engager politiquement des conditions *neutres* de la vie sociale, que l'État est donc censé être impartial tant que ces conditions sont respectées, les diverses conceptions de la sécurité économique engagent en réalité des choix forts en termes de valeur. Ce qu'on soutient là n'est pas sans rapport, bien sûr, avec la critique marxiste de l'État : au service du capitalisme, il doit être mis au service du prolétariat – il n'est jamais neutre, sinon en ceci que, selon sa forme et ses modes de contrôle, il peut servir les exploiteurs ou libérer les exploités. Entre la critique de l'assistanat et le primat des solidarités, entre une méritocratie concurrentielle et une conception plus égalitaire de la justice sociale, se jouent schématiquement des conceptions différentes d'une vie humaine accomplie, matériellement conditionnées par la vie économique. En aucun cas ces différences n'ont été neutralisées. Si la sécurité implique désormais d'assurer les conditions d'un standard de vie croissant (p. 76-77), elle enveloppe des décisions quant au sens d'une vie humaine.

Ce second âge de la sécurité n'initie certes pas les réflexions autour de l'organisation spontanée de ce qu'on appelle, depuis le 18e siècle, la société civile, que ces réflexions soient centrées ou non sur les questions économiques[2]. Mais, si ces réflexions se sont ajoutées à la tradition du droit naturel pour constituer des formes libérales de gouvernement, ces dernières conservent une conception de la sécurité comme prévention des violences. La problématique des limites du gouvernement politique, qui caractérise ce que Michel Foucault appelait la « gouvernementalité » libérale, étendait simplement le domaine des violences ou des menaces dont il faut préserver une société. Ce domaine a alors inclus ces violences dont un gouvernement politique peut être la source pour des processus sociaux conçus comme

1 Leo Strauss, *Droit naturel et histoire* (1953), Flammarion, 2008 ; Hannah Arendt, *La condition de l'homme moderne* (1961), Livre de Poche, 2020.

2 Didier Deleule, *Hume et la naissance du libéralisme économique*, Paris, Aubier, coll. « Analyse et raisons », 1979 ; Claude Gautier, *Voir et connaître la société*, ENS Éditions, 2019. Voir aussi ce que Michel Foucault entendait spécifiquement par « dispositif de sécurité » pour distinguer la gouvernementalité libérale des formes « disciplinaires » de gouvernementalité qui l'ont précédées (*Naissance de la biopolitique*, *op. cit.*).

« naturels » *parce qu'*ils sont *insécurisés* lorsqu'un gouvernement entend les contrôler de manière plus « disciplinaire ». En revanche, avec le développement de la révolution industrielle et de ses crises – économiques et sociales – s'est produit quelque chose de nouveau, au niveau du contenu même de la sécurité. Et ce, pour l'augmenter *et* l'infléchir. Paix civile et développement économique ne sont plus seulement censés se favoriser l'un l'autre, mais, sous certaines conditions qui se déclinent comme autant de tâches pour un État qui n'en reste pas au maintien de l'ordre, l'économie *requalifie* la paix civile – qu'on l'attende d'un « ruissellement » économique, d'une redistribution des « fruits de la croissance » ou d'un dépassement de la « lutte des classes ». Elle la requalifie et la déborde. On est passé d'une protection contre la violence et les risques vitaux à une prévention *indéfinie* des risques, dont les diverses conceptions promeuvent en réalité des modes de vie différents, qui peinent pourtant à se penser et se décider collectivement et intelligemment dans la vie politique.

L'hypothèse d'un âge écologique de la sécurité

De manière semblable, il serait tentant de soutenir que, à mesure que l'État a appris à assurer une forme ou une autre de sécurité économique, le développement des forces productives a pu prendre une ampleur telle – notamment au cours des fameuses Trente Glorieuses – que serait vite apparu un nouveau problème de sécurité : celui touchant les conséquences environnementales des activités économiques et leurs rétroactions sur la vie humaine. La sécurité économique serait la base de la crise écologique. Formulée à un niveau si général, cette hypothèse d'un troisième âge de la sécurité reste pourtant vague et suscite bien des questions. De quelles finalités parle-t-on ? Limiter, et plus seulement assurer, équilibrer ou stabiliser, un développement ? Reconstruire notre mode de vie, et non simplement le protéger ? Quelle que soit la manière dont on le décrit, ce nouvel âge de la sécurité implique-t-il de nouvelles *modalités* concurrentes de gouvernement ? En disposons-nous déjà ? Cette nouvelle dimension de la sécurité est-elle plutôt cumulative – à la prévention des violences s'est ajoutée la sécurisation des activités économiques et devrait maintenant s'ajouter une sécurité écologique –, ou bien faut-il surtout que l'écologie transforme la sécurité économique telle que « nous » l'avons créée ?

La question écologique s'inscrirait ainsi, d'une certaine manière, dans le problème théorique et historique de la sécurité. Sans pouvoir explorer toutes les pistes qu'ouvre une prise au sérieux de la manière dont l'écologie croise ainsi les conditions de légitimation de l'État, explicitons-en quelques-unes : elles montrent qu'une bonne part des postures écologistes contemporaines s'inscrivent peu ou prou dans l'hypothèse d'un âge écologique de la sécurité. On a évoqué, par exemple, le fait que les pensées et les pratiques politiques qui articulent condition *sine qua non* de la vie sociale et condition de légitimité de l'État reposent souvent sur une *sécurisation* de droits – droits individuels, mais aussi droit d'un peuple à disposer de lui-même, droits des minorités, etc. Nombre de discours et de pratiques du militantisme écologiste prolongent cette perspective. Par exemple, faire reconnaître des droits à des non-humains – animaux ou autres formes de vie, écosystèmes, sites naturels, etc[1]. On recourt alors à une fonction classique de protection contre les violences conférée à l'appareil juridico-judiciaire (p. 72-73), mais étendue à d'autres porteurs de droit. On retrouve, quoique sous une forme particulière, la question de savoir dans quelle mesure et sur quelle base il est possible de parler ou de plaider au nom d'êtres qui ne peuvent le faire – là, pour des raisons qui n'ont rien d'historique ou de social. On retrouve aussi la question de la valeur de la personne humaine qu'engage la tradition du droit naturel, mais ressaisie à partir d'une pensée de la valeur des vivants ou de la nature[2]. C'est l'un des points sur lesquels l'écologie politique croise le plus étroitement les problématiques éthiques. On en verra un autre plus loin, plus en détail (p. 101 et suivantes) : la mise en balance des *droits* des générations présentes et futures. Dans tous les cas, on peut se demander dans quelle mesure la notion de droit et le sens de la sécurisation d'un droit sont altérés par une telle extension.

On peut penser aussi aux recours judiciaires dans lesquels la charge de protection contre les risques écologiques pourrait devenir, à défaut, *opposable* aux pouvoirs publics, comme cela peut être le cas, de façon minimale, pour les droits humains – dans les cas de génocides exemplairement. La disposition onusienne sur la Responsabilité de Protéger, en vigueur depuis 2005 et qui conditionne la souveraineté des États à leur respect d'un devoir de protection des populations, ne pourrait-elle de manière semblable être *opposée* à ces pouvoirs publics proprement « éco-destructeurs » (le Brésil de Bolsonaro), voire « écoterroristes » (l'Irak de Saddam Hussein durant les Guerres du Golfe, ou la France des centrales nucléaires), ou même simplement

1 Christopher D. Stone (juriste), *Les arbres doivent-ils pouvoir plaider ?* (1972), Le Passager Clandestin, 2017.

2 Pour une synthèse des questions que posent les rapports entre « droits de la nature » et « droits humains », Fabrice Flipo, *Nature et politique. Contribution à une anthropologie de la modernité et de la globalisation*, Paris, Éditions Amsterdam, 2014, 1re partie.

« éco-inactifs » comme l'écrasante majorité des États ? Il faudrait pour cela étendre la notion de crime contre l'humanité à ces formes d'éco-destructions et modifier le fonctionnement des cours internationales. Depuis le 19 avril 2023, l'Assemblée Générale des Nations Unis a dors et déjà demandé à la Cour Internationale de Justice d'évaluer l'action des États contre le changement climatique. Mais cette cour règle principalement les litiges entre États et les particuliers ne peuvent la saisir. Ils ne pourraient saisir non plus la Cour Pénale Internationale, qui n'a de toute façon pas compétence pour juger des États. Un début timide donc, mais peut-être un début. On reviendra sur la question des normes environnementales à l'échelle internationale et sa difficulté (p. 101 et suivantes), mais de nombreuses plaintes pour inaction climatique ont déjà été déposées, et même jugées recevables par des instances judiciaires, y compris, depuis 2020, la Cour européenne des droits de l'Homme justement[1]. On pourrait sur ces points examiner aussi l'aventure de l'« Affaire du siècle », ce collectif de quatre associations (la Fondation pour la nature et l'homme, Greenpeace France, Notre affaire à tous et Oxfam France), depuis le 17 décembre 2018 et le lancement de la campagne et de la pétition visant à conduire à un dépôt de plainte contre l'État français pour inaction climatique, jusqu'à la décision, partiellement favorable, rendue par le tribunal administratif de Paris le 3 février 2021[2]. Dans quelle mesure ce type d'affaires implique-t-il, ou du moins amorce-t-il une reconnaissance juridique de l'inscription des risques environnementaux dans les enjeux de sécurité, entendue comme ensemble des charges légitimantes de l'État ? Certes, en première intention, la plupart de ces plaintes s'attachent au non-respect des engagements pris par les États dans des accords internationaux (au premier chef les Accords de Paris de 2015). En tant que telles, les condamnations débouchent au mieux sur des compensations financières et ne statuent pas sur les conditions de légitimité de l'État. Mais, comme le montre le cas du service public (p. 75), l'histoire d'une disposition juridique – qui plus est en matière de droit administratif – n'est jamais écrite d'avance (voir aussi p. 150-151).

1 Sans pouvoir être exhaustif, l'affaire Held vs. State of Montana (la première du genre aux États-Unis) suite à une plainte déposée en 2020 par seize jeunes de 5 à 22 ans, et jugée en juin 2023 ; la plainte déposée contre l'État de Suède par l'association Aurora (636 personnes) et jugée recevable le 21 mars 2023. Pour la CEDH : celle de six jeunes Portugais contre trente-deux États européens, acceptée le 30 novembre 2020 et jugée à partir du 27 septembre 2023 (entre 2021 et 2022, la CEDH a reçu plus de cent plaintes contre l'État portugais) ; celle de l'association « Les Aînés pour le Climat » (près de deux mille personnes) contre l'État suisse, acceptée le 29 mars 2023 ; celle de Damien Carême, maire de Grande-Scynthe, contre l'État français, acceptée le même jour.

2 Fabien Benoit, Nicolas Celnik, *Techno-luttes. Enquête sur ceux qui résistent à la technologie*, Reporterre, Éditions du Seuil, 2022, chap. 10 « Guérilla juridique », p. 154 et suivantes ; Priscilla Ludosky, Marie Toussaint, *Ensemble nous demandons justice. Pour en finir avec les violences environnementales*, Massot Éditions, 2020. Les autrices sont deux actrices majeures de cette « Affaire ».

Et dans l'hypothèse où émergerait là la reconnaissance d'une nouvelle condition de légitimité de l'État, donc d'un élargissement du champ de la sécurité – lier écologie et droits humains peut en constituer une étape –, la question se pose de savoir si ce sens de la sécurité est susceptible d'aller au-delà de la classique prévention des risques pour nos sociétés.

Plus significatif encore pour notre enquête, la thématisation de la désobéissance civile, voire du sabotage ou de la « contre-violence »[1], tels qu'ils jalonnent l'histoire militante de l'écologisme. L'idée même que l'autorité de l'État réponde à des conditions de légitimation, au cœur des charges gouvernementales, a presque toujours été liée, dans sa phase classique, à un discours de la *résistance légitime* à la force publique et aux abus qu'elle protège. Une résistance dont les motifs pouvaient varier, mais visaient peu ou prou le contenu de la sécurité : enjeux vitaux directs ou présumés, altération des formes légitimes du régime, atteintes aux libertés ou aux droits fondamentaux, etc. Le discours de la sécurité va de pair, sur un plan sémantique et pratique, avec un discours de la résistance légitime. Il peut sembler difficile de trouver, corrélativement, une légitimation du vol, de la réquisition sauvage (ou *à la source*) ou du squatte, pour motif d'*insécurité économique*, dans les discours standards de la phase économique de l'histoire de la sécurité. Sans doute le clivage est-il plus profond dans la manière d'être affecté par les conséquences de l'économie industrialisée (que l'on parle de différents intérêts de classe ou de lutte des classes) : comme on l'a vu (p. 75-76), les exemples historiques qui donnent matière à la sécurité économique oscillent entre protéger une société des activités économiques qu'elle développe, assurer la diffusion des fruits de ces activités et assurer le développement continu de ces activités. Du côté des doctrines et pratiques de lutte contre les formes d'exploitation rendues possibles par l'ère industrielle, en revanche, la légitimation de la grève, du sabotage ou de l'appropriation non-juridique des biens (au premier chef, bien sûr, les biens de production ou de subsistance) sont des thématiques récurrentes. Des pratiques et discours similaires se retrouvent du côté des luttes écologistes, au nom des enjeux de survie qu'elles recouvrent et d'une défiance croissante envers les institutions qui prétendent s'en charger, parfois même au nom de la réappropriation d'un milieu de vie. Toutes les formes d'activisme écologiste, même les plus dures, semblent donc pouvoir se réclamer à tort ou à raison d'un semblable *droit de résistance*, si on soutient que l'écologie s'inscrit désormais dans la sécurité politique. Dans des affaires de désobéissance environnementale, plusieurs décisions de justice ont même déjà

1 Günther Anders, *La Violence : oui ou non. Une discussion nécessaire* (1986), trad. Christophe David, Elsa Petit, Guillaume Plas, Éditions Fario, 2014.

pu retenir l'« état de nécessité »[1], qui, dans le Code pénal français, implique que « n'est pas pénalement responsable la personne qui, face à un danger actuel ou imminent qui menace elle-même, autrui ou un bien, accomplit un acte nécessaire à la sauvegarde de la personne ou du bien, sauf s'il y a disproportion entre les moyens employés et la gravité de la menace » (article 122-7). Les usages contemporains de la catégorie d'« écoterrorisme » témoignent pourtant de ce que nombre de représentants politiques sont bien loin encore de voir, dans les tâches écologiques, des tâches d'ordre *sécuritaire*, ou du moins d'accepter le lien entre sécurité et droit de résistance. Peut-être parce qu'une telle sécurité écologique est appelée à cliver autant que peut le faire la sécurité économique, même si la structuration d'une « lutte des classes » écologique est loin d'être évidente, sur un plan théorique et pratique[2].

Ces divers motifs sont largement investis dans les formes radicales d'écologisme, qu'il s'agisse de faire valoir la valeur intrinsèque de processus naturels et de la traduire économiquement et juridiquement, ou qu'il s'agisse de légitimer la lutte contre les pouvoirs socio-politiques aux racines de la question écologique. Faut-il y voir une manière de prendre l'État en défaut au regard des charges qui sont en principe les siennes ? On se rapportera au roman d'Edward Abbey, paru en 1975, *Le gang de la clé à molette*. Bernard Charbonneau a pu également, au tout début des années 1980, justifier la nécessité « de se battre », pour des raisons écologiques, lorsque les moyens non-violents ont échoué[3]. On a pu s'émouvoir de ce que la focalisation sur les récentes violences de Sainte-Soline, par exemple, a occulté l'*enjeu* écologique de fond – la question de l'eau. On a tout de même pu y voir à l'œuvre une militarisation du maintien de l'ordre[4] assimiler, à visage découvert, tout militant à un activiste dangereux et défendre une appropriation privée abusive et techniquement absurde. Si des militants ont assumé à Sainte-Soline un état de « guerre de l'eau », et l'intention de « gagner » cette guerre, la première question est de savoir qui ou quoi l'a depuis longtemps déclarée, et la mesure dans laquelle cette « guerre » touche à la légitimité même de

1 Ainsi au Tribunal de Grande Instance de Lyon, le 16 février 2019, au Tribunal correctionnel de Perpignan, le 17 décembre 2020 ou encore au Tribunal judiciaire de Foix, le 1er juin 2021.

2 Razmig Keucheyan, *La nature est un champ de bataille : essai d'écologie politique*, Zones, 2014 ; Andreas Malm, *op. cit.*, La Fabrique, 2020 ; Priscilla Ludosky, Marie Toussaint, *op. cit.* ; Dominique Bourg, *Désobéir pour la terre, défense de l'état de nécessité*, Paris, PUF, 2021 ; Bruno Latour, Nicolaj Schultz, *Mémo sur la nouvelle classe écologique*, La Découverte, 2022 ; Paul Guillibert, *op. cit.*, 2023.

3 « À chaque instant, l'on se casse le nez sur ce mur ; furieux de l'échec de la non-violence, on est tenté par le terrorisme. Un beau jour, à Malville ou ailleurs, l'on se voit dans l'obligation d'être anéanti ou de se battre. », *Le feu Vert. Autocritique du mouvement écologique* (1980), l'Échappée, 2022.

4 Frédéric Bisson, « Sainte-Soline ou la politique de la zone », dans *Analyse Opinion. Critique.*, 27 juillet 2023.

nos institutions publiques et privées. L'équivalent écologiste d'une lutte des classes se joue dans ce type de situations et les asymétries de pouvoir d'action et de décision, donc de responsabilité, qu'elles impliquent en matière écologique – les rapports de domination qui configurent nos milieux de vie. Or, cela fait pleinement partie des *enjeux écologiques de fond*. Particulièrement si l'une des premières questions que pose l'écologie politique est bien celle d'un troisième âge de la sécurité. Avec la résistance écologique, s'agit-il de forcer l'État à respecter ses conditions de légitimité ? De s'emparer de l'État pour le mettre au service d'une libération des exploités, humains et non-humains ? Voire de mettre en question le sens du politique investi dans l'État moderne et « notre » sécurité politique ? Dans cette hypothèse, la lutte écologiste ne se réduirait plus aux motifs classiques de la résistance légitime, parce que sa charge subversive est plus grande encore.

Dans le même temps, si les motifs à l'œuvre dans « nos » politiques environnementales relèvent bien de la sécurité, ils ne semblent pas vraiment témoigner d'un *nouvel* âge de la sécurité. Lorsqu'un Jouvenel caractérisait l'écologie politique comme un élargissement de l'économie politique (p. 35-36), il n'est pas évident qu'il visait la sécurité écologique comme autre chose qu'une version optimisée ou réajustée d'une conception économique de la sécurité que l'on retrouve dans toutes les versions standards de l'économie de l'environnement. L'autre perspective (p. 42-47), qui tend à objectiver les *obstacles* environnementaux dans les dispositifs institutionnels, ne semble pas non plus décrire un troisième âge de la sécurité. Que fait-elle sinon concilier une certaine exigence de sécurisation économique (appartenant à un « plancher social ») en ressaisissant la question écologique à partir de la prévention de tous les risques vitaux (un « plafond environnemental »), donc quelque chose qui relèverait du sens premier de la sécurité ? Il faudra y revenir (p. 89 et suivantes).

Les questions politiques soulevées par l'hypothèse d'un âge écologique de la sécurité sont donc loin d'être simples et de se réduire au caractère impérieux des risques environnementaux. Les tensions à l'œuvre dans « notre » politisation de l'écologie pourraient n'être que la remise en jeu des deux dimensions de la sécurité constituées en deçà de l'émergence de la question écologique. L'inclination à fondre cette question dans une rationalité économique élargie ne ferait en ce sens que témoigner de la prépondérance du virage économique de la sécurité dans les tâches *normales* de l'État. Les exemples disponibles – en pratique comme en théorie – de politiques environnementales (abstraction faite de la question de savoir si un tel traitement est efficace ou sincère) ne témoignent d'ailleurs ni d'un sens nouveau de la sécurité, ni de l'invention de nouvelles manières de gouverner : réglementation disciplinaire, dispositif juridique, prospective et modélisation, incitations économiques, marchandisation, tout ce que semblent mobiliser les politiques environnementales relève de manières de gouverner déjà inventées et mises en œuvre sur de tout autres enjeux. Les ambivalences de la prévention des risques, qui, sur le plan écologique, confondent la raréfaction des ressources et l'effondrement de la biodiversité, par exemple, dans un même type d'enjeux, s'inscrivent bien dans une histoire complexe de la sécurité : les menaces physiques directes et les obstacles au développement économique, de quelque nature qu'ils soient, tendent à se confondre.

De même, y a-t-il autre chose, dans les représentations exacerbées des risques politiques liés au traitement des enjeux écologiques par nos États, qu'une réactivation de la problématique libérale des limites du gouvernement ? Ce n'est sans doute pas un hasard si les libéraux se sont emparés de l'argument du risque écofasciste au tournant des années 1990, au moment même où se construisait une forme institutionnelle d'écologie politique – même si c'était massivement pour en modérer les exigences. Mais s'il peut sembler, de prime abord, que l'écologisme radical, tel que l'exemplifient Bookchin, Gorz ou Illich, maximise la crainte sécuritaire – viser à la fois les menaces environnementales et institutionnelles –, il n'est pas évident que la reconstruction socio-économique appelée par la question écologique doive en rester à cette version du risque « écofasciste » si facilement récupérable par les libéraux. Une telle reconstruction semble cibler précisément une certaine version de la sécurisation économique, celle qui s'est articulée au développement du productivisme pour intensifier les charges de l'État. Si on estime que « notre » sécurité économique fait le lit de la crise écologique, est-ce à dire que, par la résistance ou le militantisme, il faut viser un troisième âge de la sécurité, ou plutôt un dépassement de toute conception *sécuritaire* de la politique ?

5

Crise écologique et saturation de nos institutions sécuritaires

« Notre » politisation de la question écologique croise ainsi une tout autre histoire que celle de l'écologie : celle, bien plus ancienne, de l'État moderne et de la sécurité, de la légitimation de son pouvoir et des difficultés qu'il recouvre. Avec le progrès ou l'abondance, la sécurité a dépassé la simple prévention des violences et des menaces matérielles directes, pour impliquer une sécurisation matérielle de la société industrielle et de sa croissance indéfinie, et des décisions quant à la vie que nous devions mener. L'État a changé, sa légitimation et ses charges sont plus complexes, et caractériser les enjeux de sécurité qui entourent la question écologique s'avère plus ardu. Peut-elle n'impliquer qu'une inflexion de la sécurisation économique ? Ou un retour à la primauté de la prévention des risques vitaux, dès lors que les conséquences d'une vie industrielle sécurisée deviennent elles-mêmes insécurisantes ?

Dans les deux cas, les ambivalences de nos politiques environnementales ne semblent pas caractériser un troisième âge de la sécurité. La conséquence en est simple. Les enjeux environnementaux font *ipso facto* partie des tâches légitimantes des États, qu'on les aborde par la prévention des menaces « majeures » ou par la sécurisation des activités économiques. Alors même que ces enjeux entrent en tension avec le sens de nos vies que porte « notre » sécurité économique, et avec les entreprises privées dont les États ont accompagné la croissance et qui à présent semblent en bonne partie leur échapper. Traiter le problème complexe qui en résulte est-il « prioritaire » pour les États ? Rien n'en témoigne. Même plus besoin d'être subversif pour estimer qu'ils ne sont pas à la hauteur de leurs charges ! C'est là une critique écologiste devenue *normale* puisqu'elle s'adosse aux *normes* que décline le discours de légitimation des États. Parler de crise écologique signifie alors simplement que notre régulation économique et politique ne parvient pas, ou plus, à faire valoir les normes de sécurité qu'elle porte pourtant. On a même pu soutenir qu'il n'est ni nécessaire ni souhaitable que l'écologie suscite une reconstruction politique : ce n'est pas nécessaire parce que les enjeux environnementaux entrent dans une configuration classique de la sécurité; ce n'est pas souhaitable, parce qu'au sein d'un tel dispositif, fonder la politique sur l'écologie ne pourrait que se traduire par une négation du rythme de la politique, au nom d'une expertise à laquelle on conférerait une fonction qui n'est pas la sienne[1]. Il *suffit* que les institutions politiques parviennent à faire ce qu'on est en droit d'attendre d'elles. Leurs charges impliquent *normalement* une haute exigence écologique. Ce consensus écologique que nous ne parvenons pas à réaliser est néanmoins inscrit, d'un point de vue normatif, dans les charges sécuritaires de l'État. Il suffirait ainsi de trouver les ajustements nécessaires à nos dispositifs représentatifs pour qu'ils parviennent enfin à prendre en charge de manière juste les risques environnementaux et dépassent les limites territoriales qui sont actuellement les leurs[2].

Si, dans notre monde, assumer cette charge n'était pas en réalité voué à l'échec pour les États. Si, dans un cadre sécuritaire, l'expertise n'inclinait pas déjà à l'autoritarisme, et un autoritarisme politique et intellectuel nous rendant la question écologique étrangère. Si nos institutions n'étaient pas *liées* à un mode de vie que la question écologique met en défaut. Dans ces conditions, cette critique *normale* pourrait suffire – du moins, d'un point de vue environnementaliste. Mais il n'est pas du tout sûr qu'elles soient réunies parce qu'il n'est pas du tout sûr que cette critique *normale* s'appuie sur une compréhension satisfaisante de la crise écologique. L'inaction écologique des États peut ainsi trouver des raisons en deçà de l'inconséquence des gouvernants ou des limites territoriales de la représentation. La question écologique s'inscrit dans notre *sens* de la sécurité, mais ne vient-elle pas *saturer* les pratiques que « notre » sécurité recouvre? N'est-elle pas au-delà de ce que ces pratiques peuvent faire sans nous *insécuriser* en réalité davantage? Pire, ces pratiques ne sont-elles pas elles-mêmes des facteurs de la crise écologique? Dans cette hypothèse, la rencontre entre écologie et sécurité reformule la polarisation politique de l'écologie et nourrit une critique plus *radicale*[3] : la crise écologique touche aux *racines* mêmes de notre ordre social et de son

1 Catherine et Raphaël Larrère, *Du bon usage de la nature*, *op. cit.*, p. 294-301 (même s'ils ne semblent ressaisir la sécurité que sous sa première forme) ; Bruno Latour, *Politiques de la nature. Comment faire entrer les sciences en démocratie* (1999), La Découverte.

2 Céline Spector, « Consentir à la finitude? Écologie et démocratie », dans *Analyse. Opinion. Critique*, 28 août 2023 : « Les dysfonctionnements flagrants de la représentation [...] ne doivent pas conduire à la contourner, mais à la réformer en profondeur. » « Faire le deuil de la toute-puissance et *consentir à la finitude* » passerait ainsi par « une démocratie européenne rénovée et dotée de ressources propres ».

3 Sur la manière dont on peut entendre cette distinction entre critique normale et critique radicale, *Walter Lippmann, D'un néolibéralisme à l'autre*, *op. cit.*, p. 596-598.

sens de la sécurité. Une telle critique ne se contente donc pas d'exhorter au consensus, mais vise les raisons pour lesquelles il est sans cesse exigé et mis en échec, et ces raisons touchent aux conditions de légitimité de l'État. Notre mode de régulation politique et économique est, comme tel, mis en crise, parce qu'il serait, comme tel, devenu dysfonctionnel. Dans cette hypothèse, en somme, la crise écologique recouvre une crise radicale de la sécurité (p. 101), ce qu'une rhétorique des « menaces » ne peut que manquer.

La question écologique comme enjeu de sécurité : la sobriété privative

Reprenons la double question formulée à propos de l'hypothèse d'un âge écologique de la sécurité (p. 72) : dans quelle mesure la question écologique peut-elle se politiser comme une question de sécurité ? Dans quelle mesure le problème de la sécurité éclaire-t-il les difficultés inhérentes à notre politisation de la question écologique ? Un tel questionnement conduit d'abord à ressaisir plus précisément ce qui, dans « notre » traitement politique de la question écologique, relève du problème politique de la sécurité – et ne relève donc pas spécifiquement de la question écologique. Puisque les deux orientations qui dominent les politiques de l'environnement (chapitre 3) semblent bien s'inscrire dans les enjeux de sécurité élaborés en deçà de la question écologique. Ainsi, a-t-on suggéré, la conception standard de l'économie de l'environnement – *rendre visibles* les conséquences environnementales dans le mécanisme des prix et infléchir les facteurs de croissance pour qu'elle s'inscrive dans la durée – relève des manières néolibérales de gouverner.

Cette suggestion a pu surprendre au regard d'une certaine représentation convenue du néolibéralisme, et mérite précision. Pour bien l'entendre, il faut rectifier une idée fausse, ou du moins incomplète, associant néolibéralisme et dérégulation économique pure et simple. Au contraire, s'il s'agit bien, pour l'État néolibéral, de se défaire d'un certain nombre de tâches qui relèvent de l'État-providence, le néolibéralisme s'articule plus profondément à l'idée que le marché n'est pas, comme l'avait cru une part de la tradition libérale, une donnée naturelle, mais une institution dont les « règles du jeu » doivent être garanties et améliorées par les États – y compris au niveau international – pour accomplir un certain type de vie, nous y « adapter »[1]. Une bonne

1 Thomas Biebricher, *The Political Theory of Neoliberalism*, Stanford University Press, 2019 ; Barbara Stiegler, *« Il faut s'adapter ». Sur un nouvel impératif politique*, Gallimard, 2019.

part des tensions entre néolibéralisme et démocratie se jouent là, en réalité : si une vie économique *optimale* est posée comme condition d'une vie sociale satisfaisante (ce qu'un Walter Lippmann n'hésitait pas à appeler, en 1937, « la société *bonne* »[1]), et si les règles d'un marché concurrentiel efficient sont posées comme conditions d'optimisation de la vie économique, alors ces règles doivent échapper aux décisions démocratiques particulières, pour assurer ce que chacun est supposé attendre désormais d'une société. L'État néolibéral échappe partiellement à tout contrôle démocratique : une démocratie viable, d'un point de vue néolibéral, est une démocratie limitée, conditionnée. On reconnaît sans difficulté un certain traitement du problème de la sécurité, en deçà de la question (débattue au sein même de la mouvance néolibérale) de savoir si ces « règles », et plus largement les manières néolibérales de gouverner, sont le fruit d'une expertise *a priori*, d'une évolution ajustée du droit positif ou encore d'une part d'expérimentation gouvernementale et managériale.

L'idée même que les normes environnementales se négocieraient au niveau international, sous une forme devant *préserver* les intérêts économiques à long terme, et impliquant au mieux des compensations financières de la part des États qui ne respectent pas leurs engagements, peut dès lors s'inscrire pleinement dans ce modèle. Si on a pu en tirer argument pour voir dans les normes environnementales une nouvelle forme de « biopolitique » néolibérale[2], il ne s'agit, comme lorsqu'on étend les externalités négatives aux dommages environnementaux, que d'adapter à de nouveaux objets des manières de gouverner antérieures à la question écologique. Y compris par la mise en place de nouvelles zones de marché. Outre la marchandisation des technologies vertes ou des permis de polluer, la manière dont on articule le plus souvent les enjeux locaux aux dispositions nationales et internationales semble répondre à une problématique néolibérale désormais standard : le gouvernement néolibéral, public ou privé, travaille toujours l'écart entre un point de vue général et surplombant – celui où s'ajustent les « règles » – et des situations particulières diverses qu'il n'est pas possible de contrôler par le menu. Laisser des espaces d'initiative locale peut ainsi répondre au défaut structurel d'informations des « décideurs », dans un espace social complexe et hiérarchique comme le nôtre. Une telle pseudo-décentralisation n'est qu'un outil de centralisation hiérarchique, parce qu'elle n'implique pas un transfert du contrôle, ou sa dispersion véritable, dès lors que ces espaces d'initiative sont mis en concurrence sur des

1 Dans le titre de son livre de 1937, dont le retentissement fut considérable, *An Inquiry into the Principles of the Good Society*.

2 Aliénor Bertrand, « Une archéologie philosophique des normes environnementales : biopolitique et droit des peuples autochtones », dans *Revue générale de droit*, 43, 2014.

finalités et selon des critères qui leur échappent. On peut penser exemplairement au schéma « appel à projets/évaluation *ex post* », dans la répartition de financements ou de subventions. La verticalité du gouvernement s'y maintient et s'y renforce par la définition des objectifs et l'externalité de l'évaluation, et une telle pratique se retrouve dans les institutions publiques et privées : mise en concurrence de services, d'agences, de filiales, de sous-traitants et même d'individus et d'associations. On retrouve de telles mises en concurrence dans la plupart des formes de *territorialisation* des politiques environnementales[1], donnant une coloration politique clairement néolibérale à la formule « penser globalement, agir localement » : gouverner par la « responsabilisation » et la mise en concurrence des gouvernés.

Tout un versant de « notre » politisation de l'écologie – l'essentiel même des politiques environnementales – s'inscrit ainsi pleinement dans une forme de gouvernement née de l'âge de la sécurité économique, et maintient globalement ses finalités. Comme entendent le montrer, depuis le milieu des années 1990, les études critiques d'inspiration foucaldienne développées dans le champ anglo-saxon autour de la « gouvernementalité verte »[2]. Le néolibéralisme se définirait ainsi, de ce point de vue, par la prise en charge institutionnelle de ce dont le capitalisme a toujours dépendu : ses conditions juridiques, sociales et, désormais, biophysiques de perpétuation. Si cette gouvernementalité recouvre une tension possible avec l'ouverture des choix politiques que semble impliquer une société démocratique, voire un risque technocratique (alors même que le néolibéralisme s'est aussi construit contre ce risque), c'est sous une forme qui n'est pas spécifique à la question écologique. Une forme qui relève de la part d'autoritarisme inhérente aux manières néolibérales de gouverner.

Il en est de même, plus directement, d'une perspective qui tend à *objectiver* les obstacles environnementaux dans les dispositifs institutionnels, et qu'on ne peut dissocier complètement de notre ère néolibérale. Les tensions possibles entre démocratie, au sens large, et question écologique relèvent, là aussi, des tensions internes à une politique de sécurité. Il n'est pas rare que certains discours écologistes insistent sur l'attribution des « blocages » rencontrés par les exigences environnementales à un court-termisme supposé inhérent au fonctionnement de nos démocraties : rythmées par des mandats courts, elles

1 Les deux articles « Territoire et durabilité » dans le *Dictionnaire de la pensée écologique*, PUF, 2015.

2 Timothy W. Luke, « On Environmentality : Geo-Power and Eco-Knowledge dans the Discourses of Contemporary Environmentalism », dans *Cultural Critique*, n°31, 1995 ; « Environmentality as Green Governmentality », dans col., *Discourses of the Environment*, Malden, Mass, Blackwell Publishers, 1999. Paul Rutherford, « The Entry of Life Into History », dans *ibid.*, 1999. Pour une synthèse, Stéphanie Rutherford, « Environmentality and Green Governmentality », dans *The International Encyclopedia of Geography*, 2017.

seraient inaptes à traiter les enjeux à long terme qu'engage la question écologique. Pire, reposant sur des promesses électorales, le jeu démocratique serait inadapté à une rhétorique de la privation que ne saurait éviter, pense-t-on, une conscience écologique de pleine maturité[1]. Un tel discours n'est pas étranger à la littérature néolibérale lorsqu'elle justifie que les politiques économiques soient soustraites, dans leurs grandes lignes, aux décisions démocratiques[2]. Il peut même faire droit au besoin, au moins provisoire, de formes autoritaires d'impositions de décisions publiques (même si on peut se demander où sont les régimes non-démocratiques qui font montre de leur capacité à traiter d'enjeux à long terme…). Cette perspective s'inscrit dans l'idée d'un gouvernement démocratique limité par des cadres intouchables, qu'il s'agisse d'une planification autoritaire à des fins écologiques ou des conditions d'une économie de marché concurrentiel « optimisé ».

Et l'on retrouve un motif semblable dans l'idée parfois avancée d'un *état d'urgence écologique*, sur le modèle d'un état d'urgence sanitaire ou encore d'un état d'urgence lié à des menaces terroristes[3]. Une telle perspective se ramène là encore à des questions politiques tout à fait standards, celles d'un gouvernement fondé exclusivement sur une expertise, qu'elle relève des renseignements et informations policières et militaires, de l'épidémiologie ou d'une écologie scientifique. Laissons de côté tout ce qui, dans l'attitude et les choix des gouvernements, entretient un doute légitime sur la sincérité d'une volonté de minimiser les risques encourus par les populations gouvernées : qu'il s'agisse des choix en matière d'énergies (nucléaires ou fossiles), de gestion de la santé publique (scandales des laboratoires pharmaceutiques, déstabilisation des systèmes de santé), ou *a fortiori* de gestion des risques environnementaux. Même si on présuppose une intention sécuritaire légitime et sincère de la part des États, tout se passe comme si la connaissance et l'ampleur des *menaces* – quelle qu'en soit la nature – étaient supposées suspendre le cours politique ordinaire et assurer une compétence pour *prescrire* légitimement des actions

1 Dennis Meadows (entretien dans *Reporterre*, le 3 mars 2022) : « Beaucoup de dirigeants ont lu les *Limites à la croissance*, et l'ont perçu comme juste. Mais ils n'ont pas pu en prendre acte. Un jour, l'un d'entre eux m'a dit : "Vous m'avez convaincu de ce que je dois faire. Maintenant, vous devez m'expliquer comment je peux être réélu si je le fais." »

2 « Personnellement je préfère un dictateur libéral plutôt qu'un gouvernement démocratique manquant de libéralisme », Friedrich Hayek, entretien avec le quotidien chilien *El Mercurio*, 12 avril 1981.

3 Cécile Duflot (directrice d'Oxfam-France) : « La Chine sera capable de faire un virage sur l'aile d'une rapidité que nous avons du mal à faire parce que nous-mêmes nous sommes dans un système démocratique qui n'admet pas ce genre de pratiques. » (Arte, *28 minutes*, 7 novembre 2022) Elle venait d'évoquer les mesures chinoises pendant la pandémie, et le fait que la Chine serait le premier pays massivement touché pas une combinaison dangereuse de température élevée et d'humidité intense susceptible de la pousser à développer une politique environnementale.

gouvernementales. Le parallèle entre la sidération provoquée par la pandémie en 2020 et celle que l'on pourrait vouloir susciter avec un état d'urgence écologique fonctionne, alors même que les échelles de durée de tels états d'urgence seraient incomparables. La dynamique est la même dans les deux cas : travailler à rebours de la construction collective d'une *lucidité* publique, partagée, que l'on peut pourtant estimer souhaitable.

Dès lors, si ce problème du pouvoir de l'expertise en politique et des situations d'urgence (qui en décide et qui y décide?) se retrouve face à la question écologique, il procède, là aussi, d'une configuration standard du risque sécuritaire (ce qu'on pourrait aussi rattacher aux problématiques de la « gouvernementalité verte » déjà évoquées) : celui de la surpuissance des institutions étatiques et de la confiscation de compétences au nom des conditions *sine qua non* de la vie sociale. Il ne s'agit bien sûr pas de réduire l'économie écologique, par exemple, à une forme de technocratie. Mais, nombre des travaux qui se développent dans ce champ se traduisent en politiques publiques qui combinent un surcroît de pouvoir étatique à un rôle bien plus directif de l'expertise technique et scientifique. On peut dès lors parler d'un risque technocratique, au sens premier du terme, si la double question du contrôle des institutions et du rôle politique de sciences écologiques pensées comme autonomes n'est pas posée[1]. C'est tout le problème d'une éventuelle planification écologique, qui ne serait assouplie que par des mécanismes de marché[2]. On se souvient des deux exemples donnés plus haut (p. 48) et tirés des travaux de l'économiste Herman Daly : lier la procréation et l'extraction de ressources à des droits distribués par les institutions publiques, mais qui seraient ensuite négociables sur des marchés. On peut également penser à une certaine manière – très réductrice – de formuler une critique du consumérisme : si aujourd'hui les comportements consuméristes sont mus par des enjeux d'identité, touchant la manière même dont les gens mènent leur vie et l'estiment réussie, alors une politique environnementale est supposée devoir changer les gens (ou « changer les mentalités », comme on dit). Une planification écologique ne pose pas seulement des problèmes techniques, comme on incline trop souvent à le croire.

1 Pour la première apparition de la notion de technocratie, en ce sens, voir William Henry Smythe, « Technocracy – Ways and Means to Gain Industrial Democracy », dans *Industrial Management*, 1918. Sur le développement du mouvement technocratique, Howard P. Segal, *Technological Utopianism in American Culture*, Syracuse University Press, 2005. Sur le regain technocratique lié à l'« éco-pouvoir », Pierre Lascoumes, *L'éco-pouvoir. Environnement et politiques*, La Découverte, 1994.

2 On peut mentionner l'exemple du Shift Project présidé par Jean-Marc Jancovici, qui réussit la prouesse d'hybrider les deux risques technocratiques qu'un André Gorz pensait comme distincts : la technocratie environnementaliste et la technocratie nucléaire (*Écologie et politique, op. cit.*).

À ce risque technocratique répondent bien les deux thèmes importants, pour une critique écologiste radicale, que l'on a développés : le besoin de réinscrire les savoirs écologiques dans une critique sociale située, même si ces savoirs doivent bien avoir leurs propres méthodes de recherche (p. 28 et suivantes) ; le besoin de ressaisir le consumérisme comme un dispositif d'exploitation et de domination, même s'il suscite pour cela des *sujets* qui s'y prêtent volontiers (p. 53 et suivantes). Mais, on le voit, ni ce risque technocratique ni ces deux besoins ne sont spécifiques à la question écologique. La critique de l'exploitation a aussi bien d'autres justifications, et l'argument du risque « écofasciste », sous sa forme radicale, nous ramène aux effets pervers de la légitimation de l'action politique institutionnelle par des motifs de sécurité sous des formes déjà classiques (la différence avec la version libérale de cet argument tiendrait à ce qu'un radicalisme cible aussi bien les pouvoirs socio-économiques privés). Il est d'ailleurs significatif – même si l'image est déjà en grande partie galvaudée dans les années 1970 – qu'Ivan Illich parle de « *Léviathan* bureaucratique »[1] pour nommer ce risque : le *Léviathan* (1651), du philosophe Thomas Hobbes, articulait précisément l'autorité de l'État à la sécurité sous une forme qui ne dissimulait nullement le risque de violence politique qu'une telle articulation recouvre, alors même que le cœur de l'affaire, pour lui, restait de mettre le gouvernement au service des conditions indispensables à la vie en société.

D'une manière générale, parce qu'elle porte sur de telles conditions, voire sur les conditions d'une certaine configuration sociale et d'une certaine vie supposées *voulues* par tous, la sécurité, dans ses versants néolibéral et technocratique, présupposerait à la fois une connaissance déjà disponible de ces conditions et une délégation de leur *assurance*, ainsi doublement soustraite aux choix collectifs. Lorsqu'on soutient que l'on « sait » ce qu'il faut faire en matière écologique, qu'il ne reste plus qu'à trouver les moyens de l'imposer aux gouvernants et aux gouvernés, on rejoue cette même partition sécuritaire, au *tempo* d'une « toute-urgence »[2] qui ne pourrait que la rendre folle.

La question écologique ainsi comprise ne se contente toutefois pas de reprendre en chœur le refrain sécuritaire. Elle conduit à exacerber le problème de la sécurité jusqu'à le *saturer* : avec la question écologique, nous aurions atteint un stade où accroître la sécurité conduirait nos institutions à *insécuriser* nos conditions. Cela renvoie au premier chef à l'une des questions

1 *La convivialité*, *op. cit.*, p. 78.

2 Alain Lipietz, *op. cit.*, 2022.

rencontrées en examinant le problème de la sécurité (p. 70-71) : que s'agit-il d'assurer *pour* permettre que se développe ce que chacun attend de la vie sociale, donc pour que chacun y développe son existence ? Autre façon de le dire : quelle *positivité* est susceptible de conduire à dépasser les *résistances* aux contraintes qu'implique la sécurisation d'un espace social ? La question peut se poser aussi à propos de l'inclusion des enjeux environnementaux dans le champ de la sécurité, et interroger la spécificité des résistances manifestement persistantes qu'elle rencontre.

Certes, la centralisation du pouvoir juridique et du dispositif judiciaire et administratif qui a engendré l'État moderne ne s'est pas faite sans résistance ni conflit d'orientation, loin s'en faut. L'idée même que l'économie relève des tâches de l'État a rencontré plus de résistances encore, et la manière de le faire n'est pas vouée à faire consensus, même si l'analyse savante peut dégager des constantes ou des pratiques et discours dominants. Néanmoins, l'expérience historique de la question sociale du 19e siècle a vu se constituer tôt un intérêt pour un traitement politique, quel qu'il soit, des conséquences du développement industriel, y compris pour la plupart des libéraux. Si cet intérêt *de tous* n'a rien d'un consensus sur le mode de contrôle, ni sur la caractérisation de cet intérêt – on en a vu les raisons (p. 74 et suivantes) –, il est tentant d'estimer rétrospectivement que la complexité industrielle s'est assez vite, quoique de manières diverses et hautement conflictuelles, traduite en *demande d'État*, parce que les contraintes de sécurisation se doublaient d'une *positivité* attendue du développement des forces productives – pour les libéraux comme pour les marxistes, pour aller vite. Cette *demande d'État* n'avait bien sûr rien de spontanée ou d'inéluctable, en réalité, et s'est en bonne partie construite sur l'écrasement systématique, ou la réappropriation étatique, de toutes les expérimentations associationnistes et autogestionnaires, dès le milieu du 19e siècle[1]. La loi française de 1901 sur les associations a eu pour condition une telle préhistoire, qui contribue à expliquer la frilosité républicaine, pour ne pas dire plus, à l'égard des associations qui se veulent politiques. Il reste que cette demande d'État n'a pu se formuler que parce que la *motivation* sécuritaire pouvait faire fond sur ce que rendait positivement possible un cadre sécurisé.

Au contraire, le problème de la motivation sécuritaire spécifiquement écologique semble tenir d'abord à ce qu'elle se ramène à un ensemble de restrictions sans contrepartie positive spécifique. Occultant au passage qu'elle concerne aussi bien les pouvoirs publics, cette difficulté est souvent réduite à

1 Jean-Louis Laville, *Réinventer l'association. Contre la société du mépris*, Desclée de Brouwer, 2019; Ludovic Frobert, *Vers l'égalité ou au-delà ? Essai sur l'aube du socialisme*, ENS Éditions, 2021.

un enjeu d'*acceptabilité sociale*, du côté des industriels et des consommateurs. Or la notion d'acceptabilité sociale n'est pas sans ambiguïté. Certes, elle vise d'abord à inclure, dans l'évaluation de l'opportunité d'un projet ou d'une réforme, la résistance potentielle des publics qu'ils concernent, ce qui revient à les y associer. Mais elle recouvre surtout un ensemble de techniques, de procédés, se nourrissant de psychologie sociale, d'économie comportementale, de sciences de la communication, et de toute discipline susceptible de composer un art de produire l'acceptation, une « fabrique du consentement »[1], et de mettre en œuvre un « impératif » d'adaptation[2]. Il faudrait approfondir cette question en examinant la manière dont les procédures de participation citoyenne ou de co-construction (y compris de dispositifs organisationnels), faites pour donner un rôle à tout un chacun dans les décisions et la mise en œuvre des actions publiques, peuvent aussi participer d'une telle fabrique, que beaucoup tolèrent plus aisément lorsqu'elle touche aux risques environnementaux. Ce qui se ramène aux manières néolibérales de gouverner (p. 90-91). Même s'il n'est pas rare que les dispositifs de ce type tendent à déborder leurs initiateurs institutionnels, les procédés de démocratie directe sont souvent pervertis en techniques managériales. Le pire serait pourtant de traiter les expériences délibératives et participatives par le mépris[3], au lieu d'interroger sérieusement leurs conditions sociales et politiques d'efficacité. Au premier chef, se défaire d'une acception *privative* du mode de vie écologiquement sécurisé, d'une *sobriété* définie par des privations, évaluée dans la nostalgie d'une « abondance » perdue.

Une telle situation n'est pas inédite, et rappelle les débats suscités par la *planification* dans l'entre-deux-guerres. Dès le lendemain de la Grande Guerre et face à la complexité croissante de l'industrie, de nombreux économistes ont en effet soutenu le besoin de *planifier* les activités économiques à une échelle nationale (l'économie de guerre en ayant montré l'efficacité), ce qui impliquait des décisions politiques quant aux besoins « fondamentaux » que ces activités doivent satisfaire, mais aussi le risque de borner les aspirations qu'une société peut satisfaire. D'autres, de ce fait, s'y sont opposés au nom de la liberté des individus de définir leur mode de vie – donc leurs besoins – et d'une perspective d'abondance. Le thème de la « souveraineté du consommateur », associant démocratie et économie de marché, a pu ainsi prendre force, et, pour certains historiens de la pensée politique, contribuer

1 La formule, devenue classique, est de Walter Lippmann (*Public Opinion*, 1922).

2 Barbara Stiegler, *op. cit.*, 2019. Voir aussi Serge Moscovici, *L'âge des foules*, Fayard, 1981.

3 Céline Spector, *op. cit.*, 2023.

à nourrir un futur néolibéralisme[1]. Se met alors en place le discours, devenu depuis dominant, qui associe libre disposition de son mode de vie et liberté de consommer dans une économie industrielle de marché, renvoyant toute alternative à une situation de pénurie et de retour aux « raretés » pré-industrielles – ou aux rationnements des temps de guerre.

Associer sobriété et privation est une conséquence de cette manière de maquiller des normes de vie en « libre disposition de son mode de vie ». Lorsqu'on objecte à un écologisme supposé trop exigeant de tenir des positions « réactionnaires », on retrouve ces accents des critiques libérales de la planification : elle tire argument de l'économie de guerre, et ne peut donc sortir d'une logique du *rationnement*, inapte à assurer les standards de vie qui sont désormais les nôtres. Ce qu'il est tentant d'appeler le syndrome du « Amish », en référence à la très profonde déclaration d'Emmanuel Macron, le 15 septembre 2020, pour défendre cet enjeu politique de premier plan qu'est… la 5G : « Je ne crois pas que le modèle *Amish* permette de régler les défis de l'écologie contemporaine. » Parce qu'il exprime une incapacité idéologique de rouvrir politiquement la question des modes de vie, ce syndrome, qui témoigne en réalité d'un état de dépendance (p. 141-143), frappe au premier chef tous ceux qui sont épris d'abondance et ne savent pas *historiciser* les besoins et les jouissances. Pour l'écologisme, assumer une rhétorique exclusive du renoncement ne permet pas d'échapper à ce piège. Pire, il en répète le schéma sans pouvoir faire fond sur les espoirs qu'éveille une planification économique, puisque la sobriété reste privative. Il le répète en concédant ce qui ne peut que nourrir la nostalgie d'une « abondance » perdue[2]. Un tel écologisme relève aussi, malgré lui, du syndrome du « Amish ».

Comme face à la planification il y a un siècle, aucune rhétorique des menaces d'*effondrement* – qu'il soit économique ou environnemental – n'a pu jusqu'ici empêcher le syndrome du « Amish » de ressourcer indéfiniment « notre » néolibéralisme. À la publication du rapport Meadows (1972), le spectre d'une planification autoritaire que les économistes libéraux ont cru voir dans toute critique de l'abondance a contribué à occulter pendant près de vingt ans le discours de la décroissance[3]. Une écologie privative, ou réduite à une gestion des « communs négatifs », de la question, certes cruciale, des « déchets » socio-économiques présents et à venir[4], conspire ainsi, malgré

1 Niklas Olsen, *The Sovereign Consumer. A New Intellectual History of Neoliberalism*, Palgrave Macmillan, 2019. Voir aussi Odile Tourneux, *La souveraineté à l'ère du néolibéralisme*, Classiques Garnier, 2022, 3e partie.

2 Bruno Villalba, *Politiques de la sobriété*, Le Pommier, 2023.

3 Antonin Pottier, *op. cit.*, 2014. J. E. Solow et R. M. Stiglitz publient en 1974 (p. 41).

4 Alexandre Monnin, *Politiser le renoncement*, Divergences, 2023. Pour l'apparition de cette notion de

elle, à exciter la fibre qui lie la plupart des gens à la société de consommation – confinant l'écologisme dans une moraline anti-consumériste aveugle aux rapports de domination qui travaillent « nos » besoins. Ce qui revient à renforcer le pouvoir néolibéral et le productivisme en laissant intacte « notre » conception d'une vie accomplie, ou du moins en réduisant la sobriété à une version mutilée de cette conception, une sobriété *privative* : une individualité réduite à son espace privé, dans lequel on devrait désormais davantage se *priver*. Parce que nos institutions sécuritaires sont liées à un certain mode de vie et une certaine conception de l'individualité et de ses jouissances, responsables de la crise écologique, celle-ci reste bien au-delà du point de saturation de ces institutions, au-delà de ce qu'elles peuvent.

Qu'on la refuse ou qu'on la promeuve, une telle sobriété *privative*, dans tous les sens du terme, reste *abstraite*, séparée ainsi de toute *mise en question* politique effective du sens d'une vie humaine, parce qu'elle ne touche pas au cœur du problème que pose la question écologique : un problème spécifique d'*expérience*. Là encore, une comparaison avec d'autres aspects de la sécurité est éclairante. Les violences interindividuelles font aisément l'objet d'une *expérience directe* de chacun, réelle ou simulée, de même pour la fonction de tiers-arbitrage qu'est supposé remplir l'appareil judiciaire. Lorsque Thomas Hobbes (1651), par exemple, construisait la fiction de l'état de nature – une société sans institutions se détruit par la guerre de chacun contre chacun – pour légitimer l'institution étatique et dessiner en creux la sécurité comme un ensemble de charges légitimant l'État, il radicalisait, jusqu'à la fiction, des ressources tirées d'expériences individuelles possibles, ou d'attitudes de méfiance ordinaire qui deviennent comme la trace d'une condition toujours déjà écartée par l'existence d'institutions. Conserver le loisir de faire preuve d'industrie et de *jouir* de ses fruits peut dès lors être mis au crédit de l'existence d'un espace institutionnel de sécurité. De même, la misère et l'exploitation industrielles pour une partie de la société, et les effets des crises économiques pour tous (quoique de manière différenciée), ont fourni l'*expérience directe* de ce qui motive la constitution d'un cadre économique sécurisée. Bien que l'ampleur systémique des facteurs que ces phénomènes impliquent suppose déjà davantage de médiations *théoriques*, un tel cadre nourrit aisément l'espoir d'une abondance croissante, ou même simplement d'une satisfaction globale des besoins fondamentaux, et un espoir que l'on peut rattacher à sa propre expérience. C'est ainsi que l'économiste John Maynard Keynes

---

« communs négatifs », inspirée du concept de « commun » avancé par Elinor Ostrom, voir Veronika Bennholdt-Thomsen, Maria Mies, « Defending, Reclaiming and Reinventing the Commons », dans *Revue canadienne d'études du développement*, janvier 2001.

entendait la « solution » du problème économique, avec le développement d'une industrie qu'il s'agissait dès lors de « stabiliser »[1] : une « solution » relative à des expériences multiples mais partageables de « raretés ». C'est en ce sens qu'il appelait la troisième et dernière phase de l'histoire économique « ère de stabilisation », par distinction d'avec une « ère de rareté » et d'une « ère d'abondance », qui ne tient alors pas son nom – comme dans l'usage contemporain de cette notion – d'une abondance de biens fournis par les activités économiques (ce que pourraient suggérer les politiques dites « keynésiennes » des Trente Glorieuses), mais d'une abondance de débouchés pour les producteurs (c'est l'ère où la loi de Say – « l'offre crée la demande » – est valable). Une fois *stabilisée*, l'économie devait pouvoir se mettre au service de la culture individuelle et *expérimentale* d'une pluralité de formes de vie[2]. Cet exemple illustre le fait que la centralité socio-politique de l'économie n'a pas toujours été corrélée à la perspective d'une abondance croissante recherchée pour elle-même. Dans tous les cas, rattacher l'idée même de sécuriser l'économie à des expériences directes semble rester possible, et des expériences qui engagent à chaque fois une certaine configuration de nos frustrations et de nos jouissances.

En revanche, et bien qu'on s'efforce de rattacher certains phénomènes perceptibles aux effets de l'action humaine sur l'environnement – montée des eaux, pluies diluviennes et récurrence des tempêtes, multiplication des phases de sécheresse, pour s'en tenir aux enjeux climatiques –, ce ne sont là que les palliatifs d'une difficile *expérience directe* de l'insécurité écologique, qui plus est des palliatifs *négatifs*. Le problème de la motivation écologique se joue aussi là. L'épuisement d'un sol par une surexploitation agricole, la constitution sur une ville d'un brouillard de pollutions, l'encombrement des déchets et les conséquences sanitaires qui l'accompagnent peuvent certes faire l'objet d'expériences directes aisément imputables à leurs facteurs anthropiques. Lorsqu'on distingue une problématique écologique dite du Sud, on insiste souvent sur le fait que la nature ou le degré déjà atteint des enjeux environnementaux rapprochent davantage d'une expérience directe dans certaines parties du monde, comme pour les discours proto-environnementaux du 19e siècle (p. 24-25). Certaines parties du monde sont, plus que d'autres, destinataires et victimes de nos « ruines »[3]. Le souci de décrire des

1 *The End of Laissez-Faire*, Hoggart Press, 1926, repris dans *Essays in Persuasion*, London, Macmillan & Co, 1931.

2 « Economic Possibilities for Our Grandchildren » (1930), dans *Essays in Persuasion*, *op. cit.* Voir aussi plus loin p. 142-143.

3 Alexandre Monnin, *op. cit.*, 2023.

risques ou des violences environnementaux déjà effectifs, dans des exemples précis, engageant des acteurs précis – et non une vague responsabilité humaine –, tire sa valeur politique du partage d'une expérience la plus directe possible[1]. Précisément parce qu'en termes d'expérience, la question écologique dépasse un seuil par rapport aux autres enjeux de sécurité. L'idée que le réchauffement climatique ou l'effondrement de la biodiversité sont irréversibles, ou encore le fait que le pompage des nappes phréatiques mondiales aillent jusqu'à altérer la gravité de la Terre, son axe de rotation et ainsi le niveau des eaux océaniques[2] : tout ceci ne peut qu'échapper à une expérience directe. C'est bien pourquoi les manières de rendre visibles les conséquences environnementales recèlent un tel enjeu politique.

Il serait tentant de construire un parallèle entre la fiction hobbesienne de l'état de pure nature – partant de comportements inter-individuels et schématisant leurs conséquences en l'absence d'institutions – et le schéma narratif standard de la littérature effondriste – partant de données et de comportements actuels et schématisant leurs conséquences, sociales et environnementales, en l'absence de mesures pour les infléchir. Même l'objectif semble comparable : produire un consensus autour d'une caractérisation commune de la sécurité (en écartant les motifs de dissensus politiques, comme la question de la justice sociale). La limite d'une telle comparaison souligne l'effet de seuil que je vise. L'adhésion du lecteur à la fiction de l'état de nature est supposée ne reposer que sur son expérience directe. Une expérience où la négativité des violences et des raretés peut s'articuler à une positivité qui donne sens aux dispositifs de sécurité : les conséquences qu'on en attend touchent à des formes de satisfactions qui dessinent l'image d'une vie accomplie. On peut même parler d'une configuration *sécuritaire* du sens d'une vie humaine : passer d'une condition de frustration à une condition de jouissance par la médiation d'institutions étatiques. Au contraire, l'adhésion du lecteur au contenu de la littérature effondriste ne peut se passer d'une confiance en l'expertise des auteurs, et même (ce qui est plus souvent problématique) en l'usage qu'ils en font. C'est ce type de différence qui maintient la question écologique dans l'*abstrait*. « Tout ce tohu-bohu planétaire ne repose sur rien qui soit empiriquement constatable par le commun des mortels », écrivait par exemple, il y a plus de vingt ans, Philippe Roqueplo, spécialiste

1 On peut penser à nombre de publications de *Reporterre*, ou encore à l'ouvrage de Priscilla Ludosky et Marie Toussaint, déjà évoqué. Voir aussi l'enquête fouillée sur les « incidents » du nucléaire civil de La Parisienne Libérée, *Le nucléaire, c'est fini*, La Fabrique, 2019.

2 Seo, K.-W., Ryu, D., Eom, J., Jeon, T., Kim, J.-S., Youm, K., et al., « Drift of Earth's pole confirms groundwater depletion as a significant contributor to global sea level rise 1993–2010 », dans *Geophysical Research Letters*, 50 (12), juin 2023. <https://doi.org/10.1029/2023GL103509>

des questions d'expertise en politique[1]. La croissance des charges de l'État va de pair avec une croissance des médiations qui rendent visibles leurs enjeux. Déjà sensible dans la sécurité économique, cette croissance devient exponentielle avec la question écologique, lui conférant un degré d'abstraction – donc de *confiscation* potentielle – politiquement problématique. En ce sens, le discours effondriste caricature ce qui se joue dans le discours écologique dominant : investir les enjeux de sécurité, sans que les privations puissent nourrir de nouvelles formes de jouissance.

En somme, la sobriété entendue comme un mode de vie écologique – dépassant l'*ivresse* productiviste – ne peut que rester *privative*, dans tous les sens du terme, si la question écologique n'est pas ressaisie à partir d'une expérience collective, partageable donc publique au sens plein, de *nos* conditions. Une expérience que les savoirs écologiques seraient dès lors susceptibles, non plus d'occulter, mais d'enrichir, d'élargir. Une expérience qui ne viserait pas d'abord une modération de nos satisfactions mais une réappropriation collective de leur configuration. On touche là au coeur du problème. Avec la question écologique, notre ordre politique institutionnel arriverait à saturation parce qu'il ne peut que travailler à rebours de l'élaboration d'une telle expérience collective. Dans cette hypothèse, ce que je viens d'appeler *configuration sécuritaire du sens d'une vie humaine* ne peut pas opérer. La sécurité, en tant qu'elle repose sur une aliénation de nos conditions de satisfaction et de la configuration de notre environnement d'action, entre bel et bien en crise.

L'exemple du développement durable et du principe de précaution

Négativité des enjeux sécuritaires de la question écologique ressourçant ce qui nous lie à la société de consommation et à ses *pouvoirs*, disproportion expérientielle donnant à des autorités intellectuelles un statut politique plus central encore que dans le versant économique de la sécurité, ces difficultés de la sobriété privative éclatent au grand jour lorsque les enjeux environnementaux sont pensés à l'échelle internationale. Notamment depuis des sociétés dites développées qui vivent dans l'angoisse de perdre les fruits de leur « développement ». Pourtant, face à l'ampleur mondiale des processus en jeu, comme face à la puissance économique et politique des multinationales, il semble le plus souvent qu'on ne puisse se passer de cette échelle.

1 *Climats sous surveillance*, 1999, p. 51, cité dans C. et R. Larrère, *op. cit.*, p. 221.

Un concept, devenu central au cours des années 1980, illustre particulièrement bien cette difficulté : celui de *développement durable*, et ce qui peut sembler en être le corrélat, le *principe de précaution*. D'autant qu'il est d'emblée tentant d'y retrouver les catégories de la sécurité, sous sa forme protectrice – *précaution* – ou économique – *développement*.

Le plus souvent, aujourd'hui, le développement durable est distingué d'un modèle plus exigent de *post-croissance* : selon la journaliste, spécialiste des questions climatiques, Anna Bednik, le *développement durable* serait « venue clore le débat sur les limites physiques de la croissance économique, sauvant le consensus productiviste et extractiviste mis en danger par le succès du rapport Meadows en 1972 »[1]. Pourtant, outre que le statut de ce rapport relève en partie de la légende, il est faux que *développement durable*, ou *soutenable*, soit d'abord un synonyme de *croissance durable*, voire de *croissance verte*. On l'a rappelé (p. 43-4), le versant économique de la décroissance ou de la « croissance zéro » s'articule à deux acceptions – faible et forte – de la *durabilité*. Une telle distinction implique que le développement durable doit d'abord se comprendre en deçà de cette évolution sémantique, à un niveau où il exemplifie le croisement d'une problématique de sécurité avec la question écologique.

Ce concept acquiert un statut central dans la séquence allant du rapport Brundtland (1987) – le rapport final de la Commission Mondiale sur l'Environnement et le Développement inauguré en 1983[2] –, jusqu'au Sommet de Rio en 1992. Il apparaît ainsi dans un contexte de construction d'accords internationaux, autour des questions climatiques : des enjeux où l'invisibilité des processus à l'œuvre, pour les non-spécialistes, est à la mesure des risques encourus mais aussi des conséquences économiques que beaucoup craignent alors pour une économie si dépendante de procédés induisant des émissions massives de gaz à effet de serre. C'est dans ce contexte que le rapport définit le « développement durable » comme un « développement qui répond aux besoins des générations présentes sans compromettre la capacité des générations futures de répondre aux leurs » – ce qui, on le voit, peut très bien impliquer une économie en décroissance.

---

1 Dans *Extractivisme. Exploitation industrielle de la nature : logiques, conséquences, résistances*, Le Passager Clandestin, 2012. Voir aussi Christophe Bonneuil, Jean-Baptiste Fressoz, *L'événement anthropocène. La Terre, l'histoire et nous*, Éditions du Seuil, 2013; Alain Deneault, « L'extrême centre et l'écologisme industriel », dans *Analyse. Opinion. Critique.*, 12 juillet 2022, qui cite les deux ouvrages. Voir aussi D. Chartier, « Aux origines du flou sémantique du développement durable. Une lecture critique de *La stratégie mondiale de la conservation* », dans *Écologie et politique*, n°29, 2004; Dominique Pestre, *À Contre-science. Politiques et savoirs des sociétés contemporaines*, Éditions du Seuil, 2013.

2 Même s'il semble que l'expression apparaisse pour la première fois dans la publication commune UICN/PNUE/WWF, *Stratégie mondiale de la conservation : la conservation des ressources vivantes au service du développement durable*, 1980. Voir D. Chartier, 2004, *op. cit.*

Une telle formulation, que ce rapport n'invente nullement, s'impose dans une dynamique typique de la construction d'accords aussi larges : la recherche du consensus par compromis. Consensus du côté des diagnostics scientifiques – de là la création du GIEC en 1988, chargé de faire la synthèse des constats scientifiques partageables. Mais aussi consensus du côté des partenaires politiques, à une échelle où des décisions doivent faire droit en l'absence d'institution étatique surplombant les parties prenantes des négociations, et vis-à-vis du contraste entre les pays dits du Nord et du Sud : concilier les « besoins » de développement économique des uns et la « dette » environnementale, voire l'« écoterrorisme », des autres, dont le *développement*, indéfini, sans point de *maturité*, n'avait déjà plus rien de la métaphore organique qui justifie ce terme. De là l'échelonnement des finalités selon un calendrier qui peut sembler sacrifier en partie la chronologie des problèmes en question à la chronologie de l'acceptabilité socio-économique et politique des décisions – dans un contexte économique mondial concurrentiel où, donc, personne n'a « intérêt » à prendre les devants. Ces conditions ont conduit à donner une place centrale – comme instrument de production d'un consensus – aux questions d'équité. Pour concilier l'intégration des enjeux environnementaux et un souci d'équité entre des pays au niveau de développement différent, mais aussi pour pallier l'incertitude qu'enveloppait la question du « bon » rythme de production économique au regard des contraintes biophysiques, qui plus est au niveau de complexité qu'on affronte lorsqu'on raisonne à l'échelle du monde. À défaut de certitude, on propose un critère d'équivalence présent dans la littérature écologiste depuis plus de dix ans au moment de la parution du rapport Brundtland : l'égal droit des générations futures et des générations présentes de répondre à leurs besoins, et, au premier chef, la condition même de toute vie, trouver un environnement *habitable*. Car l'anglais « *sustainable* », que l'on traduit par « durable », signifie aussi bien « vivable », donc *habitable*. Sous cette forme consensuelle, la justice inter-générationnelle n'est alors plus liée à une injonction à la décroissance, comme c'était le cas chez Georgescu-Roegen (1971).

Ce sens du développement durable doit beaucoup au travail de Hans Jonas[1], quelques années plus tôt, ce qui témoigne de son importance pour l'élaboration d'une certaine pensée écologiste dans les années 1980 et 1990, celle qui a accompagné l'institutionnalisation de l'écologie[2]. Même s'il n'est

---

1 *Le principe responsabilité* (1979), Le Cerf, 1990.

2 Éva Sas, *Philosophie de l'écologie politique*, Les Petits Matins, 2010. Le récit qu'elle propose est typique d'une occultation de toute polarisation politique de l'écologie : la littérature écologiste radicale n'a fait que nourrir des questions auxquelles une pensée inspirée de Jürgen Habermas et Hans Jonas a apporté les « bonnes » réponses.

pas le premier à le dire, l'un des aspects les mieux connus de son travail, c'est justement l'extension aux générations à venir des conséquences des activités présentes : du fait de leurs conséquences environnementales durables et problématiques, les activités socio-économiques présentes grèvent les conditions vitales et matérielles futures, ce qui s'ancre dans une réflexion critique sur le développement du pouvoir technique. Ce pouvoir atteint un stade qui oblige à repenser les bases de l'éthique, pour Jonas. La réflexion éthique héritée aurait, en effet, en partage de se limiter à une éthique de l'*imputation* : l'imputation d'actions effectives, accomplies, à leurs agents. Par extension, l'éthique porte sur la valeur de telle ou telle fin en vue. *A contrario*, l'ampleur, l'incertitude, l'irréversibilité et la relative impersonnalité des conséquences de nos dispositifs techniques changent les conditions même de la relation éthique. Ce qui devient central, c'est le réseau des conséquences, directes et indirectes, d'actes amplifiés par des processus techniques qui tendent à l'anonymat des agents. Une éthique adéquate à cette situation se doit d'assumer, non plus simplement une responsabilité ciblée sur des actes effectifs ciblés, mais une responsabilité globale à l'égard de conséquences non encore advenues et incertaines, dès lors que l'on parle de menaces dont l'ampleur est à la mesure de notre pouvoir technique – réchauffement climatique, épuisement des ressources naturelles, effondrement de la biodiversité, pollutions létales. Ces menaces sont maximales et relèvent de processus échappant *irréversiblement* à un contrôle humainement possible, là où « nulle éthique antérieure n'avait à prendre en considération la condition globale de la vie humaine et l'avenir lointain et l'existence de l'espèce elle-même »[1]. Comme l'écrivait Georgescu-Roegen huit ans plus tôt, il s'agit désormais de « traiter *son espèce* comme soi-même »[2].

Une telle responsabilité ne décrit pas vraiment une éthique individuelle. Elle porte sur un réseau complexe et anonyme d'interactions, et ainsi « s'adresse beaucoup plus à la politique publique qu'à la conduite individuelle » (Jonas, p. 31). On retrouve ainsi le contenu sémantique de la sécurité. Les humains non encore advenus ont, autant que ceux qui vivent déjà, le droit à des conditions de vie mettant les moyens de satisfaire leurs besoins à leur portée, précisément ce que le rapport Brundtland s'efforce de ressaisir lorsqu'il définit le développement durable. Comme si la représentation des besoins des générations futures devait suffire à suppléer aux privations qu'implique la sécurité écologique. Ce que Jonas formule plusieurs fois, sans

1 *Le principe responsabilité*, p. 27.

2 *La décroissance…*, *op. cit.*

doute à dessein, d'une manière où l'on peut reconnaître, quel que soit ce qui les sépare sur le plan sémantique, les formulations de ce que le philosophe Emmanuel Kant appelait « l'impératif catégorique », le principe d'une morale du *devoir*, sans contrepartie : « Agis de façon que les effets de ton action soient compatibles avec la permanence d'une vie *authentiquement humaine* sur terre », « agis de façon que les effets de ton action ne soient pas destructeurs pour la possibilité future d'une telle vie », « ne compromets pas les conditions de la *survie indéfinie* de l'humanité sur terre », ou encore « inclus dans ton choix actuel l'intégrité future de l'homme comme objet secondaire de ton vouloir » (p. 30-31).

De tels impératifs de « responsabilité », qui mêlent la question du sens d'une vie humaine à des enjeux de survie, s'étendraient aussi bien à une exigence de *soin* à l'égard de la nature. Au regard de la puissance technique qui est la nôtre, tout se passe comme si les processus vivants étaient suspendus à nos activités : « Il n'est plus dépourvu de sens de demander si l'état de la nature extra-humaine, la biosphère dans sa totalité et dans ses parties qui sont maintenant soumises à notre pouvoir n'est pas devenue, par le fait même, un bien confié à l'homme et qu'elle a quelque chose comme une prétention morale à notre égard – non seulement pour notre propre bien, mais également pour son propre bien et de son propre droit. » (p. 69) Si l'« on peut seulement être responsable pour ce qui change, pour ce qui est menacé de dépérissement et de déclin, bref pour le périssable dans son caractère périssable » (p. 174), c'est aussi bien dire que la responsabilité des gouvernants, telle que Jonas l'entend, renvoie à tout ce dont la *préservation* doit être *assurée* parce qu'elle est menacée par notre puissance technique, à un sujet politique dont le statut est réduit à une « vulnérabilité commune face aux dangers écologiques[1] ». On ne développera pas ces points, mais le propos de Jonas se trouve ajusté explicitement à une « métaphysique » qui fait valoir une conception de la nature dominée par les processus vivants, en tant que processus finalisés pouvant prétendre à une valeur intrinsèque. Dès lors, la responsabilité environnementale des gouvernants s'entend à deux titres : au regard des vivants en général donc aussi des humains, au regard des humains donc de l'environnement naturel propice à la vie dont ils ont besoin.

On aura rarement poussé si loin la *volonté de sécuriser*, et c'est en cela que les analyses de Jonas permettent de ressaisir le lien entre développement durable et principe de précaution. Une telle *volonté* articule toujours une recherche de maîtrise aux incertitudes liées à toute forme de contrôle. Dès lors

1 Céline Spector, *op. cit.*, 2023.

que le gouvernement est visé comme un ensemble d'actions pour infléchir des conduites individuelles et collectives, gouverner implique toujours une double incertitude quant aux conséquences : les individus se conduisent eux-mêmes, en première intention, d'une manière qui reste difficile à prévoir ; les conséquences des interactions individuelles dégagent une échelle spécifique et partiellement imprévisible, passé un certain seuil. Une bonne part des débats économiques liés à la Grande Dépression tournaient déjà autour de cette spécificité de l'échelle « macro ». Les travaux de Keynes portaient en partie sur cette question, et cette spécificité du macro-économique ne sera pas contestée par ceux qui, après 1945, contesteront pourtant les autres aspects de son approche. La spécificité des phénomènes sociaux implique une complexité *systémique* des objets de gouvernement. Même lorsqu'on présuppose un nombre fini de facteurs impliqués, l'ampleur des interactions possibles est telle que l'*évolution* du système social reste en partie imprévisible, d'autant que sécuriser un avenir incertain engage des choix portant sur des processus non encore advenus. Sécuriser implique donc *toujours* une part complexe d'incertitude, et tous les instruments pour la réduire. Mais la question écologique accroît cette finitude des anticipations des conséquences d'une décision ou d'un dispositif, parce qu'elle accroît les effets de complexité des objets de gouvernement. Comme une société, les écosystèmes sont des systèmes complexes, et une société humaine est donc comme un système complexe branché sur un autre dont il dépend – deux systèmes en interaction et susceptibles de se perturber. Les incertitudes se démultiplient et les techniques d'anticipation se compliquent. Ce n'est pas un hasard si nombre de discours « anti-prométhéens » développés à propos de la bombe atomique ou des usages civils du nucléaire se sont transformés en un discours écologiste contre la technologie industrielle. Un tel transfert est favorisé par une comparaison de l'ampleur des risques, mais pas seulement : les incertitudes propres à un système complexe d'interactions se trouvent, dans le cas du nucléaire, au cœur même du phénomène physique utilisé.

De là le « principe de précaution ». Issu en bonne partie de la littérature techno-critique, ou disons techno-prudente, développée depuis la Seconde Guerre, il implique quelque chose comme une gestion, une mesure du risque, donc une rhétorique de la prudence. Ce principe semble avoir trouvé, lui aussi, sa formulation publique standard dans le rapport Brundtland (1987). On a même considéré qu'il y devenait le « principe fondateur du droit de l'environnement[1] ». Il figure dans les principes du Sommet de Rio

1 C. et R. Larrère, *op. cit.*, p. 246.

(1992), dans le droit européen depuis les Accords de Maastricht (1992), et dans le droit français depuis 1995. Un tel principe permettait de dépasser les variations ou les incertitudes qui subsistaient encore du côté de la science. Car l'ignorance structurelle du détail des conséquences de nos interactions implique que notre responsabilité soit dominée par l'objet même du risque : précisément la survie. La prudence commande de « davantage prêter l'oreille à la prophétie du malheur qu'à la prophétie de bonheur » (Jonas, p. 54). Une telle précaution, inscrite dans la « politique publique » (p. 31), s'articule ainsi à une *heuristique* de la peur : face au risque maximal, on ne calcule pas, on nourrit les discours et les représentations qui conduisent à prohiber, à objectiver les conséquences environnementales comme des *obstacles* par des dispositions institutionnelles. Si peu probable qu'il soit, son ampleur commande de tout mettre en œuvre pour l'éviter – telle est la responsabilité qui s'impose *en état d'ignorance*, par le simple fait de savoir que la puissance technique est en mesure de rompre brutalement des équilibres graduels difficiles voire impossibles à reconstruire, que « le surmenage unilatéral pousse le système entier des innombrables et délicats équilibres vers la catastrophe du point de vue des fins humaines » (p. 250).

On reconnaît, dans ce principe de précaution et dans la manière dont la pensée de Jonas permet de l'expliciter, une tendance forte à l'œuvre dans une partie de la tradition écologiste : répondre à ce que le philosophe Günther Anders appelait « l'aveuglement face à l'apocalypse »[1]. Certes, Anders tendait alors à se focaliser sur des procédés techniques spécifiques – le nucléaire – et la manière dont un dysfonctionnement géopolitique pourrait conduire à en faire un déclencheur de cette « apocalypse », là où le principe de précaution vise l'ensemble complexe de la technologie et des processus en chaîne, imprévisibles et difficilement contrôlables, qui le traversent. Mais la peur d'un holocauste nucléaire, quel que soit son degré de probabilité, nourrit aisément une métaphore des réactions en chaîne dont la surpuissance dépasse toute réversibilité, toute prévisibilité et toute assignation à une fin donnée. C'est pour cela qu'elle a nourri une telle relation à la technique, et a pu servir de matrice à une certaine peur écologique : un geste critique polarisé par la possibilité, non d'une société meilleure, mais d'une « fin du monde » à laquelle on reste pourtant comme « aveugle ». On en retrouve l'esprit dans la littérature effondriste et une bonne part de la rhétorique écologiste. La formule d'Anders en est un parfait condensé. Le risque est de réduire naïvement l'enjeu politique de l'écologie à un problème de « conscience » et de « bonne volonté », et de croire

1 Günther Anders, *L'obsolescence de l'Homme*, Éditions de l'Encyclopédie des Nuisances, 1956.

ainsi que les dysfonctionnements de nos démocraties représentatives face à la question écologique se réduisent à une conscience insuffisante des enjeux, y compris face à la surpuissance des lobbys économiques[1].

C'est en ce sens aussi le cadre de pensée de Jonas, tant et si bien que deux reproches lui ont souvent été faits : placer les politiques environnementales sous un motif indiscutable, écrasant sous la peur toute possibilité de discussion politique; nourrir une formulation prohibitive et maximaliste du principe de précaution, impliquant « logiquement » le rejet *sans discernement* de toute technologie. Aucun de ces reproches ne repose, en réalité, sur des caractéristiques propres à son analyse, et c'est justement ce qui rend et cette analyse et ces reproches si significatifs. En articulant principe de politique publique et peur, la pensée de Jonas peut naturellement être comparée aux analyses hobbesiennes qui, elles aussi, articulent la peur – peur de la violence et de la mort violente dans la guerre de chacun contre chacun – aux conditions de légitimité de l'État. On a pu contester ce parallèle[2] : Hobbes parle d'une peur centrée sur soi, naturelle, représentable dans son objet et canalisée par un artifice politique; Jonas vise une peur « altruiste » (centrée sur des conditions de vie qui ne seront pas les miennes), artificielle en ce qu'elle est suscitée et entretenue par les pouvoirs publics, irreprésentable dans son objet puisqu'elle porte sur un avenir trop lointain et incertain. Pour toutes ces raisons, elle n'a pas vocation à être canalisée, mais à être nourrie par les pouvoirs publics. Mais le diagnostic est excessif, et même symptomatique. Il repose d'abord sur une erreur classique dans la compréhension de Hobbes : la peur de la mort violente est, certes, naturelle, mais acquiert son statut argumentatif dans une *fiction* nourrie d'éléments réels – la fiction des interactions humaines dépourvues de *toute* institution (ce qui n'existe pas) – et, dans l'économie de cette fiction, la peur est bel et bien tournée, non vers une préhistoire des sociétés, mais vers un avenir incertain – la maximisation des risques liés à des interactions sociales qui détruisent leurs institutions. De même, l'heuristique de la peur, chez Jonas, se construit certes par des scénarios mais ces fictions sont nourries d'éléments réels. Elles stimulent ce qui est immanent à toute forme de vie et devient conscient chez les êtres humains,

---

1 Céline Spector (*op. cit.*, 2023) : « Même si le poids des acteurs économiques susceptibles d'émettre des intimidations ou des pressions [...] reste prédominant, la prise de conscience des périls imminents pourrait, dans les années qui viennent, induire une coalition plus consensuelle autour des défis de la décarbonation et de la juste transition. »

2 Bernard Sève, « La peur comme procédé heuristique et comme instrument de persuasion », dans Gilbert Hottois, (dir.), *Aux fondements d'une éthique contemporaine : H. Jonas et H. T. Engelhardt*, Vrin, 1993.

persévérer dans son être. Chez Jonas et Hobbes donc, la peur est l'envers de la sécurité, et fait partie du discours de légitimation du pouvoir.

Au-delà d'une discussion sur la lecture des textes, ce qui se dissimule lorsqu'on force les différences entre ces deux types de pensée, c'est que le rôle de la peur et la manière de l'investir dans un discours de légitimation ne tiennent ni à la spécificité des auteurs, ni même à celle de la question écologique, mais à l'articulation entre institution étatique et sécurité. Et c'est à partir de là que l'on peut ressaisir ce qu'il y a de spécifique dans la responsabilité jonassienne, et, par extension, dans l'effet de la question écologique sur une politique de sécurité, qu'elle opère ou non dans un cadre représentatif : une saturation du rôle politique des expertises – encore une fois, le lecteur du *Léviathan* peut ressaisir, *par sa propre expérience*, la fiction de l'état de guerre de chacun contre chacun, mais il n'en est pas de même d'un public dont l'« éco-anxiété » présuppose de reconnaître une expertise qui lui reste étrangère, et d'y prêter foi (plus haut, p. 100-101).

De là aussi une relativisation de l'autre reproche souvent fait à Jonas. Placer au principe des politiques publiques une menace que ce pouvoir doit juguler est inhérent, là encore, à une politique de sécurité. Il ne s'agit pas tant de susciter une précaution si globale qu'elle en est aveugle et prohibitive. Ce n'est là qu'un risque lorsque, précisément, la menace maximale est présentée, non plus comme potentielle et à venir, mais comme *effective* et motivant toutes les décisions : exactement comme le discours sécuritaire, au sens étroit, devient violent et prohibitif lorsqu'il fait valoir une menace de mort et de violence comme *effective*, que l'État occulte sous la terreur toute autre finalité politique et s'autorise tous les moyens. Dans une telle rhétorique, n'importe quel ajustement politique prétend « sauver » quelque chose pour mieux masquer ses motivations réelles, que ce soit justifiable – nos vies, la nature – ou fallacieux – le système des retraites. Mais en temps *normal*, la peur fonctionne comme l'envers de cette sécurité qui conditionne la légitimité des actions institutionnelles et l'oriente ainsi dans son détail. De manière similaire, chez Jonas, la peur nourrit une précaution de principe : les impératifs de responsabilité ne se substituent pas à une prudence de détail, mais sont supposés la *motiver*, la stimuler et lui donner un statut éthique et politique. Valant en espace d'incertitude et d'ignorance, cette responsabilité a des effets juridiques : elle inverse la *charge de la preuve*. On peut penser aux analyses juridiques désormais classiques de Marie-Angèle Hermitte et Christine Noiville[1], concernant les autorisations préalables de mise sur

1 « La dissémination volontaire d'organismes génétiquement modifiés dans l'environnement. Une première application du principe de prudence », dans *Revue juridique de l'environnement*, 3/1993.

le marché. De telles mises en œuvre du principe de précaution viennent inverser juridiquement le principe selon lequel tout ce qui n'est pas interdit est permis, mais ne sont pas simplement prohibitives au nom d'une menace massive. Elles suscitent du savoir et de l'expertise en amont des décisions, pour motiver une autorisation. Menace « hyperbolique » et prudence raisonnable s'articulent : l'une configure et légitime le cadre juridique dans lequel l'autre opère et prend pouvoir. Face à l'ampleur des risques potentiels, il ne s'agit plus de *prouver* que tels ou tels processus, procédés techniques, décisions, actions comportent un risque pour obtenir leur interdiction, mais de *prouver* qu'ils n'en comportent pas pour obtenir leur autorisation – favorisant au passage les conflits d'intérêts dans les études produites et les entreprises qui détiennent un capital de production épistémique important.

Opposer, comme on le fait souvent, ces deux échelles de précaution – « hyperbolique » et raisonnable – revient à opérer la même confusion que lorsqu'on impute à Hobbes une réduction des motivations politiques à la terreur. L'enjeu sous-jacent est semblable dans les deux cas : masquer l'économie des risques *instruits et évalués par d'autres*, sous-entendue dans toute rationalisation de la légitimité d'un dispositif institutionnel de sécurité. Le risque autoritaire ne tient pas seulement à une tyrannie parlant la langue de la terreur, mais s'étend à l'ensemble du dispositif potentiellement technocratique chargé d'orchestrer les précautions publiques – qu'il s'agisse ou non d'écologie. Si l'on ne peut opposer jusqu'au bout une forme mesurée de prudence, de précaution, orientant le développement durable, à une version dure, ajustée à une rhétorique apocalyptique, cela ne conduit pas à écarter, cependant, le risque politique inhérent à ce type de perspective. Relativiser les « reproches » faits à Jonas, ce n'est pas les écarter, mais soutenir au contraire que, mieux ajustés, ils expriment un problème inhérent à « notre » articulation de la question écologique à un enjeu de sécurité.

On ne peut plus dès lors opposer la valeur *heuristique* de la peur – ce en quoi elle vient pallier les incertitudes par une représentation des futurs menaçants[1] et une production d'expertises conditionnant juridiquement les actes – aux liens entre maximisation de la peur et inclination *tyrannique* ou, *a minima*, technocratique[2]. Une telle opposition masque le cœur de l'affaire : articuler

1 Jean Greisch, « "L'heuristique de la peur" ou qui a peur de Hans Jonas », dans col., *La peur. Émotion, passion, raison*, Presses de l'Université Saint-Louis, 2006.

2 Dominique Bourg, « Faut-il avoir peur de la bioéthique ? » dans *Esprit*, mai 1991 ; Nicolas de Longeaux, *La nature et la norme : la philosophie politique contemporaine face aux questions écologiques*, L'Harmattan, 2009, qui y voit une manière, pour Jonas, non d'exprimer un idéal, mais de pointer l'inadaptation des dispositifs politiques contemporains à la question écologique.

une menace maximale et une précaution vectrice d'expertises est précisément ce qui nourrit la tentation d'une « tyrannie bienveillante, bien informée et animée par la juste compréhension des choses » (Jonas, p. 280), une forme hypertrophiée de technocratie. Ce qui nourrit aussi, plus généralement, la tentation d'un élitisme écologiste, fait d'abstractions éthiques et expertes, et d'injonctions aux *privations* et aux sacrifices que les individus doivent assumer dans leur vie privée. La responsabilité et la précaution que dessinent les enjeux environnementaux ainsi pensés appellent, *dans « notre » paysage institutionnel*, quelque chose comme une *veille de ceux qui savent*, qui dépasse l'expérience de chacun et les décisions collectives, pour assurer la « responsabilité » de processus techniques et sociaux anonymes. Un simple ajustement de nos démocraties représentatives ne peut donc aucunement juguler le risque autoritaire que fait courir la rencontre entre écologie et politique de sécurité. Qu'il prenne la forme d'un dispositif associant un « Sénat » d'experts, des institutions représentatives et des consultations de citoyens tirés au sort et d'ONG[1], ou celle d'une démocratie représentative étendue aux dimensions de l'Europe. Parce que ce risque est inhérent à nos modes de gouvernement : bien loin de permettre un sursaut démocratique, la menace écologique ne peut, dans notre cadre institutionnel, que flirter avec le niveau de risque qui pousse les dispositifs sécuritaires à la refouler ou à réduire la démocratie à la portion congrue. La question écologique porte bien nos institutions à saturation : elle reste au-delà de ce qu'elles peuvent faire, et nos pratiques sécuritaires nous la rendent étrangère. L'échelle internationale de son traitement, au cours des années 1980-90, l'a particulièrement bien montré.

Le devenir insécurisant de « notre » sécurité : un nouveau point d'étape

Atteignant son âge critique, « notre » sécurité économique, d'un même geste, rouvre la question du sens de nos vies et nous la confisque. La crise écologique met en question notre mode de vie et pourtant son traitement politique, confié aux seuls experts, ne fait au mieux que démultiplier les conditions *indispensables* à sa perpétuation – ses « contraintes » –, quitte à le mutiler : une sobriété *privative*, fille de notre histoire de la sécurité (p. 101).

1 Pierre Rosanvallon, « Le souci du long terme », dans Dominique Bourg, Aurélien Papaux (dir.), *Vers une société sobre et désirable*, PUF, 2010 ; Dominique Bourg, Kerry Whiteside, *Vers une démocratie écologique. Le citoyen, le savant et le politique*, Éditions du Seuil, 2010.

Techno-solutionnisme et appels aux privations individuelles, dévalorisation de l'espèce humaine comme telle et appels à une forme d'autoritarisme pour répondre aux « urgences » : tout ceci écarte une perspective plus difficile et intimidante, mais plus enthousiasmante, celle qui vise nos conditions socio-historiques écologiquement destructrices comme une simple possibilité qu'il faudrait dépasser vers quelque chose de meilleur. Une vie politique digne de ce nom peut-elle se passer d'une telle perspective ? Qu'il y ait, en politique, des contraintes, un « principe de réalité », personne ne peut le nier. Mais lorsque tout tend à y prendre le sens d'un enjeu de sécurité, c'est le signe qu'il est temps de passer à autre chose, que l'on vit une crise de la sécurité parce que nos institutions sont *saturées*. Qu'il n'est plus temps seulement de « sécuriser », et que pourtant passer à autre chose nous semble « impossible », « utopique ».

La question écologique sature « nos » institutions, et c'est cela qui est en jeu dans la crise actuelle du « consensus écologique » qui se construit depuis le tournant des années 1980 et 1990. L'économie écologique a su problématiser les finalités sécuritaires – l'exclusion politique des préférences collectives – et toucher ainsi du doigt une pensée des fins d'une vie *humaine*. Cette approche nécessaire ne suffit cependant pas lorsqu'elle confie ce problème à des autorités. Elle ne peut alors identifier cette saturation, et centrer le problème politique sur une mise en question *radicale* des manières de gouverner et des rapports de domination : elle aussi traite les préférences collectives comme des injonctions sécuritaires et manque ainsi le potentiel révolutionnaire de l'écologisme.

C'est, au contraire, le sens que peut prendre l'argument du risque écofasciste lorsqu'il ne sert ni à modérer l'exigence écologique, comme dans le discours libéral, ni à maximiser simplement les « menaces », comme cela pouvait être parfois le cas chez Illich, Gorz ou même Bookchin. Un troisième usage est possible, et selon moi plus juste : signifier le besoin de rompre avec « notre » sécurité devenue *économique* et ainsi de mettre en question notre mode de vie et la manière dont il est gouverné. Ce qui est susceptible de cibler toute forme de « développement » piloté exclusivement par des institutions étatiques. Il ne s'agit pas alors de récuser les effets juridiques qu'une prudence écologique doit avoir ou le besoin de savoirs qui rendent visible ce qui ne se montre pas dans une expérience directe du milieu naturel, le besoin d'élargir cette expérience. Il s'agit, bien au contraire, de prendre pleinement la mesure de leurs effets *dans « notre » cadre institutionnel*, pour mieux interroger la valeur de ce cadre. Lorsqu'une forme radicale d'écologisme parle de « réalisme » écologique pour enjoindre à la décroissance, à rompre avec le productivisme, avec la production visée comme une fin en soi, il ne faut dès lors plus y voir une réactivation de la seule problématique des risques vitaux, cette fermeture maximale des possibles politiques qu'un Canguilhem craignait. Mais bien l'idée que les difficultés que l'on rencontre avec la question écologique, et qu'illustre l'histoire de son traitement à l'échelle internationale, traduisent d'abord un *devenir insécurisant de « notre » sécurité.* Le réalisme, ici, implique la radicalité : ressaisir à la racine, jusque dans la configuration de nos besoins, le système complexe qui conduit une société à détruire son environnement. La saturation de nos institutions sécuritaires est complète : non seulement la question écologique reste au-delà de ce que peuvent des institutions publiques et privées qui nous la rendent étrangères, mais même la crise écologique est au fond le fruit de leur histoire. Cette saturation voue nos institutions sécuritaires à une forme de contre-productivité – devenir globalement insécurisantes. Ce qui caractérise, proprement, une crise de la sécurité.

Si elle infléchit un argument qui en provient, une telle perspective puise tout de même dans la littérature écologiste radicale des années 1970, lorsqu'elle cible, non l'urgence et l'ampleur des « menaces », mais plus spécifiquement la *contingence historique* de la crise écologique. Lorsque André Gorz[1], par exemple, inversait le rapport entre réalisme et utopie – face à la question écologique, l'utopie décroissante devient réaliste et le productivisme « réel », une utopie – pour parler de réalisme « écologique ». Si la question écologique menace la survie des activités économiques elles-mêmes, l'écologisme bien compris ne vise cependant pas la survie, telles qu'elles sont, des activités qu'étudie la science économique standard. Parce que la science économique a des conditions socio-historiques de pertinence, qui sont précisément celles où a pu se formuler notre exigence de sécurisation économique, et qui correspondent exactement à l'espace où un Jonas décrit la responsabilité maximale qu'appelle la question écologique – un espace social de processus anonymes. Car c'est une fois passé un certain seuil dans la division du travail et l'extension des échanges marchands, que les *homo œconomicus* – ceux qui, écrivait Gorz, ne consomment pas ce qu'ils produisent et ne produisent pas ce qu'ils consomment – engendrent involontairement un espace collectif fait d'anonymat, de régularités et de mécanismes scientifiquement descriptibles et contraignants, y compris par la fixation des pratiques humaines dans des processus matériels qui en sont pourtant les produits (exemplairement, les machines). Un phénomène que Jean-Paul Sartre (une source importante pour Gorz) appelait du « prati-

1 « Écologie et liberté » (1977), dans *Écologie et politique, op. cit.*

co-inerte »[1]. C'est dans un tel espace de complexité – un espace de réification – que la société peut sembler modélisable par des équations, et qu'ont pu se formuler l'espoir abstrait d'une abondance croissante de biens et les conditions macroéconomiques du bon fonctionnement des activités productrices, d'une manière qui dépasse les choix individuels et collectifs, et la perceptibilité de leurs conséquences. Nous sommes empêtrés dans cette construction de l'histoire qui conditionne nos actes et leurs conséquences, donc notre conception d'une vie accomplie – les frustrations et jouissances qui lui donnent sens. Non dans des difficultés indépassables de la vie humaine.

C'est dans un tel espace aussi que les conséquences de la division industrielle du travail semblent devenues incontrôlables et écologiquement destructrices. L'écologie scientifique a donc, de la même façon, des conditions socio-historiques, qui recoupent celles de notre économie. Elle se « sépare », devient indépendante et potentiellement abstraite, prescrivant certaines formes de savoir et certaines manières de les mettre en œuvre (une « gouvernementalité verte »), lorsque l'ampleur et la nature des activités de production atteignent un certain seuil. Ou, comme l'écrivait Gorz, « lorsque l'activité économique détruit ou perturbe durablement le milieu ambiant et, de ce fait, compromet la poursuite de l'activité économique elle-même, ou en change sensiblement les conditions ». En ce sens, on peut bien dire que l'écologie « s'occupe des conditions que l'activité économique doit remplir et des conditions externes qu'elle doit respecter pour ne pas provoquer des effets contraires à ses buts ou même incompatibles avec sa propre continuation ». Ces formulations pourraient renvoyer à ce qu'on a vu chez un Jouvenel (p. 35-37) : on se place du point de vue de la rationalité économique telle qu'elle est et on interroge ses conditions de perpétuation sous contraintes biophysiques, de sorte que l'« économie politique » se transforme en « écologie politique »[2]. Mais c'est précisément la première position que Gorz écartait : « L'écologie se trouve au-delà de la sphère de l'activité et du calcul économiques ». Est-ce à dire dès lors qu'elle la surplombe précisément parce qu'elle porte sur des conditions biophysiques finies et indépassables ? C'est ce qu'impliquent les analyses de Jonas, ou toute approche qui vise à réinscrire la science économique *dans* l'écologie (comme chez Georgescu-Roegen[3]). Ce n'est pas non plus cette position que Gorz défendait. L'écologie est « au-delà » de l'économie telle qu'elle est, mais sans pouvoir « l'englober »,

1 Jean-Paul Sartre, *Critique de la raison dialectique, tome 1 : théorie des ensembles pratiques* (1960), Gallimard, 1985.

2 « L'économie politique de la gratuité », *op. cit.*, 1968.

3 « L'économie devra être absorbé par l'écologie », *La décroissance…*, *op. cit.*

elle n'est pas « une rationalité supérieure qui subsumerait celle de l'économie ». Précisément parce qu'elle porte d'abord, non sur des obstacles biophysiques – un « *plafond* environnemental » –, mais sur les limites de la rationalité économique comme telle, les limites de l'efficience productive elle-même (lorsque la production fonctionne comme une fin en soi). Elle porte sur des *conditions socio-historiques* qui, d'un même mouvement, ont rendu possible la science économique standard et transformé la nature en obstacles biophysiques. Élargir l'économie aux dimensions d'une écologie (Jouvenel) ou réinscrire l'économie dans une écologie qui la domine (Georgescu-Roegen) sont deux manières de manquer l'essentiel : « L'écologie a une rationalité *différente.* » Pas seulement une manière différente de réfléchir nos conduites, mais une relation critique aux conditions socio-historiques qui inclinent à réfléchir nos conduites d'une certaine manière. Des conditions que l'écologie pousse dès lors à déconstruire.

Ainsi entendues, de telles analyses demeurent selon moi pertinentes. Gorz s'appuyait sur la nature duelle de la crise économique des années 1970, et identifiait, ce faisant, des facteurs d'*insécurisation* qui n'ont fait, depuis, que s'accentuer : d'une part une crise classique de surcapitalisation, ou de « suraccumulation » (la concurrence conduit à chercher des gains de productivité en investissant dans du capital technique, ce qui conduit à devoir produire et vendre davantage pour rentabiliser ce capital) ; d'autre part une crise, nouvelle, de « reproduction ». Au contrôle du premier type de crise a répondu la stimulation incessante de la consommation déconnectant abondance et subsistance (la croissance matérielle appelle sans cesse des débouchés croissants). De là ce qu'on a vu (p. 53-5) : l'enjeu de l'obsolescence programmée, de l'optimisation d'une consommation réduisant la frustration à un moyen de dégager des opportunités de profits pour rentabiliser l'investissement productif – ce qui en fait un rapport de domination. Mais le second aspect de la crise s'impute à la raréfaction de ce qui n'est pas productible, sinon, pour partie, à des coûts insoutenables économiquement – y compris l'effet du pouvoir technique transformant des conditions abondantes en ressources rares (air ou climat favorables, eau, forêt, sols cultivables). Durabilité faible et durabilité forte sont par avance renvoyées dos à dos : qu'une ressource soit *irreproductible* ou qu'elle le soit à des coûts insoutenables est, dans notre division du travail, indiscernable du point de vue de ses effets, susciter une « crise de reproduction », une crise du productivisme. Une crise qui révèle que le capitalisme vit de la production de raretés, et qu'il ira jusqu'au bout. Une crise qui redouble aujourd'hui le caractère politiquement problématique du consumérisme : le capitalisme ne pourra bientôt plus – peut-être ne le peut-il déjà plus – recourir à ce moyen, qu'il a naguère trouvé, de repousser indéfiniment ses crises. Ses gains de productivité se contractent, ses marges de profit les plus importantes sont de plus en plus artificieuses et scandaleuses. Au comble de son absurdité, son emprise ne se dessert pourtant pas. Il s'efforce de survivre à la fin de la « gratuité » des ressources et services environnementaux, et d'en sortir renforcé. Il s'empare, tant bien que mal, à sa manière, des moyens d'assumer la reproduction de ses conditions environnementales. Si les dommages environnementaux du productivisme sont bien plus anciens, la crise écologique ne coïncide pas avec la réduction de la nature à une ressource : elle coïncide avec cette crise de mutation – peut-être impossible – du capitalisme. Cela pose une question de fond pour le capitalisme et ses ennemis : peut-on à la fois produire indéfiniment des raretés (gouverner par la frustration), et assumer la reproduction des conditions environnementales de l'exploitation économique ?

Poser une telle question implique bien de *décentrer* l'analyse : passer des contraintes biophysiques aux conditions socio-historiques qui les provoquent. Le discours écologique est indistinctement historique et naturaliste. Si, d'un certain point de vue, on parle d'obstacles biophysiques – inaccessibles à l'expérience commune et imposant des limites impératives et privatives instruites par d'autres –, il faudrait plutôt parler d'une transformation, par les activités industrielles et leurs institutions – le capitalisme et « ses » États –, des conditions naturelles en obstacles auxquels l'ordre technico-économique ne peut répondre sans autoritarisme ni violence. Sauf exception, la rareté n'a rien de naturel[1]. Les obstacles biophysiques sont la réification d'un processus *institutionnel*, le productivisme atteignant ses limites. Une écologie qui ne parle que d'obstacles naturels est donc insuffisante : elle conserve ce point de vue productiviste, malgré les bornes qu'elle entend lui imposer, et se confine à une situation sociale engendrée par le productivisme – elle ne veut pas changer cette société, elle veut la *confiner*. Une telle écologie n'a pas la profondeur de champ que requiert une analyse politique. C'est en cela que la rationalité écologique doit être « autre » (Gorz, 1977) : conduire à défaire les conditions où s'est pensée « notre » sécurité et où se rencontrent des « enjeux environnementaux » – et non assumer la « responsabilité » de ces conditions. Ou, dans les termes de Bookchin, une écologie qui prend au sérieux la valeur intrinsèque de la nature nourrit d'abord une raison critique – et non l'ajustement gestionnaire d'une « raison instrumentale ». Au contraire, le principe de responsabilité de Jonas opère, dans ses conséquences

1 Giorgos Kallis, *Degrowth*, Agenda Publishing, 2018.

gouvernementales, exactement comme la rationalité écologique inspirée de Georgescu-Roegen : un surcroît d'autorité pour conserver notre « raison instrumentale ». Si un écologisme conséquent cible les « impasses de la *civilisation* industrielle » (Gorz) lorsqu'il enjoint à la décroissance, c'est précisément que la question écologique n'est supposée ni s'ajouter ni se fondre dans la sécurité économique, ni même la surplomber, instituant une veille transcendante de ceux qui savent. Elle implique une critique de la division du travail, une déconstruction des conditions socio-historiques et des formes de domination articulant à l'économie industrielle un certain sens de la sécurité qui a produit l'*obstacle* biophysique qu'il rencontre et confine la démocratie aux institutions représentatives héritées du libéralisme[1]. L'écologie n'est pas autoritaire, c'est « notre » sécurité économique qui conduit à lui donner ce sens – sur les plans institutionnel et intellectuel. Une radicalisation écologiste vise au contraire ce qui voue, d'un même geste, cette *société anonyme* qui est la nôtre à une démesure productive et à une demande d'oligarchie, qu'elle relève ou non du néolibéralisme, parce que le capitalisme réalise ce qu'un Marx avait entrevu : l'épuisement du travail *et* de la nature[2]. C'est pour cela que la question écologique nous incite si volontiers à réévaluer toute l'histoire humaine, et c'est dans cet esprit que nous devons le faire : reconstruire nos sociétés, non les confiner. C'est dans cet esprit que la critique écologiste échappe à l'imaginaire du purgatoire et à la misanthropie, et respecte ainsi la valeur intrinsèque de *tous* les vivants.

Aller au bout de cette intuition implique cependant de ne pas ajouter simplement aux menaces environnementales les menaces que feraient courir des institutions qui deviendraient liberticides pour les traiter, mais de rompre avec une politique des « menaces », même si cela peut sembler contre-intuitif face à la crise écologique. Décrire l'écologisme radical comme un simple élargissement du spectre des menaces, c'est lui prêter un discours qui ne lui sied guère, même s'il y cède parfois malgré lui : « Sans la question écologique, tout irait pour le mieux dans la meilleure des sociétés. » La question écologique est, au contraire, l'ultime révélateur des conditions réelles qui nous conduisent à recourir à des institutions publiques liberticides. Que ce soit pour contenir un militantisme écologiste et social supposé excessif, ou que ce soit pour réguler, voire confiner,

1 « Dans les sociétés modernes régies par la division du travail, les peuples influent sur les représentants mais ne peuvent par eux-mêmes faire la loi et encore moins se charger de son exécution ». En défense de la démocratie représentative, Céline Spector (*op. cit.*, 2023) convoque ainsi le Sieyès de juillet 1789.

2 Karl Marx, *Le Capital*, Livre I, 4e section, 15, 10 : « La production capitaliste ne développe donc la technique et la combinaison du procès de production sociale qu'en épuisant en même temps les deux sources d'où jaillit toute richesse : la terre et le travailleur. » Voir aussi Jean-Marie Harribey, « La portée écologiste de l'œuvre de Marx », dans *Actuel Marx*, n°52, 2012 ; Paul Guillibert, *op. cit.*, 2021.

sans nous en libérer, cette autre forme d'institution historique liberticide qu'est « notre » division du travail devenue écologiquement menaçante.

La construction du consensus international, au tournant des années 1980 et 1990, malgré son versant éthique et une certaine déflation des ambitions et du rythme des mesures, a d'autant mieux confirmé cette *saturation* de nos institutions de sécurité. La pauvreté de ses résultats effectifs, jusqu'à aujourd'hui, n'a eu d'égal que la démesure de l'élitisme autoritaire inhérent à l'idéal qui l'a portée, et qu'un Jonas exprimait particulièrement bien. Le long terme – si long qu'il en devient inscrutable pour le commun des mortels –, le caractère maximal, hors normes, des menaces, l'illimitation du champ de la « responsabilité », qui égale l'illimitation du pouvoir technique fantasmé par les conceptions les plus naïves du « progrès » industriel, jusqu'à prendre une dimension « métaphysique », tout ceci nous saisit dès qu'il s'agit de sécuriser, non plus seulement nos conditions de vie, mais celles des générations futures et de la nature tout entière. Il y a là quelque chose de proprement sublime, et sans doute même de fécond sur le plan éthique et heuristique, quelque chose qui s'apparente à ce frisson grandiose qui ne peut que nous saisir lorsqu'à la lecture d'Aldo Leopold ou d'Arne Naess on est enjoint à « penser comme une montagne[1] ». Mais comment ne pas incliner à penser, sur le plan politique, que, si cela va de pair avec une conservation de « notre société » (ce qui est tout sauf évident chez Leopold ou Naess), seule une élite peut lui conférer un contenu, que « seule une élite peut éthiquement et intellectuellement assumer la responsabilité pour l'avenir » (Jonas, p. 279), et qu'une telle sécurité doit ainsi lui être déléguée? Plus la charge d'abstraction et de médiation théorique est forte pour légitimer le rôle des institutions, décrire leur responsabilité, justifier leurs actions, plus les gens, pour la plupart, sont dépossédés de leurs catégories de jugement, du cours et de l'évaluation de leur vie, de la définition de ce qui leur est indispensable. *Leur* milieu ambiant est dors et déjà détruit. Cela ne concerne pas seulement la question écologique, qui est à nouveau, ici, un révélateur. Cette tentation autoritaire touche à tous les lieux de pouvoir, politique et économique, à tous les lieux de production de compétences spécialisées, y compris les milieux académiques, et cela touche même au militantisme, nourrissant la tentation d'une avant-garde. Mais la question écologique ainsi pensée favorise hautement cette tentation autoritaire : le renversement de l'abstraction en confiscation et des limites en privations,

1 Cette formule d'Aldo Leopold (*Almanach d'un Comté des sables*, 1949) est reprise dans l'« écologie profonde ». Aldo Leopold, *L'éthique de la terre, suivi de Penser comme une montage*, Payot, 2019; J. Seed, J. Macy, P. Fleming, A. Naess, *Penser comme une montagne. Pour un conseil de tous les êtres*, Passerelle Éco, 2022.

ou – ce qui en est paradoxalement le corollaire – en « contraintes » dispersées, en « responsabilités » assumées indifféremment par chacun.

Face à ce risque, une radicalisation de l'écologie politique aurait au moins deux enjeux pour *nous*. D'abord intensifier la tension critique, la lutte, entre rationalités capitaliste et écologique pour articuler les menaces écosystémiques, non à une clôture des choix politiques, une formulation d'impératifs abstraits sans contrepartie, pour des raisons hyperboliques de sécurité, de « responsabilité » ou de « précaution », mais, au contraire, à leur réouverture, si l'enjeu est celui d'une reconstruction radicale de la société par la réappropriation collective de nos vies et de nos milieux. La subversion du productivisme, donc du capitalisme, que recouvre un tel écologisme s'étend à l'ensemble des conditions qui, entre autres choses, chargent l'écologie politique d'un sens managérial ou d'un sens autoritaire au moins possibles. Si un contrôle juridique strict de la production industrielle devient une politique autoritaire disciplinant nos vies, plutôt qu'une protection contre les exploiteurs sans vergogne, c'est parce que nous sommes soumis à l'industrie. Si la production de connaissances scientifiques pour mieux comprendre les processus écologiques invisibles nourrit des techniques de contrôle qui nous échappent, plutôt que de charger de sens notre expérience du milieu naturel – y voir des processus, et non une série de cartes postales ou une réserve de matériaux et d'énergie[1] –, c'est parce que notre sécurité est toujours déjà déléguée à une oligarchie. Que nous sommes *dépossédés*, en deçà de la question écologique et en deçà de ces savoirs écologiques. Ce qui, par la question écologique et la lucidité qu'elle nourrit, vient saturer nos institutions de sécurité économique et politique se ramène à une intensification de la confiscation de nos conditions de vie toujours déjà opérée par ces mêmes institutions.

Radicalement défini, le productivisme n'est au fond rien d'autre qu'une *institution* massive ne tirant plus légitimité que d'elle-même, et dont nous ne parvenons pas à nous défaire. Parce que nous en dépendons, jusque dans la manière d'envisager ce qu'est une vie accomplie. On a vu que parler de rationalité engageait, non seulement les manières de nous conduire et de réfléchir nos conduites, mais aussi les conditions matérielles et les institutions qui inclinent à nous conduire et à réfléchir nos conduites d'une certaine manière (p. 60). Parce que nos conduites et nos modes de pensée sont conditionnés par l'histoire et la société. Parler d'*institution* prend dès lors un sens plus large : les organisations et les rapports sociaux qui configurent nos milieux de vie et nos besoins (p. 54-55) entretiennent une certaine ma-

1 Murray Bookchin, « Qu'est-ce que l'écologie sociale ? » (1993), dans *Pouvoir de détruire, pouvoir de créer*, *op. cit.*

nière de réguler nos conduites, des normes de comportement et de pensée, qui relèvent donc, en un sens, elles aussi de l'institution – en un sens qu'on retrouve en sociologie, par exemple[1]. Ou dans cette école de pensée économique justement appelée *institutionnalisme*, parce qu'elle prête attention aux organisations qui configurent les activités économiques et à la manière dont elles conditionnent les comportements économiques des agents. C'est en ce sens que le productivisme est une institution.

Il n'y a pas de pensée écologique sans un certain *décentrement*. Mais il n'est pas nécessaire qu'il engendre une cécité, une neutralisation politique, ou encore une verticalité experte et managériale sans précédent. Bien au contraire, l'écologie doit nous *décentrer* radicalement des conditions socio-historiques, des conditions institutionnelles au sens le plus large, qui suscitent et cette neutralisation et cette verticalité. Sans cela, il ne peut y avoir de décroissance et de sobriété *positives*.

De là le second enjeu : réinscrire l'écologie *dans* une critique sociale diffuse – élargir *par la base* l'exigence écologique et ses porteurs –, *dans* l'expérience *directe* d'une certaine « insécurité » – être dépossédé, par la division industrielle du travail, des moyens d'évaluer et satisfaire nos aspirations (Bookchin) –, d'une certaine destruction de la « culture du quotidien » et du « milieu ambiant » (Gorz), qui maintient les processus sociaux dans un anonymat réifié, nos individualités dans un conformisme et notre rapport à la question *éco*logique dans l'abstrait, faute d'*oïkos* à la mesure d'une expérience partageable (p. 98-100). Précisément ce qui, pour Ivan Illich, tend à faire de l'écologie, non l'enrichissement sémantique de notre expérience du milieu naturel, mais « une *institution* qui nous permet d'appeler “amour de la nature” une intimité *purement intellectuelle* avec les plantes, les arbres et les prairies »[2]. Je dirais plutôt que l'écologie, ainsi décrite, en est la version dénaturée par l'institution sociale productiviste qui est la nôtre. Ce qu'il peut y avoir de sublime dans la représentation hors normes de *notre* responsabilité écologique appelle ainsi une vigilance incessante contre les tentations autoritaires et élitistes qu'elle nourrit d'emblée. Une vigilance incessante qui tienne ensemble l'intensification d'une conscience écologique personnelle, instruite, susceptible de subvertir la conception contemporaine d'une vie satisfaisante, et la construction d'une expérience *collective* directe dans laquelle ancrer politiquement cette question de la vie bonne que nous semblons dès lors tout près de redécouvrir sur le plan politique.

---

1 Par exemple, chez Luc Boltanski, *De la critique. Précis de sociologie de l'émancipation*, Gallimard, 2009, chap. 4.

2 Dans David Cayley, *Entretiens avec Ivan Illich*, Bellarmin, 1996, p. 325.

En reprenant la critique des conditions sociales du productivisme en 1988, André Gorz parlait la langue des promesses trahies. « L'utopie industrialiste nous promettait que le développement des forces productives et l'expansion de la sphère économique allaient libérer l'humanité de la rareté, de l'injustice et du mal-être[1]. » On retrouve les coordonnées d'une certaine exigence de sécurité : assurer la satisfaction des besoins au-delà des conditions élémentaires de subsistance (« libérer [...] du mal-être »), et même suppléer à des enjeux de sécurité plus anciens – assurer la protection contre l'« injustice ». Et on les retrouve sous une forme qui manifeste l'*idéal de vie* qui leur a donné sens, les formes de jouissance qu'elles promettaient, jusqu'à laisser parfois le sentiment que Gorz ne récuse pas complètement cet idéal en actant amèrement son échec. Face à l'expérience des transformations et de l'explosion des inégalités de richesses et de pouvoir, de l'insécurité technologique, d'une certaine démultiplication des besoins et d'une culture *hétéronome* du manque, de la question sociale à la question écologique sans transition, « de cette utopie, il ne reste rien ». Les dispositifs par lesquels nous entendions « dominer la nature » pour accéder à une sécurité matérielle absolue, et même, disons-le, à une forme de bonheur, ont eu l'effet strictement inverse : la collusion entre une *insécurisation* environnementale sans précédent et un accroissement des rapports *insécurisants* de domination. Une collusion face à laquelle un écologisme moralisant, le managérialisme de la « redirection écologique » ou une surcroissance technocratique et élitiste quelle qu'elle soit ne peuvent rien : ils enjoignent à assumer les fruits de la fabrique sociale des contraintes environnementales, non à la déconstruire. Jusqu'ici, cette collusion laisse intact, sur le plan politique, l'« idéal de vie » qui nous y a conduits. Et plus fondamentalement l'idée même que la vie politique se construit sur un certain idéal de vie, une certaine configuration de nos frustrations et de nos jouissances, que la vie politique aurait pour vocation d'entretenir, et non de réinterroger sans cesse – une conception de la vie politique qui *semble* refouler la question de la vie bonne. Ce qu'on a appelé plus haut une configuration *sécuritaire* du sens d'une vie humaine (p. 100-101). Reste à voir dans quelle mesure la question écologique donne les moyens d'aller un peu plus loin qu'une simple récusation de l'utopie déchue, et de rompre ainsi vraiment avec « notre » sens de la sécurité. Ce qu'aucune rhétorique des « menaces » ne permet d'opérer.

1 André Gorz, *Métamorphoses du travail*, 1988, p. 25.

Partie III
Une radicalisation écologiste du politique

6

Écologisme et critique des institutions : la production de dépendances

« Notre » sécurité aurait bien atteint son âge critique. La voici pourtant prête à conduire écologie et démocratie au divorce. Pire, à laisser la question écologique en être tenue responsable. Au nom de la stabilité économique et de la prévention des risques majeurs, nous savons pourtant bien que ce sont « nos » institutions publiques et privées qui inclinent toujours à soustraire aux processus collectifs les choix fondamentaux, à constituer des élites auxquelles les questions de sécurité sont « confiées » – et il n'est même pas toujours nécessaire d'y mêler de mauvaises intentions pour que cela vire au cauchemar et à l'aveuglement oligarchiques. Que peut face à cela un discours écologique qui exalte les privations et les représentations abstraites de la nature, sinon saturer de tels dispositifs sans parvenir à les mettre vraiment en question ? Soit que les politiques environnementales buttent face à des intérêts trop forts, soit que nos institutions ne puissent les mener qu'en exacerbant nos conditions oligarchiques, soit qu'on ne parvienne plus à ancrer les enjeux politiques de fond dans une expérience commune, y compris dans l'espace des luttes et du militantisme – les tensions entre les luttes du travail et les luttes écologistes l'illustrent à merveille. Développement durable et principe de précaution ont inscrit ce problème au cœur des procédures internationales, verrouillant durablement « notre » politisation de l'écologie. Jonas en est un témoin précieux : tout ceci transpire d'un sens de la « responsabilité » aussi sublime que rare, à la mesure d'une puissance technique et d'une « élite » socio-économique que l'on rêve de discipliner pour mieux les *sauver*. La question écologique n'est pour l'heure que le rejeton captif de difficultés et de tensions économiques et politiques qui la précèdent.

Mais elle a déjà le pouvoir de les exacerber. Elle nourrit la crise de ce qu'on s'acharne pourtant à sauver. Sécuriser nos institutions sécuritaires : l'âge critique de la sécurité porte bien notre volonté de sécurité à son comble, et à tergiverser cependant entre insuffisance écologique et autoritarisme sous toutes ses formes, pour mieux les rencontrer tous deux. Une sécurité qui donne à choisir illusoirement entre deux formes d'insécurité, c'est bien le comble : celui de la *saturation* de notre sécurité, d'une condition socio-historique qui ne peut traiter la question écologique, où elle nous reste étrangère, parce qu'elle en signe la crise *radicale*. Mais si on ne se contente ni d'un avant-gardisme militant ni d'un écologisme réduit aux urgences, c'est d'abord en cela qu'un surcroît de radicalisation peut prendre désormais les accents du « réalisme ». Car il est bien tentant de voir le demi-siècle qui nous sépare des années 1970 conforter le diagnostic qui s'y est formulé. Lorsque la production vaut comme une fin en soi – le productivisme d'un point de vue radical –, ce sont en réalité les institutions qui la contrôlent qui échappent à toute mise en question. Lorsque la biodiversité est respectée dans sa valeur intrinsèque, on retrouve au contraire un point de vue qui interroge la légitimité et le sens de la dépendance qui nous lie aux institutions : on retrouve, non une disqualification de l'espèce humaine, mais une critique des institutions, de l'ordre social et de l'idéal de sécurité qui les nécessitent. On retrouve un véritable sens de l'histoire et de la contingence de nos conditions.

Tout ceci croise une question récurrente depuis la fin de l'Union Soviétique, et auparavant pour nombre de ceux qui estimaient que cette forme de communisme, productiviste et bureaucratique, trahissait les espoirs placés en lui : la question écologique permet-elle un nouveau récit historique et politique de libération, un projet de vie collective où chacun collaborerait *en idées et en actes* à une vie meilleure? C'est ce que semblait viser dès 1965 cet ex-trotskiste et désormais anarchiste qu'était Bookchin, en soutenant le caractère « *révolutionnaire* » de l'écologie. De même pour un Castoriadis[1] qui travaillait dès les années 1960, avec le groupe *Socialisme ou barbarie*, à récuser conjointement capitalisme *et* communisme d'État, et qui parle en 1992 de « force *révolutionnaire* de l'écologie ». De même encore pour André Gorz, marxiste tendance existentialiste, lorsqu'il organise en juin 1972 le colloque « Écologie et révolution »[2] : la question écologique dévoile la *contre-productivité* de toutes nos institutions politiques et sociales – à commencer par l'industrie –, et engage donc à leur reconstruction radicale.

Tout ceci a une condition : ne se contenter ni d'ajuster l'utopie industrialiste et son idéal de vie – une sobriété privative –, ni d'acter amèrement son

1 « La force révolutionnaire de l'écologie », entretien accordé en 1992, Revue du Bureau des élèves de l'Institut d'études politiques de Paris, dans *Écologie et politique*, Éditions du Sandre, 2020, p. 191 et suivantes.

2 Ce colloque fut l'occasion de la rencontre entre André Gorz et Herbert Marcuse. Christophe Fourel, Clara Ruault, *« Écologie et révolution », pacifier l'existence. André Gorz/Herbert Marcuse : un dialogue critique*, Les Petits Matins, 2022.

échec, mais dévaloriser radicalement l'idéal sécuritaire dont elle procède. Un tel idéal ne se contente jamais d'assurer la survie, mais prétend disposer de ce qui peut nous satisfaire, instituer nos jouissances. En ce sens, même si cela semblera paradoxal, la société d'abondance et ses excès, est un effet de l'institution du suffisant. De là l'importance d'analyses comme celles qu'Ivan Illich a développées, principalement dans *La convivialité* (1973). Sa question de départ est justement celle de la critique des institutions qui pourtant *assurent* la vie sociale. Si elle ne semble pas centrée sur les enjeux environnementaux, une telle critique marque une bonne part du radicalisme écologiste, jusqu'à aujourd'hui[1], sans qu'il en tire toujours toutes les conséquences – au premier chef, déconstruire les idéaux sécuritaires donc la rhétorique des urgences. Elle touche selon moi à ces deux facteurs d'inhibition politique que sont les privations que nous ne pouvons nous réapproprier et l'absence d'expérience *immédiate* de problèmes qui devraient pourtant être nôtres (p. 94-101). Ces facteurs procéderaient, non de la question écologique comme telle, mais de la crise de la sécurité qui la sous-tend, d'une certaine manière d'articuler les frustrations et les jouissances qui décide du sens à donner à nos vies (p. 100-101). C'est une telle crise qui permet de parler d'une « force révolutionnaire de l'écologie ». Parce que la question écologique procède des multiples *dépendances produites* par nos institutions, privées comme publiques, jusqu'à les rendre oligarchiques, et finalement « contre-productives ». Or, c'est autour de ce *devenir insécurisant* de notre sécurité, de cette *saturation* de « nos » institutions, que se joue le lien entre une radicalisation écologiste et un certain sens politique de l'*autonomie*. Jusqu'à nourrir, peut-être, un nouveau récit politique de libération.

La critique des institutions « contre-productives »

L'essai d'Illich analyse précisément le lien entre domination et contre-productivité institutionnelle. Il y partait d'un point à première vue étonnant : non la critique des systèmes de production de biens, mais des services – alors même qu'on voit volontiers dans ce « secteur tertiaire » un champ économique

1 Pour mesurer son importance, on peut se référer également aux « manifestes convivialistes » de 2013 et 2020, et au site <https://convivialisme.org/>. Parmi les 276 signataires, issus du monde entier, on trouve par exemple Alberto Acosta, Dominique Bourg, Wendy Brown, Alain Caillé, Barbara Cassin, Ève Chiapello, Catherine Colliot-Thélène, Noam Chomsky, Philippe Descola, Jean-Pierre Dupuy, Fabrice Flipo, David Graeber, Bruno Latour, Serge Latouche, Christian Laval, Jean-Louis Laville, Jacques Le Goff, Dominique Méda, Edgar Morin, Chantal Mouffe. Marshall Sahlins, Boaventura de Sousa Santos, Joëlle Zask ou encore Jean Ziegler.

susceptible d'échapper à la critique écologiste. Pire, ses critiques les plus dures sont tournées vers deux *services* – la médecine et l'école[1] – que l'on ne s'attend pas à voir priorisés dans une critique des rapports de domination et des conséquences écologiques de nos sociétés. Qui plus est, deux services articulés à des valeurs – santé et partage des savoirs – qu'il ne s'agit nullement de remettre en question. On ne peut pas le rapporter seulement à un discours anti-école et anti-médecine plus diffus dans les années 1970 qu'à notre époque, ni aux luttes contre les politiques de développement unique imposées aux « régions sous-développées », selon la formule introduite massivement par le discours d'investiture de Truman en 1949. Pour construire une forme radicale d'écologie politique, l'essai d'Illich impose un détour important, pour le moins.

Il part principalement de la médecine du 20e siècle. Depuis 1913, le traitement médical aurait atteint un certain seuil d'efficacité[2]. Parler de contre-productivité, c'est d'abord évaluer l'efficacité d'un dispositif, mais encore faut-il bien l'évaluer dans toutes ses *dimensions*, ressaisir de manière systémique les effets de la croissance de l'organisation publique de la médecine et des questions de santé qu'un tel seuil d'efficacité a intensifiés. En la matière, on ne peut en effet s'en tenir à une évaluation *technique* : partir d'une fin donnée – restaurer la santé – et estimer les moyens mis en œuvre pour y parvenir. Car la médecine comme phénomène *social* a bien d'autres conséquences : *professionnalisation* croissante des actes de soin, diffusion sociale des *besoins* de soin, donc croissance de la demande de médecine, effet de cette croissance sur la définition de la santé véhiculée par les professions médicales et par les patients, effets corollaires sur le plan économique et sanitaire – croissance de la résistance des travailleurs à leurs conditions de travail, industrialisation de la production de médicaments, dommages collatéraux des traitements (toxicité, résistance des parasites, etc). La liste n'est pas exhaustive, mais décrit déjà un espace d'*interactions* : la professionnalisation des soins va de pair avec une décroissance des compétences communes donc une *dépendance* croissante à l'égard de la médecine institutionnalisée; la croissance des besoins en matière de santé conduit, du fait de cette décroissance, à une *hétéronomie* de la santé, une délégation de la définition des normes de santé, renforçant les effets de professionnalisation. Un premier « seuil de mutation » se dégage, celui d'un service socialement organisé constituant une dépendance à l'égard de l'institution qui fournit

1 Ivan Illich, *Une société sans école* (1971) ; *Nemesis médicale* (1975).

2 « À partir de cette date, le patient a plus d'une chance sur deux qu'un médecin diplômé lui fournisse un traitement efficace », *La convivialité, op. cit.*, p. 15.

ce service[1]. L'institutionnalisation d'un service, *précisément par l'espoir d'être préservé d'un risque – une demande de sécurité* –, se renverse en dépendance. C'est le stade où la société tend à devenir un « hôpital » (p. 13), comme si une telle dépendance venait colorer l'expérience que l'on fait d'une société et de la vie qu'on y mène : lorsque la fonction exercée par une institution glisse du désirable à l'indispensable, elle affecte les normes de vie et l'environnement social – de là le sens large de l'*institution* (voir plus haut, p. 119-120). Ce qui rend possible le second seuil, celui où la croissance d'une organisation institutionnelle s'opère en dépit des conséquences contraires aux effets attendus d'elle – une forme de sécurité –, parce que la dépendance qu'elle suscite *institue* une « élite » qui désormais la contrôle et en tire pouvoir et profit (que l'on pense aux scandales des laboratoires pharmaceutiques). C'est là le seuil de « contre-productivité », qui affecte toute la société qui en est devenue dépendante. La dépendance institutionnelle devient une dépendance oligarchique, jusque dans la caractérisation de nos besoins.

Un tel processus relève proprement de la bureaucratisation (p. 20) et n'a pas vocation à se restreindre aux institutions médicales : pour Illich, il concerne l'école, certes, mais aussi la production industrielle de biens, ou encore les transports (exemplairement la critique des véhicules automobiles personnels[2]). Il concerne potentiellement toute organisation institutionnelle. À chaque fois, un service socialement assuré suscite, *de ce fait*, une *dépendance* et une *hétéronomie*. Une dépendance : croissance du besoin, décroissance de la possibilité d'y subvenir sans institution, par décroissance des compétences, par réglementations ou encore par disposition matérielle (par exemple, l'aménagement des routes et du territoire, créant des distances insurmontables sans véhicule motorisé). Et une hétéronomie parce que d'autres définissent la norme (par exemple, promouvoir la vitesse de l'instrument comme seul critère de qualité d'un mode de transport). Tout ceci induit un asservissement, au moins potentiel, à ses effets contre-productifs. Un exemple de ce type d'analyse est bien connu, celui des transports individuels motorisés. « Les véhicules créent plus de distances qu'ils n'en suppriment » (p. 24), du fait du nombre de véhicules, des aménagements territoriaux qu'ils impliquent et de leurs effets sur la vie sociale. C'est là que s'insère le texte célèbre d'Illich visant à montrer que, si l'on compte bien l'accroissement du besoin de transport que ses aménagements et son existence

1 « La protection d'une population *soumise* et *dépendante* devient le principal souci, et la grosse affaire, de la profession médicale. » (p. 18) Ou encore, se référant à Bernard Shaw : « Les médecins cessent de guérir, disait-il, pour prendre en mains la vie de leurs patients » (p. 17).

2 « Il a fallu un siècle pour passer de la libération par les véhicules à moteur à l'esclavage de la voiture » (p. 23).

suscitent et le temps nécessaire pour en jouir (y compris le temps passé à travailler pour la payer), une voiture n'avance pas à plus de 6 km/h...[1] Une déficience qui est « compensée » par ce que Gorz appelait l'« idéologie sociale de la bagnole » (1973) – une conception des jouissances d'une vie réussie qui inclut la possession d'une « bagnole ». Une telle contre-productivité doit s'entendre ainsi relativement à la valeur qui motive le dispositif : lorsque la médecine produit de la fragilité, l'école de l'ignorance, les transports rapides des pertes de temps, l'industrie une croissance des frustrations et des travaux pénibles. Mais aussi aux conséquences sur de tout autres plans[2] : par exemple, les conséquences environnementales, sociales, et, même, existentielles des transports et de la production industrielle.

À chaque fois, un tel geste, qui semble voir un *risque* bureaucratique derrière tout service socialement organisé, travaille à mettre en œuvre une évaluation qualitative, et relève du réalisme au sens radical du terme (voir p. 55). Une évaluation monétaire ou statistique reste dépendante des normes établies par les institutions évaluées. Une évaluation de qualité, si l'on peut dire, implique donc un premier aspect : l'*hétéronomie* – la délégation de la définition des normes – qualifie un seuil à partir duquel les outils quantitatifs d'évaluation d'une efficacité sont susceptibles de *masquer* la confiscation des critères de satisfaction. Une évaluation qualitative vise à la fois à décrire cette confiscation et à faire porter la critique sur les normes hétéronomes – visées donc dans leur statut et dans leur contenu.

Évaluation qualitative, ensuite, parce que raisonner en termes d'effet de seuil, c'est identifier les sauts *qualitatifs* opérés par des évolutions *quantifiables*, au moins de manière approximative : *plus* d'organisation de la médecine, de la transmission des savoirs, des transports ou de la production de biens fait courir le risque de *changer la nature* ou *la signification* (donc les conséquences) d'un dispositif. Qu'il s'agisse d'institutions ou bien encore d'instruments techniques au sens étroit : un même procédé technique n'est pas de même nature selon l'échelle à laquelle il est mis en œuvre. Les technologies « vertes » de production d'énergie par exemple (éolien ou solaire) répètent les effets néfastes de l'industrialisation, si on ne les utilise que dans des projets démesurés qui conservent la manière dont l'énergie est produite, distribuée et utilisée[3]. Alors qu'à des échelles plus petites et plus locales, elles peuvent signifier plus de

1 Ce calcul intégral donne ce qu'Illich appelait la « vitesse généralisée » (dans *Équité et énergie*, 1973).

2 « Lorsqu'une activité outillée dépasse un seuil défini par l'échelle *ad hoc*, elle se retourne d'abord contre sa fin, puis menace de destruction le corps social tout entier » (p. 11).

3 José Ardillo, *Les illusions renouvelables. Énergie et pouvoir : une histoire* (2007), L'Échappée, 2015.

maitrise collective de sa production, de sa distribution et de son usage, ou nourrir une expérience concrète des rapports entre forces naturelles et production d'énergie. Elles peuvent contribuer à altérer ce dont nous nous soucions, ce qui nous occupe et nous anime. Une évaluation qualitative vise à identifier de tels seuils, à partir desquels se renverse la signification sociale positive d'un dispositif, quelle que soit sa valeur initiale ou abstraite.

Évaluation qualitative, enfin, parce qu'une telle critique ressaisit les effets d'un dispositif organisé sur un « équilibre multidimensionnel » (p. 11). La vie humaine en société comporte une diversité de dimensions en interactions ; évaluer un dispositif suppose de ressaisir ses conséquences au sein de ces interactions, la manière dont il colore l'expérience que l'on fait d'une société. Une évaluation qualitative doit ainsi réinscrire les facteurs et les effets de l'hétéronomie (point 1) et de l'inversion de signification (point 2) dans un système social territorialisé, et dégager ce qui s'opère à chaque fois : produire un « pôle » de pouvoir, une relation de domination, par la dépossession des moyens de qualifier, délimiter et satisfaire un « besoin » – précisément le contenu du concept d'insécurité que visait Bookchin en 1970. En ce sens, la configuration sécuritaire de nos vies – articuler condition de frustration et condition de jouissance par la médiation d'institutions qui les structurent (p. 100-101) – relève pleinement de la contre-productivité institutionnelle.

Critique technique des institutions sociales et critique sociale de la technique

Un tel geste, que j'ai mis en œuvre pour parler d'une saturation globale de nos institutions de sécurité (p. 94 et suivantes), permet de ressaisir la façon dont une forme radicale d'écologisme articule critique de la technique et critique des institutions, jusqu'à parler d'institution pour qualifier le productivisme (p. 119-120). Prenons par exemple l'usage qu'Illich fait de la notion d'*outil*, « au sens le plus large possible d'instrument ou de moyen, soit qu'il soit né de l'activité fabricatrice, organisatrice ou rationalisante de l'homme, soit que, tel le silex préhistorique, il soit simplement approprié par la main pour réaliser une tâche spécifique » (p. 42). Un objet matériel non transformé, ou à peine, est déjà un outil, s'il sert de moyen à la réalisation d'une intention : il y a *outil* dès qu'il y a *utilisation*. Et en ce sens est aussi un outil toute organisation instituée, qu'elle implique de l'outillage, au sens étroit, et produise des biens (« une usine de cassoulet ») ou qu'elle organise des tâches et dispense un service *stricto sensu* (« l'école » ou « les centres de planification »). Au-delà de la relation abstraite entre *outil* et *utilisation*, cet élargissement du sens de l'outil est donc motivé d'abord par le rapport entre le développement d'une institution et le *service* qu'elle sécurise et qui lui donne pouvoir – ce qui donne pouvoir à une institution, et, potentiellement, à son oligarchie, c'est *d'abord* son statut d'outil. Et dans le même temps – deuxième motivation –, tout outillage, au sens étroit du terme, peut être qualifié socialement. Le silex que l'on ramasse et que l'on utilise enveloppe certes une socialité quasi nulle, mais non nulle. Je le ramasse et l'utilise par mes propres moyens physiques. Socialement, je ne fais que le soustraire à l'usage possible d'un autre – du moins le temps que je l'utilise – et je mobilise ce faisant une compétence et une force physique qui peuvent devoir quelque chose au temps que les autres y ont consacré (par exemple, parce que je me nourris de biens produits par d'autres). Mais le plus souvent ce que l'on peut utiliser enveloppe une dimension sociale plus importante : ce que je fabrique moi-même requiert des matériaux et des outils qui proviennent d'une multiplicité de producteurs. Et à un certain niveau de taille et de complexité organisationnelle, nombre de machines ne fonctionnent plus qu'avec un ensemble organisé d'utilisateurs (exemplairement, une usine).

Élargir le sens de l'outil repose ainsi sur le fait qu'organisations sociales et instruments matériels opèrent dans un même *continuum* où l'outillage au sens large implique toujours, plus ou moins, un mixte d'interactions sociales et de configuration matérielle – procédés techniques et structuration du territoire. C'est le type d'analyse de la technique dont se nourrit un écologisme radical. Par exemple lorsque l'industrie est visée dans sa dimension sociale et qu'on en tire une critique des conceptions purement techniques de l'écologie – un « techno-solutionnisme ». Les technologies « vertes » sont de simples palliatifs si leur mise en œuvre n'implique aucune transformation organisationnelle de la vie économique. Elles ne rompent alors pas avec le productivisme, mais l'optimisent, parce qu'elles n'affectent pas l'industrie dans ses implications sociales. S'il est vrai que la question écologique puise ses racines dans une certaine société, structurée autour de rapports de domination conduisant à produire pour produire, et de ce fait à contrôler les besoins, une approche par les seuls procédés techniques reste bien superficielle. Pour Bookchin, par exemple, ces technologies vertes sont certes « moins dangereuses » que le nucléaire ou les hydrocarbures, mais restent une gestion de l'exploitation de la nature. Elles ne font que transformer la pollution (extraction de terres rares plutôt que d'hydrocarbures), la transférer (une consommation locale de charbon devient une consommation importée) et dégager des marges de croissance (les sources d'énergie s'ajoutent les unes aux autres)[1]. Sauf lorsque ces technologies impliquent « de nouvelles relations entre les personnes et la nature ainsi que de nouvelles relations sociales »[2], ce qui dépend de l'échelle des moyens de production d'énergie et de son mode de contrôle et de distribution, donc de sa *forme sociale*.

Viser la forme sociale d'un dispositif technique permet ainsi, non seulement d'évaluer les institutions en termes d'efficacité – de pouvoir de satisfaction – socialement élargie, mais aussi d'évaluer une technique à partir des rapports sociaux qu'elle *institue*, un geste qui se nourrit largement des analyses de l'historien des techniques Lewis Mumford. Dans les années 1960, Mumford parlait ainsi de « technique autoritaire » lorsqu'un dispositif coordonne les tâches d'un grand nombre d'individus dans une hiérarchie stricte, dépossédant la plupart des producteurs des décisions (qui produit et comment ?)[3]. Construire des pyramides, organiser une armée, impliquent une telle institution des activités, dont la nature ne repose pas sur les procédés techniques au sens étroit du terme. Bien avant l'invention de machines et de procédés complexes, ce sont les corps humains dans leur capacité de travail qui se trouvent mis en œuvre de manière standardisée, interchangeable et mécanique, y compris à des époques où les procédés techniques et l'outillage restaient pourtant rudimentaires. Dans *Technique et civilisation* (1934), Mumford pouvait ainsi déjà viser, en deçà de l'invention de procédés matériels, les institutions sociales qui les ont anticipés et *in fine* suscités : avant l'invention des horloges et d'appareils sophistiqués pour « rationaliser » les emplois du temps, la vie monastique par exemple avait créé la machinerie vivante, pourrait-on dire, le contrôle et la coordination des actes par la création et le contrôle des emplois du temps, susceptibles d'être optimisés par des appareils de mesure. L'horloge au fronton des usines incarne, en deçà des effets d'une invention technique, toute une tradition de contrôle social par le rationnement du temps et la maitrise de l'espace[4].

C'est ce type d'analyse qui explique qu'on puisse appliquer, à des dispositifs techniques, des catégories et des distinctions *politiques*. Dans ses écrits des

1 Christophe Bonneuil, Jean-Baptiste Fressoz, *L'événement anthropocène. La Terre, l'histoire et nous*, Éditions du Seuil, 2013 ; Fabien Locher, Jean-Baptiste Fressoz, *Les révoltes du ciel. Une histoire du changement climatique, XVe-XXe siècle*, Éditions du Seuil, 2020.

2 « Lettre ouverte au mouvement écologiste » (1980), dans *Pouvoir de détruire, pouvoir de créer*, *op. cit.*, p. 82.

3 « Technique autoritaire et technique démocratique » (1963).

4 On peut rapprocher ceci du mouvement états-unien de l'« économie radicale ». Stephen Marglin, « What Do Bosses Do ? The origins and functions of hierarchy in capitalist production. Part I », dans *The Review of Radical Political Economics*, 6 (2), p. 60-112, 1974, trad. fr. par B. Tinel, dans « *À quoi servent les patrons ?* », *Marglin et les radicaux américains*, Lyon, ENS Éditions, 2004.

années 1960 et 1970, Mumford opère, sur la notion de « technique », le même élargissement de sens qu'opère Illich sur la notion d'outil, et en tire une distinction entre « technique autoritaire » et « technique démocratique » – une manière de mettre en œuvre des dispositifs techniques qui restent sous contrôle de ses utilisateurs. Une semblable distinction se retrouve chez Bookchin, entre « technologie », et même « raison », « autoritaires » et « libertaires »[1]. Illich parle, lui, d'« inversion » de la relation à l'outil lorsque l'utilisateur de l'outil devient dépendant au point d'être au service du pouvoir oligarchique qui contrôle un outil social. C'est ainsi qu'il distingue « outil dominant » et « outil convivial »[2]. L'« outil dominant » renvoie à toute situation où les individus sont asservis par ce dont ils croient faire usage – la différence avec Bookchin et Mumford étant que, chez eux, les « technologies » ou « techniques autoritaires » enveloppent aussi des dispositifs où la relation de domination ne repose pas sur l'inversion d'une relation de service (typiquement, lorsqu'on recourt à des esclaves ou que le capitalisme instrumentalise des dominations héritées – le patriarcat ou les anciennes hiérarchies coloniales). L'« outil convivial », puisqu'à un premier niveau d'analyse « c'est l'outil qui est convivial » (p. 13), renvoie à toute situation où les hommes conservent le contrôle de l'outil. Littéralement, l'outil *convivial* est l'outil *avec* lequel je vis. Dès lors qu'il devient ce sans quoi je ne peux vivre, et donc ce à quoi je ne peux que contribuer, j'en deviens une partie. En même temps, si toute configuration sociale assurant quelque chose relève de l'outil, la notion de convivialité s'étend à la société : « J'appelle société conviviale, écrivait ainsi Illich, une société où l'*outil moderne* est au service de la personne intégrée à la collectivité, et non au service d'un corps de spécialistes. » (*ibid.*)

De là une certaine caractérisation de l'industrialisme qui marque notre époque. Si l'histoire est jalonnée de « techniques démocratiques » entrant en tension avec des « techniques autoritaires », l'époque industrielle peut s'entendre comme une domination sans précédent du mode autoritaire d'action technique. Précisément ce qui fait d'une société, selon une expression de Mumford, qu'Illich reprend (p. 30, par exemple) et qui reste en usage dans l'écologisme radical, une « méga-machine » : un dispositif social institué où les « techniques autoritaires » deviennent des modes *normaux* d'organisation, dont l'évaluation implique de prendre en compte toutes leurs conséquences sociales. Comme Mumford peut le faire pour l'exploitation minière

1 « Tout comme nous sommes fondés à distinguer entre une technologie autoritaire et une technologie libertaire, de même nous le sommes à distinguer entre des modalités autoritaires et des modalités libertaires de la raison » (*Pouvoir de détruire, pouvoir de créer*, p. 106). Ce texte date de 1982.

2 *La convivialité*, p. 28. Rappelons qu'au moment où Illich la mobilise, cette notion est quasiment une création lexicale.

par exemple[1], dont le « coût social dépassait largement le gain mécanique ». Elle a été décisive pour fournir des matières premières, mais aussi pour ancrer des habitudes de travail, de dégradation d'un milieu et de déshumanisation des travailleurs, qui se sont répercutées sur l'ensemble de l'industrie et, à travers elle, sur les relations sociales et les relations qu'une société entretient avec son environnement naturel. La mine est ainsi l'une de ces expériences sociales types où s'est joué, d'un même geste, la fabrique du prolétariat et la réduction de la nature à une ressource exploitablc. Les modes de production sont aussi et même d'abord des relations sociales, qui rétroagissent sur la manière dont nous nous rapportons à la société et à la nature en général : les vivre comme des ressources exploitables, des facteurs de production qui *doivent* devenir substituables – matière brute, vivants, milieux, travailleurs et consommateurs. La forme sociale dominante des techniques conditionne l'institution sociale, au sens le plus large (p. 119-120), donc les expériences que chacun peut faire de lui-même, de la nature et de la société. C'est ce qu'on a vu plus haut (p. 129) lorsque Illich décrit la manière dont une société en vient à se vivre comme un « hôpital ». C'est le sens que l'on peut aussi donner à la notion d'« environnement synthétique » qui donne son titre au premier livre de Bookchin en 1962 : non seulement un environnement fabriqué, artificiel, mais, plus largement, un environnement tel qu'un recours dominant, « autoritaire », à la science et à l'industrie nous conduit à le vivre, donc à le traiter et à nous y traiter – la nature réduite à une combinaison de procédés abstraitement conçus et exploitables[2].

Pour autant, on ne peut parler de rejet de l'« outil moderne » comme tel, dès lors que la configuration sociale qui le qualifie n'est pas une fatalité. On peut aisément montrer, sur tel ou tel procédé, des différences significatives entre les trois auteurs sur lesquels je viens de m'appuyer – exemplairement, Bookchin ne semble pas toujours hostile à toute forme d'automatisation. Mais ces différences se dégagent d'un même geste : ramener l'évaluation de la technique à la forme sociale territorialisée de l'« outil » (Illich), de la « technique » (Mumford) ou de la « technologie » (Bookchin), et non au degré d'élaboration ou de technicité d'un procédé. Y compris chez celui des trois qui semble le plus massivement rejeter la modernité. Une « société conviviale » n'exclut pas, pour Illich, l'« outil moderne », mais le maintien sous contrôle (pages 13 et 27). Si l'on ne *doit* pas imposer à autrui « un travail, un savoir ou une consommation obligatoires », c'est « grâce au progrès

1 Dans un passage célèbre du *Mythe de la machine* (tome 2, 1970), qu'Illich cite p. 56.

2 Ces questions sont particulièrement développées dans *Ecology of freedom* (1982).

scientifique (que) nous *pouvons* édifier une (telle) société post-industrielle » (pages 12 et 31). Le réseau téléphonique, par exemple, relève, « structurellement, des outils conviviaux », pour Illich, parce que c'est un certain usage, et non le dispositif lui-même, qui suscite des effets pervers (p. 45-46). De même pour le réseau complexe des canaux indochinois ou les services postaux (p. 46-47). Globalement, « le caractère convivial ou non de l'outil ne dépend pas en principe de son niveau de complexité » (p. 46), mais de la disponibilité pour chacun de son usage et de la compétence qu'il requiert, de la soumission de l'outil aux intentions humaines, à la signification que les gens impriment à leurs actes, et du partage matériellement possible de son usage, « l'outil est convivial dans la mesure où *chacun* peut l'utiliser » (p. 45). André Gorz[1] en faisait même un critère fort de sélection : devrait être *dévalorisés* les dispositifs techniques qui ne sont efficients que si une minorité en dispose. Typiquement, la voiture à moteur thermique n'est efficiente que si elle n'est pas disponible pour tous : elle est, intrinsèquement, un bien de luxe. En dépit des mots durs que tous ces auteurs peuvent avoir à l'encontre de nombre d'« outils modernes », ils ne sont donc jamais condamnés comme tels, mais ramenés aux limites de la « convivialité » (Illich) ou de la « démocratie » (Mumford), donc d'un contrôle partageable. C'est une conséquence de l'accent mis sur une critique *sociale* de la technique. Ne sont récusés que les dispositifs qui ne peuvent faire l'objet d'un tel usage.

En somme, se centrer sur les services socialement organisés ne revient pas, à ce niveau de généralité, à se centrer sur un secteur économique, encore moins sur des formes d'organisation publique par opposition au secteur privé. L'industrie de biens matériels et toute forme de division industrielle du travail font partie des dispositifs socialement organisés de services, qu'il s'agisse de services à proprement parler ou de cette forme spécifique qui consiste à fournir des biens, et ainsi, pour les usagers, à en disposer sans les avoir produits, et sans savoir par qui et comment ils le sont. Qu'ils relèvent du public ou du privé importe peu : de tels services sont à chaque fois publics dans leurs conséquences, touchent à tous les aspects de la vie sociale, jusqu'à structurer nos milieux et normer nos satisfactions. On peut même élargir le concept d'industrialisation, parler d'industrialisation des services ou, comme Illich, de « définition industrielle des valeurs » lorsqu'une institution entretient des « besoins » hétéronomes (p. 43). Dès lors industrialisation et bureaucratisation ne diffèrent plus conceptuellement : capitalisme et

1 « L'idéologie sociale de la bagnole » (1973), dans *Écologie et politique*, *op. cit.*

bureaucratie soviétique sont deux « variantes » d'un même phénomène. En deçà de leur renvoi dos à dos du point de vue des conséquences environnementales, « la dictature du prolétariat et la civilisation des loisirs sont deux variantes politiques de la même domination par un outillage industriel en constante expansion » (Illich, p. 26-27)[1]. Dans le même temps, les procédés qu'ils mettent en œuvre ne sont pas récusables *a priori* : tout dépend des formes sociales qu'ils induisent, de la manière dont ils sont évalués et de la possibilité de les ramener concrètement à des formes sociales « conviviales » ou « démocratiques ». Viser les institutions comme des outils et les dispositifs techniques dans leur forme sociale instituée revient ainsi, en termes marxistes, à mettre l'accent sur les *rapports de production* au point que les *modes de production* ne semblent plus vraiment pouvoir s'en distinguer d'un point de vue pratique, sauf lorsqu'ils mobilisent des techniques qu'il est impossible de conformer à des usages contrôlables par tous. Il ne s'agit plus de reprendre le pouvoir dans l'industrie et au sein de l'État, mais de les défaire comme institutions dominantes, de défaire la configuration sécuritaire de nos frustrations et de nos jouissances (p. 100-101).

Domination et dépendance : le fétichisme de l'institution

Le cœur de l'affaire, ce sont les dépendances *que les institutions suscitent* précisément parce qu'elles sont des processus de sécurisation. Le corrélat en est une forme d'expérience du manque (ou de la « rareté » au sens de Bookchin) qui n'a aucunement vocation à être comblé ni redéfini, puisque être en besoin d'un type de services dont je ne dispose pas, donc en besoin de l'institution qui le dispense, est ce qui ressource le pouvoir oligarchique qui la contrôle. Il faut de ce fait parler d'une double dépendance, ce qu'un Illich, par exemple, semble avoir identifié. « D'abord on réclame ce que produit l'institution, bientôt on croit ne plus pouvoir s'en passer » (p. 39) : ce n'est là qu'un versant de la dépendance. Car ce qu'on ne voit pas spontanément dans cette expérience du manque, c'est « la structure profonde des moyens *sociaux* » (p. 42) qui le figent et l'entretiennent, la relation de dépendance *sociale* dont se soutient la définition d'un besoin – ce en quoi il relève donc, lui aussi, de l'*institution*. On ne le voit pas spontanément quand on le vit, et on contribue à l'occulter lorsqu'on développe une critique de la société de

1 Ou encore, « l'interprétation exclusivement industrielle du socialisme permet aux communistes et aux capitalistes de parler la même langue, de mesurer de semblable façon le degré de développement atteint par une société. » (p. 49). Cette affirmation n'écarte cependant pas la possibilité d'une autre forme de socialisme.

consommation qui fait abstraction des relations de production et de pouvoir qui la sous-tendent. C'est par ce type d'arguments qu'on peut refuser la réduction de l'écologisme à une critique du consumérisme – qui plus est une critique le plus souvent moralisante. Pour un Bookchin, par exemple, culpabiliser les consommateurs revenait à accepter l'idéologie capitaliste d'une consommation entièrement *libre*, pour mieux imputer à l'individu dominé sa propre dépendance[1]. Alors qu'il y est *soumis*, que derrière le manque qui relance la consommation, la *dépendance* artificielle, l'addiction à l'égard d'un type de services, il y a une relation de dépendance sociale à l'égard d'une oligarchie qui exerce son contrôle par le contrôle des modalités de production et de satisfaction des besoins, l'enfermement de nos jouissances dans une prédéfinition de besoins devenus *impérieux* – et de manière centrale, la marchandisation du mode d'accès aux biens de subsistance, bien sûr, constituant le salariat lui-même comme un *besoin*, et plus largement ce qu'Illich appelait le « monopole du travail rémunéré[2] ».

Ce n'est pas là déresponsabiliser les gens, mais comprendre les conditions de production de dépendances, et en quoi elles constituent des rapports de domination. Toutes les interactions sociales impliquent des relations de pouvoir qui suscitent des sujets acteurs de ces relations : l'enthousiasme d'un consommateur suffit à en convaincre. L'institution sociale, au sens large, suscite des conduites et les *sujets* de ces conduites. Mais on peut tout de même parler de *domination* lorsqu'il y a double dépendance, parce que les interactions sociales et leur espace matériel sont contrôlés et configurés principalement par leur pôle oligarchique, et qu'il en tire le plus grand profit : la frustration sans cesse reconduite d'un consommateur suffit à en convaincre. Se contenter de parler de normes sociales en interaction avec des individus, qui, au besoin, peuvent en jouer et les altérer, c'est occulter proprement cette domination.

Le vécu de la dépendance à l'égard d'un service tend ainsi, à la fois, à dévaluer tout ce qui n'entre pas dans la sphère marchande[3] et à masquer son caractère social. Un peu comme Marx pouvait décrire la relation à la marchandise. Dans un espace où producteurs et consommateurs ne sont plus en relation immédiate et où la fixation des prix est décorrélée des conditions de production, la marchandise masque, par son individualité et son mode de

1 « *Pouvoir de détruire, pouvoir de créer* » (1969), repris dans le recueil du même nom.

2 « Le remplacement de compétences généralisées et d'activités de subsistance par l'emploi et la consommation de marchandises [...] implique le monopole du travail rémunérée par rapport à toutes les autres formes de travail. », *Le travail fantôme*, dans *Œuvres complètes*, vol. 2, p. 107.

3 Voir ce qu'Illich appelle « disvaleur » : toute valeur dont la perte sociale, due au développement de la sphère marchande, n'est pourtant pas économiquement évaluable. Voir l'article « Disvaleur », dans *Œuvres complètes*, vol. 2, p. 779.

circulation, les rapports de production dont sa valeur d'échange et son effectivité se soutiennent. Elle apparaît ainsi comme dotée d'une valeur en elle-même, suscitant une demande, alors qu'elle n'est que la médiation d'une activité et d'une relation sociales de valorisation, le travail. C'est ce qu'il appelle le « caractère fétiche de la marchandise[1] », ou *fétichisme de la marchandise.* Un tel dispositif engendre, pour la plupart des gens, une double dépendance – dépendance à l'égard des services rendus par les marchandises disponibles et d'un travail salarié pour les acquérir – qui dissimule la contingence d'un dispositif social, la possibilité qu'il soit autre sans que cette alternative renvoie à des situations *passées* de pénuries ou de raretés, parce que ne disposant pas des marchandises dont nous éprouvons *présentement* le besoin. La peur de manquer peut alors masquer l'exploitation à l'œuvre dans le travail social – il ne peut y avoir de profit sans qu'une part de la valeur produite par le salarié soit extorquée.

Décrire la société de consommation comme une industrialisation générale des services et des valeurs permet d'élargir cette notion de fétichisme. Au-delà du rapport aux marchandises, nous nous vivons comme dépendants d'institutions privées et publiques qui *semblent* dotées en elles-mêmes du pouvoir de dispenser des services – que ces services passent ou non par des marchandises. Prêter aux agences étatiques ou aux entreprises le pouvoir intrinsèque d'assurer les services indispensables à la vie sociale a quelque chose de proprement hallucinant qui dissimule ce qu'elles sont : une *certaine manière* d'organiser les interactions sociales et naturelles qui *institue* des besoins. Il est impossible de porter sur elles un regard critique sans percevoir cette contingence. Faire des services dispensés par « nos » institutions des propriétés qui leur sont intrinsèques leur transfère la valeur des services rendus et leur donne pouvoir de configurer nos satisfactions. Ce qui les soustrait à toute critique quant à leur efficacité : nos institutions, *telles qu'elles sont,* sont aussi indispensables que les services qu'elles sont supposées nous rendre. Voilà pourquoi, comme l'écrivait Illich, nous avons tant de « mal à imaginer qu'on puisse *gagner en rendement social* ce que l'on perd en rentabilité industrielle » (p. 42), que les services *qu'en fait nous nous rendons* puissent dépasser la « contre-productivité » de « nos » institutions en les *désindustrialisant.* Donc en reconstruisant radicalement ces institutions : au lieu d'y voir des interactions sociales accroître nos jouissances, une quête de satisfaction libérée de la reconduite incessante des mêmes frustrations, on éprouve la crainte du retour à « l'esclavage du passé » (*ibid.*) ou aux « chaînes du passé » (p. 12)

1 Karl Mars, *Le Capital, Livre I,* 1re section, chap. 1.

qu'induit une perception unilatérale de la dépendance. Cette crainte est la ressource des pouvoirs à l'œuvre dans une société comme la nôtre : elle est le ressort d'une configuration sécuritaire de nos satisfactions.

On peut ainsi parler d'un *fétichisme de l'institution* : attribuer aux oligarchies qui contrôlent les institutions la valeur et le mérite des services qu'en réalité *nous nous rendons* sans en être vraiment les auteurs[1]. Un tel fétichisme travaille tous les dispositifs de sécurisation de la société industrielle : il conduit à faire de la défense des institutions dont on croit dépendre absolument l'objet second des aspirations qui animent nos vies et qu'elles conditionnent. Voilà pourquoi, comme l'écrivait Illich, « lorsqu'un certain seuil d'expansion des institutions est atteint, l'*Homo œconomicus* [...] se transforme en *Homo religiosus* se sacrifiant sur l'autel de l'idéologie industrielle[2] ». Une forme d'hyper-légitimisme institutionnel portant, en proportion variable, sur l'État et l'industrie devient l'unique sublimation politiquement offerte à une société sécurisée. Une sublimation dont les nationalismes, la croyance au mérite personnel des grands leaders économiques ou la dissimulation des facteurs sociaux sous la « responsabilisation » et les « compétences » individuelles sont peut-être les formes les plus pathologiques. C'est en cela que la domination se soutient d'une méconnaissance – et non parce qu'on supposerait les dominés nécessairement aveugles à ce qu'ils vivent.

Si on retrouve peu ou prou cette critique du fétichisme de l'institution chez tous les écologistes radicaux, on peut pointer, à bon droit, une spécificité d'Illich par rapport aux analyses de Mumford ou de Bookchin – son insistance étrange sur la médecine et sur l'école. Si ce fétichisme de l'institution repose en général sur la valeur des services socialement rendus, on peut se focaliser sur l'identification d'un *risque* inhérent *à tout dispositif visant à sécuriser une certaine satisfaction*. Et de ce point de vue, que des dispositifs de santé et de diffusion des savoirs – deux sources de satisfaction difficiles à contester – puissent être « contre-productifs » est plus significatif que lorsqu'on montre le même type de fétichisme à l'œuvre dans les institutions étatiques de maintien de l'ordre ou la division industrielle du travail ancrée dans un fantasme de domination de la nature, par exemple. La critique de l'État, dans sa dimension sécuritaire conservatrice, et la critique de l'industrie matérielle, dans sa dimension écologiquement destructrice, décrivent bien la puissance dominatrice d'une institution : elle tient en dépit de sa contre-productivité. Mais ces critiques pourraient laisser croire, si on s'en tient là, que la

1 Voir aussi Pierre Bourdieu, « La délégation et le fétichisme politique », dans *Actes de la recherche en sciences sociales*, vol. 52-3, juin 1984.

2 *Nemesis médicale* (*Œuvres complètes*, vol. 1, p. 781).

crise contemporaine se réduit à ces deux enjeux. À ce niveau de critique, plus d'État-providence et moins d'État-gendarme, plus d'environnementalisme et moins d'hydrocarbures suffisent. Mais ce qu'on a appelé un *fétichisme de l'institution* décrit plus radicalement la manière dont une forme institutionnalisée de sécurité, économique et politique, même ancrée dans des valeurs positives, engendre sa propre confiscation et finalement sa propre insécurité – qui se cristallise dans l'explosion de la consommation et la question écologique. On ne peut ainsi plus *isoler* la dérive sécuritaire de l'État et la question écologique comme des maux accidentels : ils sont les effets de notre régime sécurisé des frustrations et des jouissances.

Un Bookchin visait *aussi* à partir de 1965 à articuler les relations de dominations actuelles à des relations de domination séminales qu'on peut qualifier de pures dominations (les dominations raciales et genrées, principalement), pures en ceci qu'on ne peut les dériver d'une inversion de service, même si un dispositif d'exploitation les infléchit et leur donne une fonction (exemplairement, la manière dont le patriarcat a permis au capitalisme une certaine institution genrée de la reproduction des forces productives – la domination du travail domestique et procréatif). Et l'on voit bien la complémentarité de ces gestes. Pour décrire un système d'exploitation et de domination, la critique doit viser à la fois les relations de domination que ce système engendre *via* ses effets sociaux *positifs* et les relations de domination héritées, qui précèdent ce système mais contribuent aussi à forger les catégories socio-culturelles par lesquelles nous évaluons nos vies et nos relations, et à fournir ainsi des outils sociaux de domination. Ces deux orientations – disons, pour aller vite, généalogique et conséquentialiste – restent ancrées dans la critique du temps présent et ne sont nullement exclusives l'une de l'autre – d'autant qu'elles convergent, comme on va le voir, vers une semblable exigence d'autonomie. Si cette différence d'accent explique sans doute l'importance plus grande accordée par Bookchin aux luttes anti-racistes, féministes et écologistes de son temps[1], reste un point commun décisif pour notre radicalisation écologiste du politique : le *fétichisme de l'institution* ressource la crainte de rompre avec le productivisme et inhibe la critique sociale et politique, nous attachant à des conditions socio-historiques pourtant contingentes et contre-productives – parce qu'il cèle la configuration sécuritaire de nos frustrations et de nos jouissances.

On voit mieux la vanité de vouloir renverser un tel régime sécurisé des frustrations par un appel aux privations. C'est ce qu'engage, chez Bookchin

1 Dans sa lettre ouverte au mouvement écologiste de 1980 (*op. cit.*), il insiste notamment sur la convergence entre féminisme et écologisme.

par exemple, le refus de ramener la société écologique à une économie de subsistance, ou de « simplicité volontaire »[1], pour penser la sobriété : ce serait valider le besoin *absolu* du productivisme pour faire plus que simplement subsister, donc valider l'attribution *fétichiste* de la valeur des services que nous nous rendons aux institutions qui les contrôlent, les déterminent et finalement en contiennent les pouvoirs. C'est ce qu'engage, en partie aussi, chez Illich, la métaphore récurrente de l'espace social ramené à une « prison » : un espace où les services sont assurés selon une norme totalement extérieure aux évaluations des usagers, enfermés dans leurs relations unilatérales, strictement individualisées – l'individu et son manque –, parce que la dimension sociale de la dépendance tend à être occultée par l'expérience qu'on en fait (p. 42). C'est, plus largement, la source de ce que j'ai appelé, par clin d'œil, le syndrome du « Amish » (p. 97). La critique que je formule revient au fond à interroger les raisons de réduire la sobriété à une démarche *privative*, faite de privations qui affectent un espace privé dont la signification reste inchangée – qu'il s'agisse de promouvoir ces privations ou de les récuser. Un idéal de « simplicité volontaire » renonce à soustraire aux institutions qui les contrôlent, et donc les configurent, les produits sociaux dont nous jouissons et dont nous sommes en fait les acteurs : un tel idéal renonce à faire de nous en outre les auteurs de ces produits. Si un Illich entendait bien faire fond sur un passé précapitaliste pour évaluer le productivisme, si un Bookchin pouvait faire un usage en partie similaire d'expériences sociales « autres », comme la démocratie athénienne, les communes libres médiévales, les sociétés étudiées par les anthropologues, ou encore les expériences anarchistes espagnoles de 1936-1937, y voir une forme d'« idéalisation » réactionnaire des modes de vie précapitalistes[2], c'est un contre-sens, qui procède de ce même syndrome du « Amish ».

L'essentiel est plutôt de cibler la dimension *sociale* de la dépendance et le fétichisme de l'institution. Donc la possibilité que nos besoins, ou plutôt nos jouissances soient autres – indéfinies dans leurs formes, indéterminées dans leur mode de production, mais collectivement contrôlables et évaluables dans leurs conséquences. Et qu'ainsi, en réalité, elles croissent. Une vie *sobre*, libérée de l'*ivresse* productiviste, ne procède pas d'une intensification des frustrations mais d'une tout autre économie sociale des jouissances. Ce qu'aucune injonction aux privations, aucune « sobriété heureuse » réduite à une démarche privative ne peuvent produire. Un Keynes invitant à cultiver

1 Pierre Rabhi, *Vers la sobriété heureuse*, Actes Sud, 2010.

2 À propos d'Illich, Serge Audier, *L'âge productiviste. Hégémonie prométhéenne, brèches et alternatives écologiques*, La Découverte, 2019.

des modes de vie étrangers à la marchandise (p. 98-99) oublie les conditions sociales et intellectuelles qui lui ont permis de libérer *sa* quête de satisfaction. De sorte que la sobriété positive a plus à voir avec une certaine *autonomie* socialement construite, une société où les jouissances de *tous* peuvent dépasser les entraves de la domination.

7

Un sens politique des limites

Les conséquences écologiques de l'industrie et de la croissance de la consommation mettent en crise le productivisme, et cette institution sociale massive ne peut rien y faire. Ses réponses ne font qu'intensifier les relations de dépendance et de domination qui sont au cœur de la crise écologique. Une crise exemplaire du devenir insécurisant de nos institutions sécuritaires et de nos conditions socio-historiques, et qui procède de ce que j'ai appelé leur *saturation*. C'est pour cela qu'un écologisme conséquent affronte le fétichisme des institutions et dénonce son mensonge : c'est la valeur des services que *nous nous rendons* qui est attribuée aux oligarchies, pour la seule raison qu'elles les contrôlent et les configurent – l'État et les industries en sont l'expression la plus évidente.

La recherche d'une sobriété positive et d'un sens politique des limites nous place ainsi sur le terrain des valeurs, sans quitter celui des rapports de domination. La contre-productivité institutionnelle est au cœur de la recherche des *racines* sociales de la question écologique : une critique de la technique ramenée à sa forme sociale *autoritaire* et une critique de la société de consommation ramenée aux stratégies de *domination* qui structurent « notre » sécurité économique nourrissent l'idée d'une « crise planétaire » (Illich, p. 26) de toutes les institutions sociales, dont la question écologique est le symbole. Ces critiques dessinent ainsi en creux un certain sens de l'*autonomie*. De là le lien entre la question écologique, qui porte la contre-productivité institutionnelle à son comble, et une certaine exigence d'autonomie, jusque dans la configuration des satisfactions qui nous sont possibles.

Critique de la société de consommation et critique sociale de la technique ont de fait convergé pour promouvoir l'autonomie dans toute une gauche radicale des années 1960 et 1970, à l'encontre même d'un marxisme qui l'aurait occultée par industrialisme (développement *libérateur* des forces productives, renversement des rapports de production *au sein* du mode industriel de production). L'autonomie ainsi visée est d'abord le *négatif* de cette « rareté » ou « insécurité » que Bookchin définissait comme une expérience dans laquelle les individus ne disposent pas d'eux-mêmes. « Notre » société d'abondance est, paradoxalement, une société de raretés sans cesse reproduites, de frustrations opportunément rythmées pour perpétuer nos dépendances institutionnelles. Mais si la « post-rareté », contrairement à l'« abondance », implique le dépassement de cette dépossession de soi et du fétichisme de l'institution qui la redouble, elle correspond, à la fois, à un renversement de l'idéal consumériste et à une certaine valeur *positive*, un idéal d'autonomie. De manière semblable, l'aspiration à l'autonomie n'est pas seulement, pour Illich, ce qui motive la critique de « notre » société. « Une société qui définit le bien comme la satisfaction maximale du plus grand nombre de gens par la plus grande consommation de biens et de services industriels » pose d'abord problème parce qu'elle « mutile de façon intolérable l'*autonomie de la personne* » (p. 31) : une telle mutilation doit donc être combattue parce qu'elle est dysfonctionnelle *et* parce que l'« autonomie de la personne » a en elle-même une valeur.

Dans son versant critique, le rapport d'un radicalisme écologiste à l'autonomie pourrait tenir en une formule : soyons réalistes, exigeons l'autonomie! Exiger plus d'autonomie, ce n'est ni *bloquer* des réformes environnementales supposées « réalistes » par des exigences sociales « trop radicales », ni noyer la question écologique dans une exigence morale abstraite, détournant des « vrais enjeux ». Ce supposé « réalisme » n'est plus valide si notre ordre social lui-même devient « contre-productif ». Ce « sens de la mesure » dans les exigences politiques devient même contradictoire s'il contribue à maintenir un ordre socio-économique voué à l'illimitation et à la démesure – démesure du pouvoir et de la production. Au contraire, c'est une certaine exigence radicale d'autonomie qui devient réaliste, parce qu'elle cible toutes les formes actuelles de « blocages ». Dans les « systèmes de santé, de transport, d'éducation, de logement », les prises de décision politique et les manières de traiter « superficiellement » les enjeux environnementaux qui ne font que « transférer » les pollutions ou rencontrent des résistances multiples parce qu'assumer leur coût conduit, dans « notre » société, à trop accentuer les « écarts sociaux » (Illich, p. 73). Elle cible ce qui « bloque » le pouvoir social de produire des services. Inverser la relation entre réalisme et radicalité – face à la question écologique, le réalisme devient proportionnel à la radicalité de la critique et de la reconstruction sociales – bouscule ainsi à la base la rhétorique des « blocages » : ils ne sont jamais suscités par des exigences « trop » radicales, mais bien par une forme de « réalisme » soumise à l'ordre social tel qu'il est.

La défense de l'autonomie, de « la capacité de chacun à façonner l'image de son propre avenir » (*ibid.*), donc de disposer d'une façon ou d'une autre de ce qui donne sens à sa vie, devient ainsi, en termes de valeur, le levier d'une reconstruction sociale, ce qui implique qu'elle soit aussi une valeur en elle-même – celle qui anime une réappropriation collective de nos milieux et de nos besoins. L'« inversion » de notre dynamique institutionnelle est, d'un même geste, une « inversion » des valeurs – « notre » forme de vie accomplie n'est que dépendance, manque et rareté, une certaine sobriété est condition d'une forme plus consistante et plus *propre* d'accomplissement et de jouissance. Comme la valeur intrinsèque de la biodiversité, l'autonomie est à la fois un opérateur de critique *sociale* et une valeur en elle-même – une aspiration par laquelle nous évaluons ce qui constitue nos vies et leur donne sens. Son occultation se retrouve dans toutes les contre-productivités, toutes les « insécurités » qui culminent dans la question écologique, y compris parce que la « mutiler » devient « intolérable » au point de susciter des résistances d'autant plus fortes qu'elles sont légitimes. Le cœur des « blocages » sociaux tient à « une demande *déplacée* : trouver satisfaction dans la *soumission* à la logique de l'outil » (Illich, p. 72).

De là une thèse centrale pour l'écologisme. Croissance illimitée et expérience de l'« insécurité » reposent sur des relations de domination, donc sans un certain sens de l'*autonomie*, qui reste à préciser, aucun sens des limites n'est politiquement possible. Un *sens des limites*, qui proprement *renverse* la démesure de « nos » institutions et les valeurs qu'elles portent[1]. Un sens des limites qui ne peut dès lors pas être seulement une prudence au sens courant du terme, une culture de la précaution face aux risques, une relation inhibante à des limites négatives que l'on vivra tôt ou tard comme des privations, et que l'on tentera tôt ou tard de transgresser. Une telle prudence participe de « notre » sécurité, qui n'a jusqu'ici été que la condition rendant possible les excès de pouvoir et les démesures productives. Le sens des limites dont je parle participe, au contraire, de la positivité de l'autonomie comme valeur, de la capacité à prendre en charge *collectivement* le sens de nos vies, la configuration des satisfactions qui nous sont possibles. Parce qu'il n'y a pas de sens positif des limites hors d'un souci collectivement assumé de l'*accomplissement* humain, des satisfactions qui le portent[2]. Dans ce rapport entre autonomie collective et sens des limites, ce sont véritablement les implications *politiques positives* d'une radicalisation écologiste qui sont en jeu. Une radicalisation

1 Renaud Garcia, *Le sens des limites. Contre l'abstraction capitaliste*, L'Échappée, 2018.

2 José Ardillo, *La liberté dans un monde fragile. Écologie et pensée libertaire* (2014), L'Échappée, 2018.

qui ne s'enferme ni dans l'intellectualisme, ni dans les refus, ni dans une démarche étroitement morale (p. 11-15), puisqu'un souci collectif du sens de nos vies, donc des formes de jouissance émancipée qu'on peut y inventer, ne peut qu'être pratique, constructif et politique.

L'autonomie collective comme « valeur de base »

Qu'on le veuille ou non, « notre » sens de la sécurité est lié à un certain idéal de liberté. Assurer absolument nos conditions de vie – préserver de tout risque et assurer une abondance de biens à la mesure de standards de vie croissants – revient à formuler une certaine exigence de *libération* à l'égard des contraintes, des risques, des incertitudes. *Sécuriser* absolument nos conditions de vie et ne plus avoir à s'en soucier. Cet idéal, dont le dépassement incessant des restrictions que nous impose la nature n'est qu'une conséquence[1], procède de ce que Mumford appelait le « mythe de la machine », de la machine qui se substitue à l'homme. La machine : ce qu'on peut alors comprendre comme l'ensemble des dispositifs *assurant* des conditions « satisfaisantes », y compris contre l'incertitude qui nous saisit lorsqu'on doit les définir et s'en charger soi-même. En deçà du supposé esprit de transgression moderne, ou de l'aspiration aristocratique à se délivrer des nécessités de subsistance, il y a cette recherche de sécurité d'un être sans instinct défini face à un environnement incertain, difficilement prévisible, dépourvu de providence. En ce sens, le mythe de la machine est la version moderne de cette « quête de certitude »[2], et reste le cœur de notre idéal de vie et de notre ordre socio-politique – « notre » sens fétichiste de l'État et du progrès économique –, alors même que la crise de notre époque « *s'enracine(r)* dans l'*échec* de (cette) entreprise moderne, […] la substitution de la machine à l'homme » (Illich, p. 26).

Pour dépasser la nostalgie d'une abondance perdue (p. 96-97), l'écologisme doit ainsi aller au bout de l'inversion de valeur qu'il opère dans notre idéal de liberté. Que l'on montre que nos institutions sécuritaires se nourrissent toujours déjà de dominations héritées (Bookchin) ou que l'industrialisation de conditions supposées satisfaisantes conduit à asservir les « usagers » (Illich), on aboutit à un diagnostic semblable : « Le grand projet s'est

1 Pierre Charbonnier, *Abondance et liberté. Une histoire environnementale des idées politiques*, La Découverte, 2020.

2 John Dewey, *La quête de certitude. Une étude de la relation entre connaissance et action* (1929), chap. 1, Gallimard, 2014.

métamorphosé en un implacable procès d'asservissement du producteur *et* d'intoxication du consommateur », parce que « l'homme a besoin d'un outil *avec lequel travailler*, non d'un outillage qui *travaille à sa place* » (Illich, p. 26). L'« intoxication du consommateur », son empoisonnement et la relance perpétuelle de son manque, est le versant *expériencé*, vécu, de la dépendance, qui tend à en masquer le versant social, l'« asservissement du producteur » dont elle se soutient. L'exigence d'autonomie, qui ressource une conception positive de la sobriété, est le renversement de ce « mythe » de la délégation mécanique des conditions de sécurité poussant paradoxalement nos sociétés à la démesure. Une conception de la sécurité qui suscite, de façon perverse, le caractère illimité et dès lors incontrôlable des processus sociaux industrialisés. Sur un plan, disons, subjectif, l'autonomie devient de ce fait la valeur positive qui sous-tend l'insatisfaction que la « machine » ne peut qu'accentuer, jusqu'à faire d'une société « la proie du manque » (Illich, p. 28).

En soi, l'autonomie comme valeur semble pourtant couver une difficulté : le risque de retomber dans cette conception naïvement individualiste et exclusive de la liberté qui a hanté une part des mouvements gauchistes des années 1960, et les apparente au libéralisme qu'ils entendaient combattre. Mais ce risque repose en réalité sur un glissement : se défaire des dépendances sociales, c'est s'opposer au social et à ses contraintes; lutter contre la domination, c'est refuser d'être conditionné par des interactions sociales. Pointer ce risque peut expliquer ce qui motivait Bookchin lorsqu'il mobilisait une distinction artificieuse, trop schématique, pour insister sur le caractère *social* de l'anarchisme, contre sa réduction à un « style de vie » ou à une « émancipation individuelle »[1] – ce qui pourrait laisser croire à tort que l'autonomie collective est sans rapport avec l'« émancipation individuelle » et le « style de (nos) vie(s) », avec la *préfiguration* d'un nouvel idéal de vie dans nos actes. Un Illich l'a identifié également, et l'on s'y arrête à nouveau parce qu'il a particulièrement bien montré les diverses raisons de soustraire l'autonomie à un tel glissement et de mieux voir ses liens à d'autres valeurs plus directement sociales. Par exemple, lorsqu'il inscrivait la critique sociale dans une « recherche radicale (qui) s'attache à rendre sensible la relation de l'homme à l'outil, puis à la rendre transparente, à identifier les ressources dont *nous* disposons et les effets que l'on peut attendre de leurs différents emplois possibles » (p. 122). La critique sociale ne suscite pas l'insatisfaction. Elle n'engendre pas, mais interprète les frustrations que la machine suscite – devenir

1 *Changer sa vie sans changer le monde. L'anarchisme contemporain entre émancipation individuelle et révolution sociale* (1995), Agone, 2019.

la « proie du manque ». « Rendre sensible la relation de l'homme à l'outil », c'est comprendre le lien entre insatisfaction toujours déjà éprouvée et dépendance sociale : identifier les manifestations du fétichisme de l'institution. Mais les identifier pour pouvoir les rendre « transparentes », et ainsi travailler à rebours de ce fétichisme. Cette « recherche » des *racines* des insatisfactions a bien d'abord une fonction critique : discerner ce qui se joue concrètement, pour dévaloriser notre situation sociale. Comprendre ainsi que c'est parce qu'elle « refoule la convivialité en deçà d'un certain niveau » qu'une société « devient la proie du manque » (p. 28), et non parce que les individus seraient insatiables par nature, par vice, ou par l'effet d'une certaine culture, d'une certaine *institution de la société*, sauf à l'entendre sans faire abstraction des rapports de domination socio-politique qui la configurent. Cette analyse critique des rapports sociaux ne suffit cependant pas à s'en libérer. Elle exprime l'autonomie comme valeur, mais doit nourrir ce faisant l'identification de contre-pouvoirs *sociaux*, de moyens de résistance *collective* et donc d'« inversions » concrètes des processus institutionnels dominants, bref d'outils pratiques et sociaux de rupture des dépendances et des dominations. Or, c'est cela aussi « rendre sensible la relation de l'homme à l'outil », la « rendre transparente », en cultiver les « possibles », dans leur positivité. Qui a goûté ce sentiment d'indépendance personnelle qu'on éprouve lorsqu'on formule de bonnes raisons de critiquer l'ordre social, et l'impatience qui nous saisit lorsqu'on affronte son inertie, peut voir à quel point ces affects tendent à occulter l'essentiel : comme la dépendance, l'autonomie ne peut que s'ancrer dans une construction *sociale*, *partagée* et *située*. Elle s'articule à des compétences intellectuelles et pratiques collectivement élaborées – des idées et des actions *publiques* –, à d'autres besoins sociaux, et ainsi aux contraintes de la vie sociale, y compris ce qui s'y apparente parfois à un aveuglement, voire à une servitude volontaire. « L'outil est inhérent à la relation sociale. Lorsque j'agis en tant qu'homme, je me sers d'outils. Suivant que je le maîtrise ou qu'il me domine, l'outil me *relie* ou me *lie* au corps social » (Illich, p. 44) – en aucun cas, donc, il ne s'agit de s'en abstraire.

C'est ce que montre le sens que peuvent prendre les dispositifs juridiques. Constitution et appareil judiciaire ont le pouvoir d'explorer *in situ* les conséquences pratiques d'une valeur. Si l'on parvenait à faire de l'autonomie un droit individuel opposable judiciairement, cela ne reviendrait pas forcément à instaurer une valeur individualiste abstraite, mais à mettre en œuvre une stratégie de résistance, et une résistance *sociale* : se réapproprier l'appareil judiciaire et sa capacité à donner chair à une exigence en *situation*. Une telle stratégie, en effet, use d'une distinction qui s'opère toujours en pratique entre le processus formel et la « substance » du droit : la révérence que même une société comme la nôtre conserve pour la forme du droit peut être mise au service d'une « substance » juridique, donc de valeurs, différentes. Même si cette révérence fait trop souvent oublier que le droit est un lieu où s'affrontent des valeurs et des aspirations, même si un tel oubli nourrit l'inertie sociale et la fonction répressive de l'appareil judiciaire, le conservatisme institutionnel, on a là un exemple où, moyennant des altérations – par exemple, dans le cas états-unien, sur lequel Illich s'appuyait, user davantage de jurys populaires (Illich, p. 133) – une institution devient un instrument de transformation en devenant un espace de lutte pour en inverser les conséquences. Le statut de droit *individuel* conféré à l'autonomie, dans cette stratégie, fonctionne alors comme un instrument de reconstruction pleinement *sociale*. L'institution judiciaire est un processus social formalisé, avec sa force et ses contraintes, et travaille le versant juridique des rapports sociaux. C'est *en tant que tel* qu'elle peut nourrir une résistance et une transformation sociales. Pas seulement, d'ailleurs, en faisant valoir explicitement un droit à l'autonomie individuelle. Ce rôle des recours en justice enveloppe certaines pratiques militantes davantage centrées sur la sécurité et la justice sociale. Le militantisme écologiste a déjà réussi à faire valoir, dans un cadre judiciaire, la dimension écologique de la charge sécuritaire qui incombe à l'État, par exemple, ou à obtenir d'étendre l'« état de nécessité » aux circonstances justifiant des actes d'« écotage » et de désobéissance civile. Il pourrait même, pourquoi pas, tenter d'obtenir d'étendre la Responsabilité de Protéger pour la rendre opposable à l'« écoterrorisme » des États, et des multinationales qu'ils couvrent, au niveau des cours internationales[1]. Quelles que soient les réserves que l'on peut avoir sur les institutions internationales et l'appareil judiciaire : leur inertie est une force sociale que la lutte doit *inverser*. La critique des institutions, comme la critique de la technique, conduit à en faire des lieux de luttes et de réappropriation, et ce faisant à en « inverser » les effets de domination. Qui peut prévoir ce que donneront les graines qu'y sèment des décisions de justice *favorables* ? Qui aurait pu prévoir que la décision du Conseil d'État de 1873 qui a forgé la notion de service public a ce faisant introduit dans la vie politique française l'une de ses principales valeurs sociales, à l'encontre même des intentions d'origine[2] ?

Du point de vue des *outils* critiques et juridiques de la lutte, l'autonomie comme valeur n'a donc ni vocation à être exclusive, ni de signification

1 Voir plus haut (p. 80-82).

2 Voir p. 75. Charles Bosvieux-Onyekwelu, *op. cit.*, 2020.

exclusivement individualiste. Parce qu'elle se construit dans les rapports sociaux, on ne lutte pour l'autonomie qu'en partant des institutions telles qu'elles sont et on doit composer avec d'autres besoins sociaux, exprimant eux aussi des valeurs qui ne peuvent être exclusives. Dire que les rapports de domination tendent à annihiler « nos » politiques environnementales et « nos » mesures de redistribution des richesses, ou que des procédés techniques doivent pouvoir être partagés par tous, c'est bien articuler, sur un plan social, plusieurs exigences : l'autonomie, la justice et, même, la subsistance. Mais les articuler dans une *dynamique* de radicalisation. C'est en ce sens qu'un Illich en faisait les trois « valeurs » servant de « base » à une reconstruction sociale (p. 31). Qu'une politique environnementale puisse susciter des injustices fonctionne clairement comme un diagnostic et une objection. La « tâche immédiate » d'une « recherche radicale », c'est de « rendre sensible la dégradation des équilibres qui fondent la *survie* ». Ce qu'on peut d'emblée illustrer par les dommages environnementaux. C'était déjà la première raison de faire de l'écologie scientifique une « science critique », pour Bookchin (1965), même si la « survie » ne peut constituer à elle seule une valeur politique satisfaisante : comme l'écrivait Illich, dans une rhétorique aux accents rousseauistes évidents, « on peut survivre en prison » (p. 31)[1]. Une société fonctionnant comme une prison, un espace social de subsistance sans partage *équitable* de la production sociale et de la définition des besoins, exprime l'incomplétude de cette valeur, qui ne *vaudrait* donc que comme condition nécessaire mais non suffisante d'une certaine exigence de justice – le contraire de ce discours sécuritaire étroit qu'on retrouve dans le versant institutionnel de l'« environnementalisme » par exemple (Bookchin, 1974). Ce n'est pas étranger à certaines manières dont l'exigence de sécurité économique a pu compléter, donc marquer l'incomplétude, sur le plan politique, d'une exigence de prévention des risques vitaux – lorsqu'une telle sécurisation économique défend des idéaux de justice et de solidarité. Pour autant, s'en tenir à l'équité peut nourrir l'illusion qu'elle se réduit à une juste répartition des fruits de la production sociale et susciter ainsi une autre prison sociale, celle des « outils dominants » (Illich, 1973) ou des « privilèges » distribués par le capitalisme (Bookchin, 1971) – sous la forme d'un « ruissellement économique » ou d'une « redistribution des fruits de la croissance ». Sauf à soutenir que l'équité « demande à la fois qu'on partage le pouvoir *et* l'avoir » (Illich, p. 31). Or, ce partage du pouvoir, cette « participation » réelle au contrôle, est ce qui caractérise l'autonomie comme pouvoir de contrôle des

1 « On vit tranquille aussi dans les cachots; en est-ce assez pour s'y trouver bien ? », Jean-Jacques Rousseau, *Du contrat social* (1762), I, 4.

forces de production (et non seulement de ses produits), à commencer, pour chacun, par son propre corps.

Si l'autonomie n'est pas une valeur exclusive, de telles analyses en font, à la fois, une valeur en elle-même et le parachèvement d'autres valeurs – comme les exigences de subsistance et de justice, auxquelles les recours en justice et la critique écologiste ne doivent dès lors pas se restreindre. D'un point de vue pratique, l'autonomie est une construction collective, relatives à d'autres besoins sociaux légitimes dont elle radicalise l'exigence, un surcroît de lucidité dans l'expression concrète d'autres valeurs : elles ne sont authentiques que lorsque les formes pratiques qu'elles prennent sont bel et bien des produits collectifs qui restent collectivement contrôlables. L'autonomie comme dynamique de *radicalisation* est ainsi une culture collective des valeurs qu'on veut voir animer notre vie socio-politique, une intensification des satisfactions que *nous* y recherchons. Et une culture tournée vers l'*éradication* des dominations sociales, une réappropriation de *nos* institutions.

Ce sens de l'autonomie problématise l'expression la plus ordinaire de notre individualisme libéral, la réduction de la liberté à une formule abstraite, dont la naïveté masque la charge idéologique : la liberté des uns s'arrête où commence celle des autres. On peut parler d'individualisme *abstrait* parce qu'une telle formule fait *abstraction* des conditions sociales, institutionnelles, qui configurent les aspirations de chacun, donc les conséquences de ce qu'elle énonce. Il faut au contraire, par *l'expérience* des formes industrielles de dépendance, enrichir notre compréhension de la manière dont les libertés des uns et des autres peuvent s'articuler au mieux. On en a maintenant fait l'expérience, ce n'est plus de la spéculation depuis longtemps : les formes libérales concrètes de liberté individuelle – liberté de croire et de s'exprimer, mais aussi liberté de contracter, de produire, de vendre, de consommer – conduisent à *imposer* le salariat et une dépossession des formes de travail, ou encore des formes de consommation et de satisfaction – des modes de vie. Telles qu'on en fait l'expérience, elles sont liberticides, produisent des injustices qui réduisent l'exigence de justice sociale à une rectification de la répartition des biens et ressources. *In fine*, elles engagent une illimitation (la production devenue fin en soi) qui affecte nos conditions de survie. Elles construisent ainsi des oppositions artificielles entre sécurité, justice et liberté, et dénaturent nos valeurs sociales les plus fondamentales. Descendante d'une certaine conception de la tolérance, d'une neutralisation politique des conflits d'aspiration qui ont traumatisé les premiers siècles de notre modernité politique – les guerres de religion au premier chef –, cette liberté des libéraux, en réalité, n'a pas dépolitisé les conflits de valeurs. Elle a *décidé* la signification dominante des valeurs qui animent notre vie socio-politique, et a fini par les soustraire entièrement aux choix collectifs. En ce sens, la liberté des libéraux est, comme n'importe quel intégrisme, aux antipodes d'une culture collective des valeurs, de la « participation » réelle au contrôle social, que recouvre un idéal d'autonomie. De là sa perversion : elle n'incarne plus qu'une tolérance d'apparat et d'appareil (voir p. 185-186).

Face à l'expérience des dominations contemporaines, à leurs conséquences qui culminent dans la crise écologique, il ne s'agit plus seulement de voir sa liberté s'arrêter où commence celle des autres, mais, par exemple, de soutenir, à l'encontre de « notre » division sociale du travail, de « notre » dispositif institutionnel productiviste, que « l'exercice de la créativité d'une personne n'impose jamais à autrui un travail, un savoir ou une consommation *obligatoires* » (Illich, p. 31). Approfondir et se réapproprier, à la lumière des dominations *vécues*, la signification de la justice, de la liberté ou, dans cette formule d'Illich, de la tolérance, inverser nos valeurs dans leurs manifestations concrètes pour en recréer le sens, ce n'est pas une démarche intellectuelle : c'est une transformation sociale concrète, une « inversion » du cadre institutionnel, qu'il soit public ou privé – la division sociale du travail. L'exigence d'autonomie répète ainsi la critique des institutions aliénantes, mais sur un plan *axiologique* positif – sur le plan des *valeurs* – qui ne peut qu'être ancré dans l'expérience collective des formes qu'elles prennent et doivent prendre. Là où l'articulation entre sécurité et justice chez un Jonas ou dans le rapport Brundtland maximise, au contraire, le devenir insécurisant des institutions telles qu'elles sont. Là où une exigence purement individualiste d'autonomie retombe, par abstraction des conditions sociales, dans les formes libérales de liberté et de contre-productivité que suscite spontanément une société comme la nôtre. Elle nourrit, elle aussi, le devenir insécurisant de « nos » institutions. Une véritable exigence d'autonomie tire au contraire les leçons de l'expérience de la crise écologique : sans « participation » collective au contrôle social, la vie socio-économique est incontrôlable et sombre dans la démesure.

L'idéal d'autonomie n'est donc pas voué à une critique individualiste du social comme tel : elle ne se construit que socialement, et donne une tournure résolument *horizontale* à l'évaluation de ce que nous vivons. C'est bien au contraire la prétention à instituer des formes absolues de sécurité qui *surindividualisent* notre relation à des conditions sociales et matérielles d'existence contrôlées par une oligarchie. En déléguant le souci de ces conditions, tout à la fois, on nourrit le fétichisme des institutions – l'attribution à des oligarchies de la valeur et de la configuration des services que nous nous rendons – et on suspend ce qui motive une solidarité plus *directe*, une culture des liens sociaux – et donc une culture collective des valeurs. Bien comprise, l'exigence d'autonomie ne peut être un individualisme anti-social : cet individualisme et ses pendants – une confiscation de nos milieux de vie et de nos besoins, donc une relation abstraite à la question écologique – sont en réalité les produits et les renforts des institutions sécuritaires.

On s'étonnera tout de même de retrouver, dans l'argumentaire anti-institutionnel de l'écologisme radical des années 1970, une part des arguments néolibéraux développés à l'encontre de l'État-providence – et ce, pas seulement parce qu'il a accompagné la croissance forte des Trente Glorieuses. Leurs effets y sont cependant diamétralement opposés. Il n'y a pas d'attaque unilatérale des services publics distingués d'entreprises privées que l'on prétend *immunisées* contre la bureaucratisation par le *vaccin* de la concurrence, puisque bureaucratie et industrialisation vont de pair. L'écologisme radical met à nu le *problème* du « vivre ensemble », plutôt que de le recouvrir par avance par l'idée néolibérale que la mise en concurrence ou le recentrement sur des intérêts économiques étroits supposés consensuels fournissent à chaque fois « les meilleures pratiques », assurent la « paix » et le « progrès ». Bien au contraire si la concurrence et l'économie de marché sont au cœur des effets délétères de l'industrialisation dans une société capitaliste. On a vu le rôle que jouait le marché concurrentiel dans la critique bookchinienne de la croissance et des « raretés » (plus haut, p. 52), et on retrouve cette idée lorsque Illich soutenait que « l'État-Nation est devenu le gardien d'outils si puissants qu'il ne peut plus jouer son rôle de cadre politique ». Ces « outils », ce sont les multinationales (*La convivialité,* p. 155), alors que la rhétorique néolibérale reposait, dès le lendemain de la guerre, sur l'idée que l'État allait *encadrer* les entreprises et garantir ainsi, par les marchés concurrentiels, l'équilibre et la juste mesure des puissances économiques privées. Et que propose d'autre aujourd'hui une certaine écologie de gouvernement sinon une énième répétition de cette promesse néolibérale ? C'est sans compter l'illimitation inhérente à ces institutions et la technocratie requise par le pseudo-traitement de la question écologique dans le cadre institutionnel d'une économie industrielle de marché. Si l'État-providence semble lui aussi atteint par la critique écologiste des institutions, c'est dans l'inclination bureaucratique qu'il partage avec n'importe quelle institution, mais certainement pas dans les valeurs de justice sociale et de solidarité qui animent ses tâches ! L'argumentaire de l'écologisme radical ne vise pas à les *dévaloriser*, mais à les soustraire à une stricte bureaucratisation. On l'a dit, des effets diamétralement opposés à la version néolibérale de ces arguments, parce qu'un écologisme radical cible ce qu'État-providence et néolibéralisme ont en commun : une configuration sécuritaire de nos jouissances et de nos frustrations (p. 100-101).

Voilà ce que peut être le sens de l'autonomie, et ce qu'elle implique *pour nous* aujourd'hui : un renversement collectif du productivisme ou du « mythe de la machine » comme forme sociale de sécurité et de justice, et donc des institutions économiques et politiques ajustées à ce mythe. Non un aveuglement face aux exigences impérieuses de survie. Encore moins une promotion de l'individu *contre* les contraintes sociales ou la solidarité qui nourrit l'idée même d'État-providence. L'envers de cette autonomie, ce ne sont pas les contraintes de la vie sociale comme telle, mais le *fétichisme de l'institution* : une certaine culture de la domination qui voue notre société à être la « proie du manque », et dépossède la plupart des gens du pouvoir de configurer les contraintes et les possibles de la vie sociale. La question libérale des limites du gouvernement et une certaine conception de la tolérance et des intérêts individuels sont une version de ce fétichisme, lorsqu'elles nourrissent l'illusion d'une immunité bureaucratique de l'entreprise concurrentielle, du caractère consensuel des intérêts économiques et d'une impartialité de l'État.

Positivement, l'autonomie est à la fois une valeur en elle-même, qui ne peut être que socialement visée, et ce qui parachève d'autres valeurs en les *radicalisant* – la justice ou la solidarité. Elle en *éradique* la part de dépendance qui subsiste dans les formes concrètes qu'elles prennent, donc en aiguise l'exigence et la lucidité.

La *désindustrialisation* des valeurs et des représentations ne peut ainsi en rester à une critique des schémas psycho-sociaux qui nous lient à la croissance économique. Une telle restriction a jusqu'ici rendu l'écologie impuissante. L'écologisme nous amène à contester plus largement la pseudo-dépolitisation moderne du sens de nos vies et des conflits d'aspirations qui le traversent : il vise à briser en deux l'histoire de l'État moderne et du capitalisme, donc assume des implications politiques qui doivent excéder l'écologie pour mieux la prendre au sérieux. Un écologisme conséquent ne décrit pas seulement une classe de problèmes, des buts, un programme. Ce n'est pas seulement parce que nos institutions politiques sont inactives sur le plan environnemental qu'il entend s'emparer de la question écologique. Il anime une radicalisation globale du politique, ajustée à notre époque. Justement parce que la vérité de cette expérience du manque qui nous rend cette question étrangère, de l'économie sociale des frustrations qui ressource indéfiniment le capitalisme, c'est une certaine exigence d'autonomie sociale :

une configuration collective des satisfactions qui nous sont possibles. Tel est le pari d'une radicalisation écologiste du politique.

L'autolimitation et ses problèmes

En quoi peut-on cependant parler de crise *contemporaine* des institutions? La question reste entière sous une forme plus précise : si *toute* institution comporte *toujours* un risque d'asservissement et d'illimitation, qu'est-ce qui spécifie notre époque? Si tout dispositif institutionnel se soutient d'une « quête de certitude » (p. 148), qu'est-ce qui spécifie le « mythe de la machine »? Ces questions conduisent à répéter ce que Bookchin et Illich partageaient déjà : penser, non des antinomies strictes, des oppositions tranchées, mais la réorientation de dynamiques sociales, la recherche de quelque chose comme un *équilibre*. Mais ces questions conduisent également à un soupçon. S'il s'agit d'*assurer* l'autonomie – limiter les institutions au sein des rapports sociaux et se réapproprier nos vies, nos milieux, nos besoins –, est-ce qu'un écologisme radical ne reformule pas en sous-main une problématique de la *sécurité*?

La pensée d'Illich est souvent outrée jusqu'à l'utopie, ce qui en dépolitise la teneur : c'est exemplaire de la réception d'une bonne part du corpus écologiste. Il est d'autant plus significatif d'y retrouver en réalité un sens précis et hautement politique de la *mesure*. La « société conviviale » est celle qui permet « l'action la *plus* autonome et la *plus* créative, à l'aide d'outils *moins* contrôlables par autrui » (p. 43). De même, c'est en « refoulant la convivialité *en deçà d'un certain niveau* » qu'une société devient la « proie du manque » (p. 28). Non pas défendre des oppositions *absolues*, penser par *antinomies*, mais chercher un « équilibre multidimensionnel » toujours précaire, à évaluer et réévaluer en situation – sans confisquer cette évaluation aux gens. C'est d'abord une conséquence de la recherche d'effets de seuils et d'interactions systémiques – le type de pensée qui anime la compréhension des équilibres d'un écosystème justement, et que l'on retrouve aussi dans l'« écologie sociale » de Bookchin. Viser ce qui spécifie la crise contemporaine des institutions en termes de déséquilibres et de démesure semble modérer la critique des institutions sociales comme telles. En réalité, il ne s'agit ni de mitiger le geste critique, ni même de retrouver le problème de la sécurité, mais d'expliciter la signification pratique et politique d'une radicalisation écologiste : la critique écologiste bien comprise est, *parce que radicale*, étrangère au sécuritaire, mais engagée dans une recherche politique de la juste mesure qui n'exclut pas l'existence d'institutions.

La vie sociale implique toujours un risque d'asservissement, si toute organisation sociale, quels que soient sa fin et son statut, est susceptible de produire dépendances et oligarchie, une fois passé certains seuils de croissance et de mutation. Mais si la puissance illimitée d'une institution, qu'elle soit publique ou privée, officielle ou officieuse, se nourrit d'un fantasme de sécurité absolue (le « mythe de la machine »), il ne s'agit pas de lui en opposer un autre : celui d'une protection absolue contre tout asservissement institutionnel. D'une certaine manière, la fascination libérale pour les libertés économiques et les limites du gouvernement s'est justement nourrie d'un fantasme de ce type : limiter *une fois pour toutes* les abus des institutions politiques et les risques que font courir les conflits de valeurs – quitte à se contenter de consensus abstraits (les intérêts économiques), fictifs ou simplement présumés (comme ceux à l'œuvre dans un régime représentatif). De même pour une conception naïve de l'autonomie individuelle versant dans le mythe de l'individu-roi : croire qu'on sécurise sa propre liberté en refusant absolument toute contrainte collective.

Or, la quête de sécurité absolue, sous quelque forme que ce soit, conduit toujours à une surpuissance institutionnelle, à des oligarchies, formelles ou informelles. Renverser le « mythe de la machine » sous toutes ses formes implique au contraire d'affronter sans faux-fuyant le *problème* concret que ce mythe occulte : nous avons toujours à agir et interagir pour vivre, pour préserver et accroître la justice et l'autonomie, donc aussi *réassurer* sans cesse contre les risques de démesure institutionnelle et de conflits sociaux. Mettre à nu le problème du « vivre ensemble » et l'assumer collectivement, puisque la sécurité absolue, assurée par l'État comme par une économie industrielle (p. 148-149), n'est qu'un fantasme. C'est d'une vigilance critique incessante qu'il s'agit, si on dépasse l'occultation, sous sa forme pseudo-soviétique comme sous sa forme néolibérale, du *problème* de l'organisation politique des gens et de ses finalités. Telle est la radicalité d'une recherche collective de la juste mesure.

Dès lors, entre autres conséquences, la critique des institutions fournit des critères de jugement à mettre en œuvre de manière ajustée à une situation pour en inverser les conséquences sociales, mais sa rigueur n'implique pas de tenter en vain d'éradiquer tout type de processus ou d'organisation qui *risquerait* simplement de produire des dépendances et de nous aliéner notre milieu de vie et la nature de nos besoins. Ce qui reviendrait au fond à vouloir en vain s'abstraire du « corps social » pour se préserver des institutions qu'il incline toujours à produire. Illich, par exemple, a poussé particulièrement loin cette tension qui fait tout le sens de l'« *équilibre institutionnel* ». Lorsqu'il aborde pour la première fois cette notion, en 1973, on peut être désarçonné par une place faite, soudain, aux transports à grande vitesse ou à l'instruction socialement organisée, après les critiques au vitriol que les premiers moments de son essai leur ont réservées. Plus globalement, on retrouve les « institutions manipulatrices ou (les) biens et services *susceptibles* d'intoxiquer » (p. 48, voir aussi p. 12). Une telle tension s'explique justement parce que « les critères de la convivialité ne sont pas des règles à appliquer *mécaniquement* ». Ils fonctionnent comme « indicateurs », ils sont « critères de détection d'une *menace* » (p. 49). Il n'y a pas à inférer de la vigilance critique des interdits et des impératifs *absolus*, mais des critères d'évaluation de la justesse des mesures décidées.

Une société conviviale n'est donc pas faite que de dispositifs conviviaux : c'est une société où un certain *équilibre* maintient l'autonomie des personnes et des groupes, puisque c'est à cette échelle que se conjuguent « de façon *optimale* l'efficacité et l'autonomie » (p. 27)[1]. La critique sociale ne prescrit pas de limites, elle nourrit un *sens* des limites. Mettre à jour les fétichismes institutionnels, repérer les seuils de renversement de la signification sociale d'un dispositif, élargir à l'ensemble des interactions sociales les conséquences d'une institution, bref tout ce qu'on a vu constituer les évaluations qualitatives inhérentes à une critique écologiste radicale (p. 130-131, par exemple), ne peuvent qu'être le fruit d'un sujet social, d'une pluralité d'individus co-construisant *in situ* la connaissance et l'évaluation de ce qu'ils vivent[2]. Les valeurs ne peuvent être, *in abstracto*, que des instruments d'estimation critique des satisfactions et frustrations que *nous* vivons, et des instruments toujours perfectibles. L'analyse critique de la société aiguise les jugements particuliers et situés de gens engagés dans l'action, elle n'a pas vocation à s'y substituer. Au contraire, inférer des impératifs pratiques d'une vigilance critique rigoureuse, sans en passer par une évaluation collective et particulière des interactions, c'est aller au-delà du souci de l'autonomie, et même la pervertir en répétant le fantasme d'une sécurisation *absolue* des rapports sociaux, répéter leur anonymat en occultant le moment politique de *l'autolimitation* – la « participation » de tous à la « création de la vie sociale » (Illich, p. 28-29). « Notre » sécurité politique priorise ce qui est *indispensable* à la vie en société et en *délègue* la définition et le contrôle. Inférer de la critique sociale des *impératifs* répète en un sens ce geste – y compris en déléguant l'exercice de la critique à une classe intellectuelle. Au contraire, la juste mesure d'une

1 Cet optimum définit aussi l'« outil juste », qui « répond à trois exigences : il est générateur d'efficience sans dégrader l'autonomie personnelle, il ne suscite ni esclaves ni maîtres, il élargit le rayon d'action personnel » (*Ibid.*).

2 John Dewey, *Le public et ses problèmes* (1927), chapitre 5.

critique radicale, d'une critique qui puise ses racines dans la vie sociale, entend nourrir l'élaboration collective de *préférences* politiques, de choix *définis* – dans les termes d'Illich, « établir *par accord politique* une autolimitation » (p. 153).

Tout ceci nous amène au cœur du problème politique de l'autolimitation des sociétés humaines, où l'on retrouve certains accents d'une problématique de la sécurité – à quelles *conditions* estimons-nous que nous disposons bien de nous-mêmes et de nos milieux ? – , mais sans ce partage strict, dont nous sommes le plus souvent dépossédés, entre ce qui est *indispensable* et ce qui fait l'objet de *préférences* collectives, qui en viennent, du fait de ce partage, à ne plus pouvoir s'exprimer. Si la critique des institutions n'implique pas de les refuser, les « systèmes politiques » semblent devoir *assurer* que puissent se former et prendre force des préférences collectives. Ils semblent donc devoir assurer l'autonomie : ils « *protègent, garantissent et renforcent* l'exercice *optimal* de la ressource la mieux répartie dans le monde : l'énergie personnelle que contrôle la personne » (p. 29). Or, prêter à des institutions une telle aptitude est loin d'aller de soi, en général et dans la pensée d'Illich en particulier, et c'est pourtant là qu'il est au plus près de retrouver une rhétorique de la sécurité. C'est à partir de ce qu'il s'agit de *protéger* pour *assurer* l'autonomie qu'il pouvait ressaisir les différentes dimensions d'une politique d'autonomie. Et on y retrouve toutes les thématiques qui caractérisent une radicalisation écologiste du politique, formulées comme diverses dimensions de la *protection* incessante de notre autonomie contre les processus institutionnels :

– protéger contre la dépossession de son propre milieu, plutôt que traiter bureaucratiquement des facteurs démographiques, technologiques et consuméristes à l'œuvre dans la « dégradation de l'environnement » (p. 76) – l'environnement est déjà « dégradé » lorsqu'il ne peut plus faire l'objet d'un souci de son « milieu ambiant », mais seulement d'une relation abstraite à des processus démesurés[1] ;

– protéger contre les formes d'industries qui détruisent par concurrence, déloyale puisqu'ajustée à leurs propres critères, paysannerie, artisanat, coopérations volontaires ou activités d'autosubsistance pour ne pas que la production industrielle, au sens large, soit une « entrave » et atteigne un « monopole radical » (p. 79) ;

---

1 Voir aussi André Gorz, *op. cit.*, 1992, ou encore, de Bookchin, « *Pouvoir de détruire, pouvoir de créer* » (1969, dans le recueil du même nom). Je ne sais pas si Illich pouvait connaître ce texte, qui servit de manifeste au groupe new-yorkais « Ecology Action East » (ce n'était pas un article confidentiel, donc). Mais tout se passe comme si les pages 76-79 de *La convivialité* résumaient l'article de Bookchin.

– protéger contre la dépossession et l'hétéronomie des compétences institutionnellement transmises, lorsque s'y soustraire devient *de facto* impossible, ou socialement discriminant, induisant une « surprogrammation » des individus et des rapports sociaux (p. 88)[1];

– protéger contre la dévalorisation des jugements communs qu'induisent les privatisations de compétence inhérentes à la formation d'institutions de dépendance, tendant à une « polarisation » des discours légitimes et des discours illégitimes (pages 101 et 126-127). « Surprogrammation » et « polarisation » vont à l'encontre de la formation collective de compétences et de préférences permettant à une société de se limiter véritablement elle-même – elles vont à l'encontre d'une *intelligence sociale*;

– protéger contre la dévalorisation continue des ressources matérielles et culturelles par la modification artificieuse des modes de vie, d'organisation et d'instrumentation, induisant une « usure » ou obsolescence programmée, qui entretient les menaces qu'on vient de ressaisir (p. 108).

Les institutions demeurent puisqu'il s'agit de *protéger* notre autonomie contre les diverses manières dont elles échappent à notre contrôle et deviennent impératives pour chacun – une société ne peut renoncer à organiser certaines tâches. Plus encore, on voit mal comment une telle *protection* pourrait ne pas passer, d'une façon ou d'une autre, par des institutions – on se souvient de l'exemple des recours en justice (plus haut p. 150-151). Chacun de ces points identifie, certes, des facteurs potentiels de dépossession de soi et de son milieu, imputés aux institutions, mais ils définissent « en termes négatifs » (p. 116) un type d'espace social, un « type de *structures* des forces productives », de « subtil équilibre » entre institutions et actions autonomes (p. 123) qui restent « contrôlables par la population » (p. 115).

Une radicalisation écologiste conserve bien, l'exemple d'Illich le montre, certains accents de cette vigilance et de cette sécurisation qui définissent classiquement la sécurité, donc les conditions de légitimité de l'État. Cela vaut pour une politique d'autonomie comme pour une révolution visant à l'instaurer – tant et si bien que la différence entre les deux tend à s'estomper. Imaginons qu'une société comme la nôtre vive une révolution politique, faite d'exigences fortes en matière de réappropriation collective de nos besoins et de nos milieux, donc d'autonomie et d'écologie, les pouvoirs des multinationales et de la grande industrie ne manqueraient pas d'y opposer toute leur violence. D'autant plus que cette réappropriation collective ne peut qu'impliquer, au-delà de l'autogestion des organisations économiques, un véritable

1 « La relation industrielle est réflexe conditionné, réponse stéréotypée de l'individu aux messages émis par un autre usager, qu'il ne connaîtra jamais, ou par un milieu artificiel, qu'il ne comprendra jamais. » (p. 28).

contrôle collectif de la vie économique sur chaque territoire, soustrayant au capitalisme contemporain son arme de destruction massive, sur les plans écologique et humain : la production en série de besoins. La question de la protection de tels processus d'autonomie se poserait donc, et retrouverait même un dilemme constant de notre vie politique : les puissances économiques asservissantes et les processus écologiques délétères opèrent, comme les risques de guerre, à des échelles qui débordent celles des États, mais les échelles plus vastes – européennes ou mondiales – auxquelles on pourrait, semble-t-il, les contrôler conduisent à des constructions institutionnelles qui nous échappent encore plus sûrement que « nos » États. Cet exemple peut sembler naïf, mais il suffit à suggérer qu'on ne peut évacuer le problème que pose la protection vigilante des expérimentations sociales et politiques émancipatrices, y compris contre les récupérations dont elles peuvent faire l'objet. Toute expérimentation sociale opère dans un environnement social susceptible de l'écraser ou de l'absorber. Comme la paix, l'autonomie se protège de manière incessante. Et on voit mal comment cette protection vigilante pourrait se passer de tout dispositif institutionnel.

Mais on voit mal aussi comment elle pourrait prendre la forme d'institutions étatiques livrées à elles-mêmes. L'exigence d'autonomie, dans toutes les dimensions qu'elle implique, réduit considérablement l'échelle des décisions collectives et des strates hiérarchiques centralisées. D'où les liens récurrents entre écologisme et société décentralisée, ou la réactivation de conceptions anarchistes de la fédération. C'est explicite dans le « communalisme » de Bookchin par exemple – ce pourquoi le « contrat social » de la Confédération du Rojava, quelle que soit la réalité qu'elle recouvre, s'y réfère[1]. Ces motifs montrent au passage que, si ce type d'analyses accorde une place importante aux relations de face-à-face, aux communautés locales, elles n'impliquent nullement de se confiner à des ensembles politiques restreints. Pour Illich également, « l'inverse (d'une société industrialisée) c'est un milieu propice à la production qui est l'œuvre d'un *peuple anarchique* » (p. 37), et il enchaîne sur les formes de « fédération » qui deviennent possibles pour une telle société (même si elles ne sont que des possibilités parmi d'autres modes de gouvernement). L'essentiel, dans cette affaire, c'est la réactivation d'une critique de la délégation, dès lors qu'on opère une déflation de ce qui est supposé « indispensable » à la vie en société, et que prescrit un « oracle d'experts » (Illich, p. 29), sur un mode impératif ou critique. Préserver, sans réserve, l'autonomie par une institution

1 Vincent Gerber, « Les idéaux de Bookchin fleurissent au Rojava », dans *EcoRev*, n°44, 2017 ; *La démocratie sous les bombes. Syrie-le Rojava entre idéalisation et répression*, (dir.) P. Crétois, É. Jourdain, Le Bord de l'Eau, 2022.

impliquerait une contradiction performative, si une institution, quelle qu'elle soit, incline toujours à cette illimitation ou cette démesure dont il s'agit justement de prémunir. *Assurer* l'autonomie, donc les conditions d'une autolimitation, semble devoir situer le politique aussi et d'abord hors de l'État, dont il faut défaire la domination. Les conditions d'une société « conviviale », autonome, ne peuvent se passer d'institution mais ne peuvent se renverser strictement en conditions de légitimité de l'État. Tel est le problème, pratique et indépassable, de l'autonomie politique.

Lorsqu'on parle de décentralisation, de participation, de « co-construction » et de rouvrir le champ des possibles, cela ne peut donc pas se réduire à des techniques de gouvernement qui prétendent pallier les déficiences de l'existant. Tenir compte de l'« acceptabilité sociale » en « consultant la population », remplacer des services publics par des « appels à projets » ou des « initiatives locales » ou encore laisser des associations prendre précairement le relais de ce que l'État ne fait ou ne fera bientôt plus. Les mises en œuvre d'une créativité organisationnelle locale, qui accroissent le « capital institutionnel »[1], sont tout aussi ambivalentes dans leurs conséquences politiques que des processus techniques, et leur sens dépend de leur rapport à leur environnement social et aux institutions dans lesquelles elles s'inscrivent et qui peuvent chercher à les instrumentaliser ou à les dominer. Elles n'échappent à ces récupérations qu'en ce cédant rien sur la critique de l'État comme institution sécuritaire. Y compris dans des espaces aussi « libres » que les milieux associatifs ou aussi détachés, en principe, des valeurs du capitalisme que le champ de l'Économie Sociale et Solidaire ou des services à la personne. C'est bien pour cela que ce sont des espaces de lutte de première importance. De là la réactivation, dans un écologisme radical, de toutes les traditions de démocratie directe, de mandat impératif, d'action directe – les convergences entre écologisme radical et anarchisme n'ont rien de fortuit. La réactivation de tout ce qui s'entend, non comme des modes d'action politique institutionnalisés remplissant des tâches « indispensables » et pour une bonne part définies par une oligarchie, mais comme des élaborations collectives de préférences, d'expérimentations sociales des possibles, défendant leur autonomie jusqu'à nourrir des résistances politiques, des processus *contre-institutifs* ou des décisions *instituantes* – qui entendent, non se soumettre aux institutions ni prétendre s'en passer, mais les transformer, et donc en recréer, pour les maintenir globalement sous contrôle collectif. Se réapproprier l'espace institutionnel.

1 Elinor Ostrom, *op. cit.*, 2010.

Bookchin, exemplairement, donne cette signification à l'expérience démocratique athénienne. Une telle référence est toujours problématique, dans ce type de littérature, parce qu'on sait que la démocratie athénienne comportait des dimensions patriarcales, militaristes et esclavagistes évidentes. Elle reposait sur des relations de domination chassées de l'espace publique. En partie parce que la citoyenneté impliquait de déléguer une grande part de ses activités de subsistance : un citoyen athénien ne délègue pas le pouvoir politique, mais, pour cela, délègue ses charges économiques. De sorte que la promotion exclusive ou non critique de cette expérience peut sembler parfois suspecte. Mais, loin d'en faire un modèle institutionnel, un Bookchin s'efforce de réinscrire cet exemple dans l'héritage multiple des *expériences* de production collective de liberté qui jalonnent notre histoire. Dans certaines sociétés qu'étudient les anthropologues, dans l'expérience des communes libres médiévales, dans les sections parisiennes de 1793, dans l'anarchisme espagnol de 1936, etc. Ces expériences, par leurs réussites et leurs limites, montrent qu'on ne fait en réalité jamais table rase du contexte social hérité – prétendre le contraire est la meilleure manière de s'y enfermer. L'expérience démocratique athénienne est conditionnée par un héritage culturel et politique (la Cité) qu'elle n'a pu altérer que progressivement et partiellement – ce en quoi elle reste, malgré ses limites et les rapports de domination qui la traversent, une expérience d'autonomie collective. Ces expériences montrent aussi qu'on ne peut se passer d'organisations, avec le risque d'oligarchie et de dysfonctionnement institutionnel qu'elles comportent. Ce problème de l'organisation collective concerne aussi les mouvements révolutionnaires : ils ne peuvent faire l'économie de la question de savoir comment s'organiser eux-mêmes ou « comment seront gérées la terre et les usines », ou même, simplement, comment se prennent leurs décisions collectives[1].

Le problème de l'organisation politique et celui de l'héritage socio-culturel, si patent dans l'expérience grecque par exemple, sont en réalité liés, parce que de telles expériences ne sont pas distinctes de processus révolutionnaires continus. Les *expériences* historiques de liberté sont, parce que démocratiques, à penser, non comme des régimes ou des modèles institutionnels, mais d'abord comme des processus révolutionnaires continus et inachevés, transformant l'existant. De sorte que la démocratie, à sa *racine*, n'est pas une institution, mais une reconstruction sociale toujours inachevée, *réinstituante*, conflictuelle et, donc, problématique – un processus

1 « Les formes de la liberté » (1968), repris dans *Post-Scarcity Anarchism*, *op. cit.*

révolutionnaire immanent à la vie sociale[1] et étranger à ce que sont devenues notre démocratie représentative et ses « réformes ». Comme dans l'analyse d'Illich, on évalue des interactions sociales « multidimensionnelles » dans leur dynamique évolutive. D'où la référence d'Illich à l'idéal socialiste, d'ailleurs : non une institution socialiste, mais un processus socio-politique incessant d'inversion des tendances institutionnelles à l'illimitation et à l'aliénation des rapports sociaux, la « libération révolutionnaire » (p. 29) que permet une société conviviale[2].

L'autolimitation répond ainsi à la question écologique mais engage, plus largement, ce qui domine notre modernité politique : la figure de l'État et les formes de sécurité qui le légitiment. Elle a bien un air de famille avec un certain souci de soi, des autres et du milieu qui n'est pas étranger à la sécurité politique. Mais elle ne saurait se fondre sans reste dans un dispositif institutionnel de sécurité – des conditions sociales *indispensables* qui deviennent conditions de légitimité de l'État et ce faisant se soustraient aux choix collectifs. Se soucier des *conditions* dans lesquelles nous disposons bien de nous-mêmes et de nos milieux – ce qu'il reste de sécurité dans un écologisme radical – ne saurait être délégué. L'autolimitation ne peut être le fait que d'une configuration sociale qui demeure « contrôlable par (sa) population » (Illich, p. 115) – ni un ordre *construit* par des institutions politiques déjà là, ni un ordre *spontané*, qui émergerait des interactions individuelles sans avoir été pensé et évalué collectivement. Assurer un « équilibre institutionnel », écrivait Illich, une « *homéostase* de l'homme dans son milieu » (p. 116), relève de la « politique (définie) comme le processus par lequel *les hommes assument* la responsabilité de cette *homéostase* » (*ibid.*). Car le politique comporte au moins deux dimensions. Une première ne recouvre que le « maniement du pouvoir » dans un cadre institutionnel (Bookchin, 1993[3]). Une démocratie comme la nôtre s'y restreint, pour l'essentiel, de même que les pouvoirs à l'œuvre dans l'économie de marché et dans n'importe quelle autre bureaucratie, qu'elle soit ouvertement violente ou plus sophistiquée. C'est la voie de la hiérarchie, du pouvoir confié à des « élites », de l'État moderne et de son sens de la sécurité. C'est notre condition socio-politique, celle qui transforme aujourd'hui nos milieux de vie en « *plafond* environnemental ». Celle qui réduit la vie sociale à ce que les institutions construisent et à ce qui émerge spontanément, et aveuglément, des interactions individuelles,

1 Kristin Ross, *La forme-Commune. La lutte comme manière d'habiter*, La Fabrique, 2023.

2 « L'idéal proposé par la tradition socialiste ne se traduira dans la réalité que si l'on inverse les institutions régnantes et que si l'on substitue à l'outillage industriel des outils conviviaux » (p. 29).

3 « Qu'est-ce que l'écologie sociale ? » (1993), dans *Pouvoir de détruire, pouvoir de créer*, *op. cit.*

et refoule ainsi un sens plus exigeant du politique. Parce qu'un écologisme conséquent vise les racines de cette démesure, son sens politique ramène à une autre dimension de la politique, en deçà de toute hiérarchie, dans les expériences collectives qui entretiennent les racines infra-institutionnelles de la démocratie – une recherche collective de la juste mesure, donc une culture des manières d'estimer cette *justesse*. Des expériences collectives par lesquelles les individus se transforment, et qui ont dès lors le courage de *conserver* le pouvoir et y parviennent, ce qui repose sur la manière de l'instituer *et* un certain rapport aux institutions, une juste mesure, là aussi, des *obligations*, des dépendances qui nous lient aux institutions. « Le pouvoir qui n'appartient pas au peuple, écrivait Bookchin, appartient invariablement à l'État et aux intérêts des *exploiteurs* qu'il représente[1]. » Or, une dynamique d'exploitation ne ménage aucunement ses ressources naturelles et humaines. Elle ne peut avoir aucun sens du juste, ni de la mesure.

Les expériences de création politique de libertés qui jalonnent notre histoire témoignent ainsi, par leur valeur et leurs limites, d'une possibilité précaire et rare, qui incarne la radicalité d'une politique de la juste mesure : celle d'un pouvoir « institutionnalisé *sous la forme* de la démocratie directe ». Car, si la démocratie est d'abord un processus révolutionnaire infra-institutionnel, elle ne conserve le pouvoir qu'en produisant *incessamment* de l'institution. Elle ne peut s'en passer, ne serait-ce que parce qu'elle doit prendre des décisions. Pour un collectif, décider, même provisoirement, les manières de prendre des décisions collectives, c'est déjà de l'institution, au sens le plus large. Les débats, parfois rébarbatifs, entre prises de décision à la majorité des voix et prises de décision par consensus occultent trop souvent un point essentiel : un collectif, à quelque échelle que ce soit, est vivant et démocratique lorsqu'il est capable de réajuster en toute *situation* ses manières de prendre des décisions et de les charger de légitimité, en en gardant ainsi la maitrise. Lorsqu'aucune n'est établie comme un dogme mais qu'il est possible d'en établir, même provisoirement, et qu'elles fassent consensus. Mais on ne décide jamais d'avance ou de manière externe comment se produit un tel consensus *légitimant* ou *instituant*, si cette vie collective transforme les individus au point d'aboutir à des décisions qu'aucun n'aurait pu anticiper par lui-même. À sa racine, le consensus n'est pas, ou pas seulement, un mode *institué* de prise de décision : c'est l'expression de la capacité collective à *instituer* des procédures de décision, et donc à organiser et s'organiser. C'est en ce sens précis que la question du consensus est incontournable. Le réduire à un

1 *Ibid.*

processus spécifique de prise de décision, sans le ramener au souci de cultiver la vie d'un collectif autonome et situé, et, pour chacun des individus qui le composent, de cultiver ainsi son sens politique, revient à le dénaturer, aussi sûrement que lorsqu'on fait du consensus un compromis *a minima*, l'objet d'une fabrique gouvernementale ou l'effet d'une propagande. On manque alors son lien intime à la capacité collective de produire concrètement une décision commune, de forger des intérêts communs. En ce sens, consensus et règle majoritaire ne se placent pas vraiment sur le même plan et un collectif vivant peut décider, sans se trahir, de recourir à la règle majoritaire, pour éviter de se rendre impuissant face à une urgence ou à un moment opportun, qui ne reviendra peut-être plus. Même s'il doit refuser de s'y enfermer d'avance, de mettre cette règle au service de rapports violents parce qu'ils minent toute délibération et tout consensus authentiques. Qu'ils minent ce qui fait de lui un collectif. C'est ce en quoi ce poncif qu'est la « tyrannie de la majorité » ne vise pas les limites de l'intérêt commun, mais peut en exprimer l'exigence.

Même à ce niveau d'analyse, qui peut sembler à bon droit ne pas rendre justice à la richesse des débats autour de la délibération démocratique ou des prises de décision par consensus, cette question des décisions collectives montre à quel point il est difficile de faire tenir une démocratie authentique, pourquoi ces expériences ont été, jusqu'ici, rares, précaires et, pour tout dire, insatisfaisantes. Cette question condense, plus largement, tout le problème des institutions – un collectif durable prend le risque d'en produire et de s'y tenir, tout en mesurant leur contingence, le besoin de les ajuster ou de les renverser. Il institue sans se réduire, ou se laisser réduire, à ses institutions, qui restent dès lors « contrôlables ».

La crise contemporaine des institutions de sécurité, dont la question écologique est le centre de *gravité*, repose ainsi sur des difficultés politiques bien réelles, qu'elle n'a nullement produites, mais sa spécificité, en un sens, tient à une possibilité diamétralement opposée à toute expérimentation démocratique, y compris dans les régimes dits démocratiques. Atrophie sociale croissante, perte de sens politique, poids exorbitant des hiérarchies, ces symptômes tiennent à l'illimitation sans précédent que les institutions atteignent et que le productivisme, *pour nous*, incarne et *symbolise*. Ils procèdent du versant politique du « mythe de la machine » : ce déséquilibre et cette démesure de pousser le fétichisme de l'institution jusqu'au refoulement de tout contrôle social extra-institutionnel, au nom de « promesses » sécuritaires, qu'elles soient « démocratiques » ou « industrielles », qui se renversent en dépossessions.

Une telle démesure affecte le sens dominant de l'écologie. En s'emparant de la question écologique, le capitalisme et l'État poursuivent l'asservissement des tâches de reproduction environnementale et des ressources naturelles – humaines ou non. Ils entendent sécuriser ces tâches absolument et, lorsqu'ils ne pourront plus ignorer les risques environnementaux, ils en feront un aiguillon pour achever de défaire les concessions sociales acceptées au cours des luttes ouvrières qu'ont connues les « pays développés ». Une telle mutation du capitalisme prolonge l'esprit du néolibéralisme (p. 89-91) : « gérer », donc entretenir, les questions sociales et environnementales pour en faire les instruments d'une domination sans précédent – et advienne que pourra. Échapper à ce processus pour dépasser l'exploitation des vivants commence par la résistance, l'opposition, mais ne pourra sans doute faire l'économie d'un « défi », d'une « tension ouverte » (Bookchin, 1993), d'une forme de conflictualité assumée, entre la formation d'expérimentations démocratiques et « nos » institutions hiérarchiques. Puisque « nos » institutions sécuritaires ne sont pas faites pour disperser le pouvoir de manière sereine et équitable, et puisqu'une expérience démocratique part de l'existant pour en « inverser » les conséquences sociales, pour le transformer en dépossédant les oligarchies de leur pouvoir. Retrouver une juste mesure des obligations qui nous lient à nos institutions n'a donc rien d'une partie de plaisir ou d'un « débat apaisé ». Cela ne se fera pas tout seul.

8

Temps de l'*oïkos* et temps de la *polis* : le sens d'une vie humaine

La recherche des *racines* socio-politiques de la question écologique se centre ainsi sur une valeur – l'autonomie – et un sens du politique qui ne semblent pas spécifiquement écologiques, mais auxquels la question écologique nous conduit pourtant. S'y joue la possibilité d'une expérience écologique et politique directe, d'une réappropriation collective de nos milieux et de nos besoins, à l'encontre des stratégies de pouvoir et d'adaptation du capitalisme. Sans cela, on ne peut cultiver un sens collectif de la juste mesure et se sortir du piège de la sobriété privative.

S'emparer vraiment de la question écologique passe donc par une critique *radicale* des institutions politiques, économiques et scientifiques, qui mettent à distance nos expériences collectives. Par cette mise à distance, elles peuvent fournir des instruments de contrôle et d'amélioration de nos vies – c'est leur seule raison d'être – mais au risque de les subordonner, de les aliéner, et finalement de les exploiter. C'est en cela qu'un rapport pragmatique aux institutions – les ramener à ce pour quoi elles sont faites – est résolument critique. Si la question écologique nous inhibe politiquement – par des privations qu'on ne peut nullement se réapproprier, par une impossible expérience directe de problèmes qui sont pourtant nôtres –, c'est la conséquence de conditions socio-historiques contingentes, d'un certain rapport aux institutions relatif à notre modernité socio-politique. Une vie politique qui dépossède la plupart des gens de la définition de ce qui est *indispensable* à la société, donc à leur vie. Lorsque les institutions tombent aux mains d'une oligarchie – ce à quoi elles inclinent toujours –, le risque est celui d'une exploitation épuisant sans mesure ses ressources naturelles et humaines, et ce risque est décuplé par le « mythe de la machine » – le fantasme de sécurité absolue qui accompagne notre modernité. La question écologique sature ainsi nos institutions de sécurité parce que la crise écologique est le fruit de leur contre-productivité (p. 94-101). On ne s'en préserve qu'en les réinscrivant dans une société soucieuse d'autonomie, une société engagée dans une culture *collective* de nos conditions et des satisfactions qui nous sont possibles, une société capable d'une participation *collective* à l'exercice d'un pouvoir qu'elle parvient à conserver et à disséminer.

La recherche des racines socio-politiques de la question écologique va donc au-delà de la critique de la démesure immanente à toute institution, qu'elle soit publique ou privée. Elle conduit à une certaine caractérisation du politique et du *problème* de l'institution : le politique déborde, pour les *décider*, les contrôler et les altérer, les institutions sociales et politiques que la vie en société produit toujours – pour s'organiser et se protéger. Une société aliénée, devenue « la proie du manque », mue par un fantasme de sécurité absolue, est une société qui a refoulé cette charge spontanée du politique : l'ensemble des manières par lesquelles elle opère ce qui ne peut aucunement être institutionnalisé une fois pour toutes, *se définir, donc se limiter elle-même*. Ou plus simplement : parvenir, encore et toujours, à former des préférences collectives, à politiser nos désirs et à leur donner force – tout ce que recouvre une recherche *politique* de la juste mesure. Et pour ce faire, inévitablement, user d'institutions sans qu'elles n'abusent de nous. C'est dans une telle société qu'une véritable autolimitation de la production et du pouvoir est possible, parce que la production y redevient relative à des aspirations pleinement nôtres, soustraites aux stratégies de dominations que le capitalisme met en œuvre. Et parce que l'exercice collectif du pouvoir peut donner un sens concret pour chacun à une telle limitation, chacun en devenant l'acteur et le penseur. D'un même geste, on assumera la question écologique et la création d'une démocratie directe.

C'est le versant négatif d'une radicalisation écologiste du politique – une critique des formes sociales de la technique et une critique de la société de consommation ramenée aux dominations qui la constituent. Une politique d'autolimitation lutte contre tout *fétichisme de l'institution* – ces manières d'entretenir des oligarchies en leur attribuant la valeur et le mérite de *nos solidarités*, pour la seule raison qu'elles en déterminent les formes et les fonctions (p. 139-141). Les conditions d'une autonomie sociale ne peuvent se passer d'institution mais ne peuvent se renverser strictement en ces conditions de légitimité de l'État qui définissent la sécurité politique, sans perdre la juste mesure des obligations qui nous lient aux institutions que nous créons. L'autonomie se protège, elle réclame une vigilance critique et collective incessante, mais ne peut faire l'objet d'une politique de sécurité, à proprement parler, d'une délégation pure et simple de cette protection à des institutions étatiques. Se soucier des *conditions* dans lesquelles nous disposons bien de nous-mêmes et de nos milieux – ce qu'il reste de sécurité dans un écologisme radical – ne saurait être délégué. Ce qui dès lors enveloppe aussi le versant positif de l'autonomie politique : une participation de tous à la « création de la vie sociale ». Une telle requalification du politique, cultivant ses racines démocratiques, ne peut que conduire à accroître le temps qui lui est consacré – le temps de la *polis* (la Cité, la collectivité politiquement organisée).

Mais une radicalisation écologiste vise aussi à cultiver un rapport concret à nos milieux de vie et aux interactions matérielles et sociales par lesquelles nous nous satisfaisons. C'est le versant *économique* de l'autonomie, qui se passe de ces équivalents économiques du fantasme de sécurité absolue que sont l'économie de marché concurrentiel ou la planification autoritaire d'État – assurer une fois pour toutes des besoins économiques pourtant croissants, et ne plus avoir à s'en soucier. Ce que nous vivons comme des besoins est variable, ce qui relève en eux de la subsistance *stricto sensu* n'a rien d'évident, les moyens d'assurer cette subsistance sont eux-mêmes variables. Or, la facture de nos besoins est un terreau propice aux rapports de domination qui structurent une société – en partie parce que notre subsistance est en jeu, mais de manière confuse. Voilà pourquoi il y a un versant économique ou « matériel »[1] de l'autonomie. Il n'y a pas d'autonomie sans cultiver *a minima* une capacité collective à distinguer précisément nos conditions de subsistance, et à les maîtriser. Une telle expérience d'autonomie, dont l'échelle est d'abord locale, et ce sans quoi notre rapport aux enjeux environnementaux en reste à un vague souci et un traitement bureaucratique inefficace, grimant la nature sous les traits d'un « environnement synthétique ». Le portrait-robot du vivant *exploitable*. Cette requalification de l'économie – associant valeur intrinsèque des vivants et réappropriation de nos milieux, de nos besoins – implique au contraire un souci collectif scrupuleux de notre place et de notre rôle dans la biosphère. Elle ne peut que conduire à accroitre le temps consacré aux tâches de subsistance, ou plus largement à l'expérience de nos interactions au sein des vivants, par lesquelles nous nous satisfaisons – le temps de l'*oïkos* (de la *famille*, du *foyer* ou de l'*habitat*).

Subsistance et loisir

Temps de la *polis*, temps de l'*oïkos*, et notre temps pourtant, lui aussi, est une ressource limitée. De là l'inclination, dans nombre de discours et de pratiques

1 Aurélien Berlan, *Terre et liberté. La quête d'autonomie contre le fantasme de délivrance*, La Lenteur, 2022

écologistes, à promouvoir les pratiques d'*auto*subsistance : identifier autant que faire se peut le temps politique et le temps économique, comme dans une vie communautaire où la politique se centrerait sur l'organisation des tâches collectives de subsistance.

Une telle superposition récuse toute conception de la liberté politique impliquant, d'une façon ou d'une autre, de *déléguer* les tâches de subsistance pour dégager un « temps libre », un « loisir » consacré à la politique ou à autre chose. Refuser de déléguer : qu'il s'agisse de pouvoir politique (la délégation produit des maîtres) ou d'activités économiques (la délégation produit des serviteurs). Pensons à nouveau au modèle grec antique. Le temps *politique* s'y entendait justement en relation aux tâches *économiques* mais pour s'en distinguer. L'*oïkos* y était structuré de manière patriarcale, despotique, dominant les femmes et les esclaves. La tâche en était la subsistance et la procréation, fournissant des citoyens libres pour les affaires de la Cité. De sorte que, dans la démocratie athénienne, l'égalité dont ils jouissaient – un égal droit de parole, de faire la loi, de participer à l'exercice du pouvoir – côtoyait des inégalités sociales profondes, plus ou moins ancrées dans une certaine compréhension de la nature (certains naissent pour maîtriser, d'autres pour servir) que les pratiques démocratiques ne sont jamais parvenues à ébranler vraiment, sinon chez une minorité de Grecs. Et pour cause : sa forme institutionnelle – séparer l'espace de la subsistance et l'espace politique – en dépendait. D'un même geste, le temps de l'*oïkos* permettait la liberté politique et lui échappait.

Contre ce type de configuration, souvent avancée sans précaution pour illustrer la démocratie directe (p. 164), le discours de l'autosubsistance fait de l'exercice autonome des tâches de subsistance une valeur politique cruciale, une certaine conception de la liberté, qui peut trouver matière dans le renversement du « mythe de la machine » et du « monopole du travail rémunéré ». On peut penser aux récentes analyses du philosophe Aurélien Berlan[1], pour qui notre histoire de la liberté est dominée par un fantasme de « délivrance » – être délivré des contraintes de subsistance, dévalorisant au passage les tâches qui l'assurent, et par extension être délivré de toutes formes de limites matérielles. Un tel primat s'expliquerait, non par une tare de la nature humaine ou de la modernité, mais par la position *aristocratique* des acteurs politiques et des penseurs qui dominent la tradition – aristocratique au sens où leur mode de vie suppose de déléguer à autrui les tâches de subsistance, d'avoir des « serviteurs ». Que ces tâches soient dévalorisées

1 *Op. cit.*, 2022.

parce qu'elles sont confiées aux serviteurs et aux femmes (pour les sociétés patriarcales), ou que la domination des femmes et la servitude soient « justifiées » par le « besoin » de se libérer de ces tâches dévalorisées[1]. Le discours du loisir, politique ou studieux, du temps libre, relèverait en ce sens de l'idéologie, occultant une forme *partageable* de liberté passant, au contraire, par la promotion des tâches de subsistance, un idéal de libération par le travail et non à l'égard du travail, qui implique que des collectifs humains ne voient pas leurs milieux de vie aliénés.

À sa manière, la division sociale du travail que nous vivons dégage, elle aussi, des espaces soustraits aux contraintes de subsistance, par le privilège de l'argent ou la nature des tâches auxquelles on s'y adonne. Tâches intellectuelles, directrices, gouvernementales, qui fournissent leur personnel aux oligarchies institutionnelles chargées de sécuriser notre espace politique et économique. Les libertés grecques et libérales illustrent donc un même fantasme de « délivrance », passant sous silence les dominations qu'il implique. Au contraire, une véritable indépendance *dans* son milieu impliquerait de suffisamment assumer en personne *ses* contraintes, sans viser pour autant une naïve autarcie individuelle. « Chacun ne peut tout faire par soi et dépend de ce que lui fournit son *milieu naturel et culturel* », écrivait par exemple Illich (p. 27). L'outil a toujours une dimension sociale, même minimale, et la convivialité (*vivre avec*) donne une dimension collective à l'autosubsistance[2]. C'est aussi en ce sens qu'une telle liberté est *partageable*.

Dans ce discours de l'autosubsistance, le temps de l'*oïkos* tend dès lors à recouvrir le temps de la *polis*, par conviction éthique et politique. Ce qui en fait bien un exemple de *radicalisation écologiste du politique*, et un exemple fréquent dans le militantisme écologiste. Implique-t-il cependant de substituer au « mythe de la machine » une opposition tranchée entre le fantasme de libération des contraintes de subsistance que ce mythe implique, et un idéal d'autonomie dès lors ramené à l'autosubsistance? Un tel idéal cultive bien une expérience *directe* du milieu ambiant, mais se libérer de « notre » sécurité a-t-il pour prix ce qui peut apparaître comme une déflation des possibles en termes de mode de vie?

Cette question nous ramène à la critique écologiste de la technique et à la réduction du temps de travail qu'on y trouve souvent défendue – une critique et une défense qui peuvent entrer en tension. On a pu reprocher

1 John Dewey, *La quête de certitude*, *op. cit.*, chap. 1.

2 Il faudrait aussi comparer la notion de convivialité avec les réflexions de Bookchin (« Pour une société écologique », 1974) sur le lexique du « vivre avec », en lieu et place du lexique de l'« avoir », qu'il appuie sur des matériaux linguistiques tirés de travaux anthropologiques.

à André Gorz, par exemple, de penser encore en termes de loisir : réduire le temps de travail contraint (que ce soit en décorrélant rémunération et temps de travail, ou en promouvant un revenu universel de subsistance) pour dégager un temps libre suffisant ; ce serait continuer à dévaloriser les tâches de subsistance. Ce qui expliquerait qu'il ait pu aller jusqu'à placer ses espoirs dans le numérique[1], oubliant quelque peu la critique de la technique qu'il développait dans les années 1970. Est-ce pour cela aussi que, dans les années 1960, un Bookchin semblait ambigu à l'égard des apports « positifs » des processus automatisés de production, et même des « possibilités » inexploitées offertes par les moyens d'abondance du capitalisme ?[2] Au point de soutenir une certaine *neutralité* de la technique (on a même parlé d'une « illusion techniciste » de Bookchin[3]).

Comment comprendre de telles tensions ? Si le capitalisme n'est pas ce moment *nécessaire*, mais à dépasser, du développement des forces productives qu'il était dans le marxisme standard, il reste un fait *contingent* : le contraste entre abondance et conditions de travail et de vie qui accompagne le capitalisme a éveillé, dans nos sociétés, une critique diffuse qu'il est possible et nécessaire d'approfondir si on veut constituer un pouvoir social susceptible d'y résister. Si elle exprime des rapports de domination tout ce qu'il y a de plus réels, la question du « pouvoir d'achat », par exemple, illustre bien, aujourd'hui, les confusions auxquelles peut mener la forme la plus spontanée de cette critique, la revendication d'une abondance industrielle mieux partagée. Derrière le « pouvoir d'achat », se jouent en effet une confusion et une réduction, qui sont des effets structurels de nos conditions sociales : *confusion* entre « besoins » en général et conditions de subsistance ; *réduction* des enjeux de justice sociale à une juste répartition des richesses produites. Si nos oligarchies au fond aiment cette revendication, c'est qu'ainsi elle masque et conforte les rapports de domination qui pourtant la motivent : une intensification de la reproduction des « raretés », donc de l'insatisfaction et des dépendances qui les entretiennent – une forme cadenassée de configuration sécuritaire des frustrations (p. 100-101). La question du « pouvoir d'achat » n'est donc bien que le dernier avatar de la critique la plus spontanée que suscite le capitalisme du point de vue des dominés. *En tant que telle*, cette question est incontournable, mais n'est pas vouée à en rester là. Collectivement, on peut réaliser que les rapports de domination que nous subissons nous confinent,

1 André Gorz, *L'immatériel*, Galilée, 2003. Pour cette critique, Aurélien Berlan, *op. cit.*, p. 131 et suivantes.

2 « Vers une technologie libératrice » (1968-9), dans *Post-Scarcity Anarchism*, *op. cit.*

3 Patrick Chastenet, *Les racines libertaires de l'écologie politique*, L'Échappée, 2023, p. 173.

pour une bonne part, dans cette posture absurde : pouvoir acheter ou être privés de satisfactions, voire de moyens de subsistance. L'exigence d'autonomie n'est alors pas étrangère à des conceptions plus courantes de la justice ou des « besoins », et l'on passe de l'une à l'autre par *radicalisation* : du partage des richesses au partage du contrôle des moyens de production, et de là au partage du contrôle de la configuration de nos milieux et des satisfactions qui nous sont possibles. Prendre appui sur une critique sociale *commune* qui reconduit des aspirations nourries par le capitalisme n'implique pas nécessairement de s'y enfermer, donc de reconduire le productivisme (le mouvement des Gilets Jaunes l'a montré). Mais – c'est tout l'enjeu d'un processus *collectif* de radicalisation – cela vise à rester ancrer dans les aspirations *sociales*.

Autre exemple, parler d'une neutralité de *certains* procédés techniques (il n'y a certes pas de neutralité du nucléaire, des pesticides ou de la bureaucratie) peut relever du discours critique : viser le détournement de dispositifs techniques précisément *parce qu'*ils n'existent jamais de manière neutre. Viser la technique aux points où il est possible de la ramener à des formes contrôlables par chacun, de même pour les dispositifs institutionnels. On peut comprendre la neutralité technique et institutionnelle, non comme une conception naïve de l'indifférence des moyens aux usages qu'on en fait, mais comme un espace de luttes encore indécises, qui ne tendent *ni* vers une issue définitive *ni* vers une autre (*ne uter*, en latin). Une *désacralisation* des procédés techniques[1] – ni les louer ni les maudire – qui participe aussi d'une construction *collective* de l'autonomie. Une construction qui, pour être collective, part de critiques spontanées et les *radicalisent* – ici, « il faut faire un meilleur usage de nos technologies ». Lorsqu'un Illich admire le roulement à billes, ce n'est ni pour promouvoir seulement les bicyclettes ni en ignorant son rôle dans les voitures à moteur thermique ou les chars d'assaut, mais bien pour faire d'un procédé technique un enjeu socio-politique. Chez Illich, Gorz et Bookchin, les analyses se rejoignent sur l'importance de subordonner l'*outil*, autant que sur la lutte contre les dispositifs techniques qui ne peuvent pas l'être – exemplairement le nucléaire.

Entre une conception naïve de la neutralité technique et cette manière d'en faire un enjeu de luttes qui transforment nos technologies et leurs formes sociales (p. 131 et suivantes), on a affaire, comme dans la critique du capitalisme, à une recherche et à une *radicalisation* qu'une critique vivante et collective doit pouvoir mener – cela ne peut être le seul fait d'une élite intellectuelle et militante. « Il faut faire un meilleur usage de nos technologies »,

1 Jacques Ellul, *Les nouveaux possédés* (1973), Les Mille et Unes Nuits, 2003.

« il faut partager les richesses » : avant d'être des « erreurs » à « corriger », des « naïvetés » à « déniaiser », ou à congédier par une conscience écologique plus affûtée, ce sont de ces idées *communes* par lesquelles la « protestation spontanée » des dominés commence. Les traiter par le mépris, c'est perdre de vue que la radicalisation politique doit d'abord être un mouvement collectif par lequel s'intensifient et s'approfondissent des exigences sociales spontanées – collectives, partagées, animées par nos vies. Sauf à congédier, avec leurs « erreurs », les plus dominés d'entre nous, enfermés encore par leur vie dans ces formes ordinaires de protestations[1]. Sauf à mépriser la spontanéité des « masses », et à renoncer ainsi à ce que les idées politiques radicales deviennent *publiques* et prennent force.

On ne peut de ce fait évacuer la question du « temps libre », *en partie* dégagé des tâches de subsistance, si ce processus extra-institutionnel qu'est une création collective de la vie sociale doit être vraiment possible. Ce qui affecte l'évaluation de l'outillage. Même Illich l'écrivait : l'« outil moderne [...] est un instrument de libération[2] ». La production conviviale n'est pas un retour aux outillages préindustriels et aux économies de subsistance, si autonomes qu'elles soient. Ni être prisonnier de la peur des « chaînes du passé », ni les retrouver. Parce qu'on ne se passe jamais de la médiation de l'« outillage », et qu'il s'agit de se le *réapproprier* – le transformer pour le rendre *propre* à un contrôle collectif, et *propre* aux conséquences visées par une société d'autonomie, apte à démultiplier les satisfactions possibles, et ce faisant à limiter sa production matérielle. Parce que la vigilance collective qu'implique la *préservation* d'un équilibre social d'autonomie et de ses conditions matérielles – ce qu'il reste de la sécurité dans l'autolimitation – ne peut que prendre du temps.

Sauf à se rendre aveugle aux modes aliénants de sécurisation des espaces dans lesquels on ne cesse jamais de s'inscrire à toutes les échelles, même lorsqu'on vit dans une « éco-communauté ». Il n'y a pas à choisir entre construire un espace local d'autonomie et s'adonner à des enjeux politiques plus vastes, y compris au sein des institutions existantes : l'environnement social, c'est d'autres gens en quête de satisfactions ; libérer nos jouissances des entraves qui les dominent ne peut qu'être un processus social indéfini. La vie politique écologiquement radicalisée – qui caractérise ainsi la *sobriété* positive – est une pensée collective en action qui ne peut faire abstraction de son contexte, et cela prend du temps.

1 Paul Guillibert, *op. cit.*, 2023.

2 *Équité et énergie*, dans *Œuvres complètes*, vol. 1, p. 331.

Contre le « mythe de la machine », l'autosubsistance collective a bien une signification cruciale sur les plans écologique et social : ne mettre personne à mon service et ressourcer un sens écologique et économique *concret*. Elle est nécessaire pour *nous* réarmer politiquement. La subsistance concerne la perpétuation de sa vie et cultiver une capacité à clarifier et ajuster nos conditions de subsistance participe d'une autonomie réelle. Mais parce que nos conditions matérielles de vie affectent l'ensemble des valeurs qui animent une société, perpétuer sa vie, ce n'est pas encore l'interroger, l'altérer, donc ce n'est pas le tout d'une société autonome. Si la sobriété doit pouvoir dépasser la nostalgie d'une utopie industrialiste déchue (p. 121), sa valeur ne peut tenir seulement dans le fait de se soustraire à la société productiviste[1]. Si elle peut être pleinement un mode de vie, durable et transmissible – une culture –, elle inclut *toutes* les pratiques qui, d'un même geste, sont satisfaisantes et suscitent les dispositions à priser cette vie et cultiver ces pratiques.

Ce que valent nos vies

La question de l'allègement partiel des tâches de subsistance se pose donc *à tous* et *pour tous*. Aucun écologisme ne peut l'évacuer sans répéter, sous une nouvelle forme, ce que « notre » productivisme fait déjà très bien : faire de la question du sens et de la valeur d'une vie humaine, au mieux, un enjeu strictement individuel auquel on pense vaguement de temps à autre. Le productivisme lui aussi, *à sa manière*, tend à identifier l'économique et le politique. À sa manière *oligarchique*, bien sûr – laisser les enjeux économiques primer sur tous les autres objets de gouvernement et saturer la vie de la plupart d'entre nous d'un temps économique aliéné et *contraint*. Mais sous une forme oligarchique ou non, tendre à identifier l'économique et le politique incline toujours à dépolitiser les satisfactions et frustrations qui nous occupent. Au contraire, elles deviennent clairement centrales, et tendent à prendre la forme d'une mise en question du sens d'une vie humaine, pour ceux qui inscrivent la question écologique dans leur vie quotidienne et militante. Et jamais sous une forme qui reste simplement morale. Qu'il l'assume ou non, un écologiste pense toujours aussi de manière *politique* : on passe de la crise écologique à la question du sens de *nos vies* (et en y mettant bien le pluriel) en s'interrogeant sur les conditions et conséquences socio-politiques de nos choix, passés et à venir, et sur les valeurs qui y président, même confusément.

1 Voir les limites des perspectives offertes par un Pierre Rabhi par exemple (*Vers une sobriété heureuse*, *op. cit.*).

Pourtant, quand on promeut l'autonomie, on botte volontiers en touche au moment d'aborder cette question des valeurs, et ce, pour des raisons de fond : « aux collectifs *autonomes* d'en décider », ou encore « nul besoin de valeurs communes *abstraites* pour s'accorder sur des *actions* communes ». Il ne s'agit certes pas de répéter la façon dont nos politiques de sécurité ont subrepticement tranché la question des valeurs. Mais précisément : on voit vite que le discours de l'autonomie – dans les traditions anarchistes, libertaires, écologistes radicales ou socialistes démocratiques – enveloppe le plus souvent les mêmes valeurs, les mêmes aspirations par lesquelles *nous* évaluons ce qui constitue nos vies, ce qui les rend absurdes et ce qui pourrait leur donner sens, intensifier nos satisfactions. Et ce, même si ces aspirations, semblables à un niveau général, restent vagues et se diffractent en une multitude de diversités individuelles, concrètes. Il ne s'agit pas de congédier cette diversité par des définitions abstraites (la justice, la tolérance, l'utilité, etc.), mais d'y voir une communauté d'aspirations *à l'œuvre*, en action, qu'il faut donc assumer ouvertement si on veut les cultiver politiquement.

Cette communauté ne tient pas seulement à ce que certaines valeurs sont intimement liées aux procédures participatives ou aux décisions par consensus : par exemple, lorsqu'on dit qu'on ne peut engager tout le monde à participer au pouvoir sans soutenir un *égal* droit à l'exercer, donc sans promouvoir l'*égalité*. En rester là fait de l'égalité une simple condition logique, qui ne dit rien des raisons de valoriser la participation ou un consensus authentique. Prendre des décisions iniques par une procédure participative, c'est certes une *contradiction performative*, une contradiction entre le sens de l'acte et son résultat ou ce qu'il exprime – comme quand on dit à haute voix « je ne parle pas ». Seulement voilà : rien ne m'empêche de dire à haute voix « je ne parle pas » si je le désire, rien n'empêche un peuple d'instaurer librement une dictature ou de se suicider écologiquement, sans un ensemble de dispositions nourrissant un souci de liberté ou d'autonomie. Faire de l'égalité une exigence procédurale ne suffit pas à en faire vraiment une valeur politique, une aspiration dont on se soucie à plusieurs, dont on *recherche* collectivement les implications concrètes, les expériences désirables qui font sa signification. La résistance à un rapport de domination, la participation de tous à la création d'un dispositif de solidarité, le consensus comme procédure de construction de groupes d'affinité, ou toute autre expérience collective qui cultive des dispositions, un goût, nous transforme et donne sens à nos actes et à nos désirs. Or, ce sont bien les valeurs en ce sens fort qui sont en jeu, dans cette interrogation dont j'incline à penser qu'elle est le cœur des implications éthiques et politiques de la question écologique : si la crise écologique *dévalorise* notre mode de vie hérité, quelles sont les valeurs qui peuvent tout de même donner sens à une vie *humaine*? Que peut devenir notre quête perpétuelle de jouissance?

Les questions de ce type sont pleinement politiques. On ne saurait y répondre sur un plan théorique, mais il n'y a pas à s'en détourner par crainte d'être naïf ou d'imposer autoritairement des valeurs communes. Sans s'emparer de cette question éthique et politique des jouissances humaines et des manières de les cultiver, l'écologisme n'a pas grand-chose d'autre à offrir qu'une rhétorique des « menaces » qui restera impuissante, si scientifiquement étayée soit-elle. Se parer des atours de la morale et de la spiritualité n'est qu'un palliatif à cette négativité, lorsque les implications intrinsèquement éthico-politiques de l'écologie ne sont pas assumées. Les raisons avancées pour promouvoir l'autosubsistance, par exemple, procèdent d'une certaine valeur – la justice ou l'*égalité* –, dont la dimension à la fois politique et existentielle est évidente. Elle ne se réduit pas à une procédure. Elle n'a pas non plus de lien intrinsèque à la subsistance, sinon en ceci que *certaines manières* de subsister l'investissent. Car on sait aussi faire autrement : on sait charger d'autres de notre subsistance et « légitimer » cette décharge – ou simplement l'invisibiliser – par l'ordre « naturel », par des symboles culturels, par une religion, ou même par le seul fait qu'on ne l'interroge plus; on sait aussi en charger d'autres dont on ignore tout, qu'on ne croisera jamais, qui se substituent les uns aux autres dans la division sociale du travail, en charger d'autres dont on *veut* tout ignorer, à commencer par leur existence. Et le mieux qu'on puisse faire, face à la nécessité de travailler pour vivre, reste d'assumer et de *collectiviser*, sous une forme ou sous une autre, les moyens de subsistance. Ce qui va désormais au-delà d'une réappropriation collective des moyens de production : une réappropriation collective de nos milieux et de nos besoins, une protection de l'« énergie personnelle que contrôle la personne » (Illich, p. 29). C'est au fond cela l'horizon des « circuits courts » ou de l'« écoconception » lorsqu'ils ne sont pas de simples palliatifs : une configuration et un contrôle collectifs de nos milieux et de nos besoins, des satisfactions qui nous sont possibles. On a là un contenu substantiel fort, à mon sens, pour un *écosocialisme*, un contenu qui en fait, non une limitation des exigences socialistes par des contraintes écologiques – un compromis –, mais une radicalisation écologiste du socialisme. Un tel choix, s'il concerne bien la subsistance, n'en relève pas. Il applique, aux moyens de subsistance, et au temps social qu'elle nécessite, des exigences *politiques*, qui, en retour, s'enrichissent de cette application.

Une radicalisation écologiste du politique ne peut ainsi répéter l'occultation libérale d'une politique de la vie bonne, donc des valeurs et du temps consacré à en produire concrètement les significations. Une certaine histoire de l'écologie le confirme et la solidarité comme valeur en fournit un exemple décisif. De Kropotkine à Bookchin ou Arne Naess, elle a nourri toute une interprétation de la nature, à l'encontre d'une pseudo-naturalité des rapports de compétitions ou des formes d'inégalitarisme qui travaillaient déjà la culture grecque (inégalité naturelle présumée entre l'homme et la femme, le maître et l'esclave, et même entre les « races »). Ce motif – la solidarité naturelle des vivants – n'a rien de cette moraline de la conversion personnelle à laquelle il est trop souvent réduit (« à chacun de retrouver le sens de l'entre-aide qui est en lui ! »), ni d'une admiration béate pour un règne des vivants supposé pouvoir nous faire la leçon. Sous cette forme, ce motif ne peut nourrir qu'un nouveau providentialisme naïf. Insister maladroitement sur l'existence spontanée des rapports d'entre-aide, y compris dans les sociétés humaines[1], n'a qu'un seul et même effet : détourner de la lutte politique et de la *culture* d'une certaine qualité de relation sociale et écologique qu'implique la solidarité – un espace n'est *pour nous* un habitat, un *oïkos*, que s'il est toujours déjà habité par d'autres, humains et non-humains (p. 20 et 52-53). Ce motif n'est au contraire décisif que parce qu'il engage ce que la question écologique fait aux pensées et aux pratiques politiques, si on l'assume jusqu'au bout : ressourcer les valeurs cardinales de la liberté, en défaisant concrètement les dominations qui, des Grecs jusqu'à nous, ont structuré l'*économie*.

L'*autonomie*, d'abord, comme « base » d'une vie politique qu'on a le courage de conserver comme *notre* affaire, d'une véritable valeur-travail qui suppose de lutter contre toutes les formes d'asservissement dont on peut être l'auteur ou la victime (défendre « l'énergie personnelle que contrôle la personne »), d'une valeur intrinsèque de nos milieux qu'on ne respecte qu'en les soustrayant à l'*exploitation* industrielle, en luttant contre le capitalisme donc en se réappropriant nos milieux. Une autonomie qui *radicalise* ainsi toutes les valeurs, qui *éradique* les dominations qui subsistent dans toutes leurs manifestations concrètes. Ainsi d'une *solidarité* qui ne soit ni une charité palliative, ni une culture individuelle de la « bonne conscience », ni une confiance aveugle dans les « bons » instincts du vivant, mais un contrôle collectif des facteurs sociaux constitutifs de ce que chacun est et peut faire et devenir, de liens sociaux que chacun co-produit, pour le meilleur et pour le pire, qui font de nous ce que nous sommes et nous lie sans être pieds et poings liés – une mise à nu du problème du « vivre ensemble ». Une *justice* qui soit une recherche, jamais satisfaite, des formes concrètes d'égalité,

1 On en trouvera un bel exemple dans Pablo Servigne, Gauthier Chapelle, *L'entre-aide : l'autre loi de la jungle*, Les Liens qui Libèrent, 2017.

une liquidation incessante de tous les subterfuges et de tous les héritages par lesquels se maquillent les rapports de domination entre les gens, les genres, les classes, les « races », voire les espèces, jusqu'au cœur des satisfactions que nous éprouvons – ce que documentent les *Cultural Studies*, cette culture « *woke* » si décriée par les défenseurs d'un pseudo-universalisme[1], mus par le seul souci de préserver les privilèges des « pays développés », des classes aisées ou du patriarcat. Un *respect de la biodiversité* qui ne soit ni de carte postale ni d'entrepôt, qui cesse de maquiller les inconséquences politiques sous la « spiritualité » ou la moraline de la « simplicité volontaire », d'une conception privative de la sobriété. Un respect qui *situe* la vie humaine, qui réinscrit, dans nos vies, ses conditions économiques – il n'y a d'habitat que toujours déjà habité par d'autres vivants. Un respect qui nous voue à une finitude et à la recherche d'une juste mesure – nous ne sommes pas une espèce toute puissante, nul n'y a le droit et la sagesse d'un maître, nul Dieu ne nous a donné quoi que ce soit ni ne nous sauvera, rien ne nous oblige à souffrir. La solidarité comme contrôle social dans son sujet et son objet, la justice comme autocritique collective incessante, le respect de la nature comme condition éthique et économique concrète.

Interroger les valeurs de la liberté confère ainsi une valeur politique, enfin, à la capacité de penser, de pousser la recherche et la compréhension jusqu'au bout – ce pourquoi, dans l'histoire, on a heureusement parfois refusé de confiner ces tâches à une caste, à un genre, à une classe ou même à des professions, sans toujours aller au bout de leur dimension *sociale*. Car cette curiosité et ce courage de comprendre et de dire ce qu'il se passe, ce qui nous conditionne, ce que nous pouvons en faire, dans la société comme dans la nature, pour bien vivre, ne peuvent être qu'une activité collective et expérimentale qui nous transforme. Une *intelligence sociale*[2] comme valeur qui ne soit ni un simple supplément d'âme ni seulement un outil industriel, et sans laquelle l'autonomie, la solidarité, la justice ou le respect de la nature sont désarmés et ne saisissent ni ne visent radicalement et concrètement ce que nous prisons. Une intelligence sociale qui nourrisse aussi ce puits sans fond d'autocritique qu'est une expérience démocratique et dont nos oligarchies nous privent d'autant plus facilement que les dominés ne s'en sentent que trop peu privés – y compris chez nombre de militants. Une société qui n'est pas entièrement structurée *pour* rendre possible une telle intelligence collective en action, au fond, ne vaut pas grand-chose, et ne peut défendre

1 Sur la vanité de ce pseudo-universalisme, Claude Gautier, Michelle Zancarini-Fournel, *De la défense des savoirs critiques*, La Découverte, 2022.

2 John Dewey, *Liberalism and Social Action* (1935), traduit *Après le libéralisme ? Ses impasses, son avenir*, 2014.

aucune autre valeur que celles dont les religions nous ont gavés pour mieux nous rendre serviles.

Ce qui est naïf, une fois mis en mots, ne le serait pas dans nos vies. Ces valeurs politiques n'ont rien d'inédit, ni de spécialement environnementaliste, parce qu'en paroles elles ne peuvent que prendre une forme vague, et qu'elles expriment un sens du politique qui ne se réduit pas à l'écologie. Mais une radicalisation écologiste peut *pour tous* faire de telles valeurs un peu plus que la rhétorique édifiante et anesthésiante qu'elles sont devenues. La dépossession de nos milieux et de nos besoins va étrangement de pair avec l'illusion de posséder la nature et la société, de pouvoir les gérer comme on gère un domaine. Ce que fait l'écologie à notre *sens politique* : rompre avec l'esprit de *domaine* qui travaille l'économie. De l'espace domestique au capitalisme, rompre avec les *dominations*. Mais dès lors pas avec le besoin d'un temps de l'auto-transformation collective. L'écologie n'est pas le tout de la politique, mais, *pour nous*, son infrastructure, et peut-être sa régénération. Une radicalisation écologiste du politique ne propose pas non plus une utopie sociale parce que se préserver des dominations et des rapports d'exploitation ne peut jamais être assuré par un quelconque dispositif institutionnel : cela se joue au niveau de notre rapport à des institutions que nous créons, des manières dont *nous* évaluons et transformons *nos* vies, *nos* institutions et les obligations qui nous lient à elles. Et cela prend du temps : une réappropriation collective de nos milieux et de nos besoins – un écosocialisme (p. 179) – implique aussi une réappropriation collective du temps social. Pas seulement soustraire le loisir à la marchandisation, en libérant l'expression de soi et la reconnaissance sociale de l'injonction au travail rémunéré[1]. Et sûrement pas dévaloriser les tâches de subsistance. Le « temps libre », c'est le temps de l'autonomie. De l'organisation collective des tâches dont nous tirons satisfaction (production alimentaire, énergie, et toutes formes de coopérations directes), mais aussi de l'évaluation de nos actions collectives, de ce qu'elles font de nous, et, même, des manières dont nous les évaluons. Lorsque *nous* ne nous en chargeons pas, une oligarchie s'en charge toujours et peut ainsi prendre pouvoir. La révolution sociale est sans lendemain, elle est perpétuelle ou bien n'est pas, parce qu'une *réindustrialisation* des valeurs est toujours possible.

1 André Gorz, « De l'aptitude au temps libre », dans *Transversales*. Sciences/Cultures, 50, mars-avril 1998, repris dans *Leur écologie et la nôtre. Anthologie d'écologie politique*, *op. cit.*

« Agissez par vous-mêmes »

Voilà ce qui est en jeu si la récusation écologiste des politiques de sécurité doit ressourcer un sens politique plus authentique. À défaut, la dévalorisation écologiste du « mode de vie occidental » ne peut que dévaloriser l'espèce humaine comme telle – faisant exception au respect de la valeur intrinsèque de *tous* les vivants. Nombre d'idéologues libéraux ont fait leur beurre de la misanthropie ou de l'« anti-humanisme » qu'ils présument dans toute conception un peu consistante de la valeur intrinsèque des vivants[1]. Ne demandons pas à des conservateurs d'affronter l'enjeu plus fort que représente le risque effectif de haine de soi encouru par toute critique culturelle et politique sincère : l'enjeu d'une mise en question politique, assumée et décisive du sens d'une vie humaine. Une telle question devient brûlante lorsque prendre ses distances avec ses propres conditions socio-historiques devient urgent. S'y soustraire laisse la place à l'aveuglement qu'entretiennent les oligarchies conservatrices et le fanatisme religieux sous toutes ses formes – celles que les monothéismes nous ont léguées et celles que le désespoir et la haine de soi écologistes pourraient finir par inventer. Or, qu'est-ce qui aujourd'hui nous reconduit à cette question, loin des « réponses » intégristes et libérales, qui, chacune à leur manière, occupent entièrement le terrain ? Qu'est-ce qui peut *nous* y conduire sinon une radicalisation écologiste du politique ?

Les difficultés pratiques qu'on soulève alors sont considérables, et bien malin – et plus encore – qui prétendrait les lever dans un livre. À commencer par la plus simple à formuler, mais qui n'est pas la moins redoutable. Disséminer les pouvoirs fait courir le risque de réunir une puissance collective insuffisante face à l'ampleur et à l'échelle géographique des oligarchies qui, au propre et au figuré, occupent le terrain. Les échelles plus vastes (européennes ou mondiales), où l'on peut vouloir traiter les enjeux environnementaux et contenir les multinationales, engendrent des institutions qui nous échappent bien plus facilement encore que les États. Les discours de l'effondrement du capitalisme, des contradictions internes supposées l'affaiblir, trahissent toujours la conscience d'une telle difficulté, que notre époque n'a fait qu'exacerber. De même, parfois, pour cet écologisme dit de gouvernement, qui domine depuis les années 1980 (« les enjeux environnementaux sont trop urgents pour attendre que le capitalisme s'effondre, il faut donc composer avec »). Que peut-on y ajouter, sinon répéter que l'échec prévisible et durable de cet écologisme est désormais patent,

1 Pour illustrer la caricature qu'alors on nous inflige, voir Luc Ferry, *op. cit.*, 1992.

et rappeler qu'aucun dispositif de domination n'a jamais pu être renversé sans être, d'une façon ou d'une autre, affaibli ? Il n'y a pas de changement politique profond sans un moment favorable, un *kaïros* à saisir. Mais il n'est nullement nécessaire d'attendre que cela se fasse tout seul. La crise écologique du consumérisme et des gains de productivité prépare peut-être déjà une crise décisive, mais les divers signes de radicalisation de notre rapport à la question écologique peuvent prêter force à une résistance collective qui précipite cette crise et *préfigure* son issue. À condition d'assumer son caractère politique – la radicalité des transformations socio-politiques, et même psychologiques, que la question écologique implique –, et de cesser de se contenter de conceptions *privatives*, et finalement assez tristes, de la sobriété, de croire que se demander de quoi nous pouvons vivre, au sens le plus large, peut remplacer la question de la vie bonne[1] sans laisser le champ libre au capitalisme et au religieux, bref à la domination et à l'aveuglement. Et pour tout cela, il va sans doute falloir se « soulever », donc, entre autres choses, produire aussi des analyses de la situation contemporaine dans une perspective plus stratégique que celle que j'ai adoptée.

Les difficultés tiennent aussi au besoin de réinventer l'articulation entre économie et politique. La liberté des Grecs et la liberté des libéraux occultent toutes deux les dominations sur lesquelles elles reposent. Et l'économie est, dans les deux cas, leur lieu d'implantation : qu'il s'agisse du *foyer* esclavagiste et patriarcal grec ou du capitalisme contemporain. Féminisme et socialisme nous l'ont appris depuis longtemps : il y a du politique au *foyer* – au propre comme au figuré. La défense de l'égale dignité des personnes humaines, et l'anti-esclavagisme qu'il implique, en ont sans doute été une première expression, que l'on retrouve dans l'antiracisme. Les êtres humains sont égaux par nature – c'est une leçon de la modernité, qu'elle ne sait pas respecter, dont la formulation est discutable et problématique, mais dont il n'est bien sûr jamais bon de faire l'économie. L'écologisme hérite de cette politisation de l'*oïkos* – déconstruire les dominations –, et tente de la pousser un peu plus loin : à travers la valeur intrinsèque de tous les vivants, le caractère potentiellement écocide du moindre de nos gestes ou encore la jonction qui constitue l'écoféminisme. Superposer l'économique et le politique pose quantité de problèmes, nos sociétés libérales en offrent une version monstrueuse, mais distinguer temps de la *polis* et temps de l'*oïkos*, espace de la subsistance et espace de la liberté politique, de manière aussi stricte et hiérarchique que dans notre représentation du modèle grec en pose tout autant. Il faut donc réinventer cette spécificité du politique et de ses valeurs de liberté, sans pour

1 Corinne Pelluchon, *Les nourritures. Philosophie du corps politique*, Éditions du Seuil, 2015.

autant soustraire quoi que ce soit à ces valeurs, aux pratiques et discussions politiques. « Règne de la nécessité » et « règne de la liberté » ne doivent pas se distinguer comme deux ensembles différents de tâches. Il faut pour tous un temps qui politise tous les aspects de la vie sociale, mais qui réponde à des exigences qui leur sont irréductibles.

Au risque de retrouver cependant l'expérience qui a traumatisé notre modernité politique et la culture occidentale, et refoulé une véritable culture collective des valeurs : les conflits de valeurs portés au niveau politique nous ont conduits dans l'histoire à littéralement nous entretuer. Une leçon des guerres de religion, notamment, qu'on ne peut non plus oublier. Construire un espace de sécurité et promouvoir la tolérance ont eu des raisons et un sens qui ne se réduisent pas à cette forme d'occultation des questions politiques de fond et d'imposition d'un mode de vie consumériste que la tolérance est devenue pour nous. J'ai tenté de ressaisir les limites d'une politique placée sous le seul signe de la sécurité, et à quel point la crise écologique en est paradoxalement le fruit. Il en est de même de la tolérance. Si on n'en discute publiquement que sous ses formes les plus difficiles à contester (liberté d'expression, liberté de culte), c'est pour mieux passer sous silence que la liberté de produire et de consommer (la « souveraineté du consommateur », p. 96-97) en est la figure la plus solidement établie, la plus problématique et pourtant la plus *intouchable* si l'on peut dire. Parce que c'est celle qui touche au plus près la configuration sécuritaire de nos satisfactions et de nos frustrations. Critiquer cette figure, au nom d'une repolitisation du sens d'une vie humaine motivée par la question écologique, ce n'est pourtant pas refuser la tolérance, bien au contraire : le discours de la tolérance devient insupportable et mensonger, pour qui a un minimum de conscience politique, parce qu'il émane le plus souvent de la bouche de politiques et de leurs valets qui incarnent le tabou qui frappe toute mise en question radicale de notre mode de vie et de nos institutions. Ils incarnent donc une intolérance, certes moins barbare, mais tout aussi dure que n'importe quel intégrisme, qu'il soit ou non religieux.

Il n'en reste pas moins une difficulté : remettre au cœur des enjeux politiques la question des satisfactions qui donnent sens à nos vies semble contrevenir à la liberté pour chacun de conduire sa vie comme il l'entend, donc contrevenir à la tolérance. Un discours écologiste dur peut parfois sembler intolérant pour ce type de raisons, particulièrement lorsqu'il cède à la tentation de la moraline et du religieux. Si c'est une difficulté, elle n'est pourtant pas spécifique à une radicalisation écologiste : elle est liée à la tolérance elle-même. Car, d'une façon ou d'une autre, les gens ne sont jamais vraiment libres de conduire leur vie *comme ils l'entendent*. Et tant mieux, puisque ce que chacun fait interagit avec ce que font les autres. Décentraliser la société, accroitre l'autonomie des groupes sociaux, de communautés locales, rencontrerait la même difficulté. Parce que la tolérance est toujours relative à *ce qu'on estime intolérable*. Mais une telle limite du tolérable reste abstraite tant qu'on ne la mesure pas à quelque chose comme le sens d'une vie humaine, et un sens collectivement construit et réfléchi, à même l'expérience de nos interactions. Dans sa forme classique, elle reposait sur une égalité humaine par nature. Ce qu'on retrouve en partie dans le discours de l'autonomie, mais ajusté à une expérience concrète du « développement » de nos sociétés. Si la société de consommation devient *intolérable*, c'est d'abord par le degré auquel elle détruit la biodiversité et « mutile [...] l'autonomie de la personne » (Illich, p. 31). Politiser le sens de nos aspirations *semble* contrevenir à la liberté, en partie seulement illusoire, de vivre comme on l'entend, dans les limites du tolérable. En réalité, les limites du tolérable reposent toujours sur une certaine politisation de nos aspirations. Et sans se soucier ensemble du sens d'une vie humaine, sans cultiver un sens politique, où puiser une juste mesure du tolérable qui se sorte des pièges de la sécurité, qui ne soit pas une énième manière de subir le contrôle – toujours aveugle, démesuré et finalement facteur des pires violences – des oligarchies politiques, économiques et religieuses, passées et présentes? C'est un vrai problème mais qui se traite politiquement. Sous des formes qui ne peuvent qu'assumer, d'une manière ou d'une autre, une réactivation collective, politique, de la question de la vie bonne.

On s'étonnera peut-être que l'enquête soulève plus de problèmes qu'elle n'en résout. Contre une écologie réduite à la recherche d'un consensus sécuritaire, qui plus est un consensus qui, en contexte capitaliste, ne peut qu'être sans cesse exigé et différé, j'ai essayé de creuser jusqu'au bout la signification et les difficultés d'une radicalisation écologiste du politique, pour me joindre publiquement à ceux qui l'estiment souhaitable, et refusent toutes les formes de dépolitisation de l'écologie. *Nous* prêter force avec les moyens et limites qui sont les miens et ceux d'un livre.

Dégager des problèmes, et des problèmes bien connus – des problèmes *communs* –, n'en est cependant pas vraiment une, et prétendre trancher de tels problèmes (ou pire en inventer) *dans un livre* serait autoritaire. Si un sens plus haut du politique est aujourd'hui désirable, comment mieux le justifier qu'en tentant de cerner *publiquement* les problèmes qui lui donnent une réalité et qui sont neutralisés aujourd'hui parce que nos sociétés sont ce qu'elles sont ? Comment mieux défendre le caractère hautement politique de la question écologique qu'en la montrant *nous* reconduire à ces problèmes, qu'elle seule sans doute peut encore *pour tous* raviver ?

Ou nous faire à nouveau oublier pour longtemps. Car l'énormité des enjeux écologiques et l'effroi qu'ils suscitent peuvent étouffer à la source l'enthousiasme d'une société nouvelle, et nous placent ainsi tous à la croisée des chemins. Ou bien la radicalité, une expérience courageuse et intelligente de liberté politique, et une expérience créative, combative. Un sens renouvelé et politique de ce qui *vaut* intrinsèquement la peine de vivre, et un sens ancré dans une reconstruction de nos infrastructures économiques et domestiques. Une révolution continue qui n'a aucune vocation à être violente – donc, si violence il doit y avoir, nos oligarques en porteront toute la responsabilité. Ou bien la victoire, encore et pour longtemps, d'une politique de sécurité en passe de devenir aussi exorbitante et absurde que la destruction de la biosphère qu'elle ne jugulera jamais puisqu'elle en est la cause. Ou bien une radicalisation écologiste du politique et tout ce qu'elle peut libérer – l'investissement collectif des problèmes politiques de fond dont la question écologique procède –, ou bien la longue agonie de notre mode de vie et de tout ce que le capitalisme exploite – laissant ainsi intactes les conditions socio-historiques d'une destruction de la biosphère, enfermée dans un éternel état d'« urgence ». Avec la crise écologique, des transformations socio-politiques « désirables » deviennent « nécessaires » : c'est aujourd'hui notre plus grande source d'espoir et notre plus grand danger – les grandes crises de l'histoire humaine ont plus souvent été le terreau des religions et des violences sociales et politiques qui l'ont ravagée, que des « sursauts démocratiques ». Mais si la crise écologique est établie, sa signification historique et politique ne l'est pas encore. Donc, comme aurait pu dire Kropotkine, *Agissez par vous-mêmes.*

Bibliographie

Textes principaux

Bookchin, Murray, 2017, *Notre environnement synthétique* (1962), Atelier de création libertaire.

— 2016, *Post-Scarcity Anarchism* (1971), trad. *Au-delà de la rareté*, Écosociété. Notamment :

— 1965, « Écologie et pensée révolutionnaire » (1964), *Anarchy*, Freedom Press ;

— 1968, « Les formes de la liberté » ;

— 1968-1969, « Vers une technologie libératrice », *Anarchos*, n°2 et 3.

— 2016, *Ecology of Freedom. The Emergence and Dissolution of Hierarchy* (1982), AK Press.

— 2016, *Social Ecology and Communalism*, AK Press.

— 2019, *Pouvoir de créer, pouvoir de détruire, recueil de textes de 1969 à 1995*, L'Échappée, Paris. Notamment :

— 1969, « Pouvoir de créer, pouvoir de détruire », *Roots* ;

— 1974, « Pour une société écologique », *Philosophica*, vol. xiii ;

— 1980, « Lettre ouverte au mouvement écologiste », *Comment* ;

— 1986, « Économie de marché ou économie morale ? » (1983), *The Modern Crisis*, Philadelphia/Montreal ;

— 1993, « Qu'est-ce que l'écologie sociale ? », dans Michael E. Zimmermann, *Environmental Philosophy : From Animal Rights to Radical Ecology*, New Jersey.

— 2019, *Changer sa vie sans changer le monde. L'anarchisme contemporain entre émancipation individuelle et révolution sociale* (1995), Agone, Marseille.

Canguilhem, George, mars 1974, « La question de l'écologie. La technique ou la vie », revue *Dialogue*.

Cayley, David, 1996, *Entretiens avec Ivan Illich*, Bellarmin.

Georgescu-Roegen, Nikolas, 1995, *La décroissance. Entropie, écologie, économie* (1971), Sang de la Terre, Paris.

Gorz, André, 1978, *Écologie et politique*, recueil de textes de 1972 à 1977, Éditions du Seuil, Paris. Notamment :

— 1973, « Socialisme ou écofascisme », *Le Sauvage* ;

— 1973, « L'idéologie sociale de la bagnole », *Le Sauvage* ;

— 1974, « Leur écologie et la nôtre », sous le titre « Partage ou crève ! », *Le Sauvage* ;

— 1977, *Écologie et liberté*, Éditions Galilée, repris dans *Écologie et politique*.

— 2004, *Métamorphoses du travail. Critique de la raison économique* (1988), Gallimard, Paris.

— 2020, *Leur écologie et la nôtre. Anthologie d'écologie politique*, Françoise Gollain & Willy Gianinazzi (dir.), Éditions du Seuil, Paris. Notamment :

— 1974, « Leur écologie et la nôtre », sous le titre « Partage ou crève ! », *Le Sauvage* ;

— 1992, « L'écologie, entre expertocratie et auto-limitation », *Actuel Marx*, n°12 ;

— 1998, « De l'aptitude au temps libre », *Transversales. Sciences/Cultures*, 50.

Illich, Ivan, 2021, *La convialité* (1973), Éditions du Seuil, Paris.

— 2004, *Équité et énergie* (1973), dans *Œuvres complètes*, vol. 1, Fayard, Paris.

— 2004, *Nemesis médicale* (1975), dans *Œuvres complètes*, vol. 1, Fayard, Paris.

2005, *Le travail fantôme* (1981), dans *Œuvres complètes*, vol. 2, Fayard, Paris.

— 2005, « Disvaleur », dans *Œuvres complètes*, vol. 2, Fayard, Paris.
Jonas, Hans, 1990, *Le principe responsabilité* (1979), Le Cerf, Paris.
Jouvenel, Bertrand (de), 2002, *Arcadie. Essais sur le mieux-vivre* (1968, 1er édition), Gallimard, Paris.
— 1957, « De l'économie politique à l'écologie politique », *Bulletin de la SEDEIS*, n° 671.
— 2002, « L'économie politique de la gratuité », dans *Arcadie…, op. cit.*
— 2002, « Les économistes et l'environnement » (1971), dans *Arcadie…, op. cit.*
Mumford, Lewis, 2004, *Technique et Civilisation* (1934), Parenthèses, Marseille.
— 1974, *Le mythe de la machine*, tome 2 (1970), Fayard, Paris.
— 2021, « Technique autoritaire, technique démocratique » (1963), dans *Technique autoritaire et technique démocratique*, La Lenteur.

Textes mentionnés concernant l'écologie – antérieurs à 2000

Abbey, Edward, 2013, *Le gang de la clé à molette* (1975), Gallmeister, Paris.
Anders, Günther, 2002, *L'obsolescence de l'homme* (1956), Éditions de l'Encyclopédie des Nuisances, Paris.
Bookchin, Murray, 1952, « The Problem of Chemicals in Food », *Contemporary Issues : A Magazine for a Democracy of Content*, 3, 12.
— 1955, « A Follow-Up on the Problem of Chemicals in Food », *Contemporary Issues : A Magazine for a Democracy of Content*, 6, 21.
— 1955, « Reply to Letters on Chemicals Food », *ibid.*
— 1960, « The Limits of the City », dans *Contemporary Issues : A Magazine for a Democracy of Content*, 10, 39.
Boulding, Kenneth, E., 1995, « The Economics of the Coming Spaceship Earth » (1966), repris dans *Radical Political Economy. Explorations in Alternative Economic Analysis*, Victor Lippit (dir.), Routledge, New-York.
Bourg, Dominique, mai 1991, « Faut-il avoir peur de la bioéthique ? », revue *Esprit.*
Buckminster Fuller, Richard, 2009, *Manuel d'instruction pour le vaisseau spatial « Terre »* (1969), Lars Müller, Zürich.
Carson, Rachel, 2022, *Silent Spring* (1962), trad. *Printemps silencieux*, Wildproject, Marseille.
Charbonneau, Bernard, 2022, *Le feu Vert. Autocritique du mouvement écologique (1980)*, l'Échappée, Paris.
Daly, Herman, 2018, *Steady-State Economics* (1977), trad. *Economie stationnaire*, Les Petits Matins, Paris.
— 1991, « Towards an Environmental Macroeconomics », *Land Economics*, n°67.
— décembre 1991, « Il n'y a pas de croissance durable », revue *Silence.*
— 1997, « Georgescu-Roegen Versus Solow/Stiglitz », *Ecological Economics*, 22.
Darier, Éric (dir.), 1999, *Discourses of the Environment*, Blackwell Publishers, Malden.
Dobson, Andrew, 2000, *Green Political Thought* (1990), Routledge, New-York.
Drouin, Jean-Marc, 1997, *L'écologie et son histoire*, Flammarion, Paris.
Ehrlich, Paul, 1968, *The Population Bomb*, Ballantine Books, New-York.
Ellul, Jacques, 2003, *Les nouveaux possédés* (1973), Les Mille et Une Nuits, Paris.
Ferry, Luc, 2002, *Le nouvel ordre écologique* (1992), Le Livre de Poche, Paris.
Haeckel, Ernst, 2021, *Generelle Morphologie des Organismen* (1866), Salzwasser-Verlag.
Hermitte, Marie-Angèle, Noiville, Christine, 1993, « La dissémination volontaire d'organismes génétiquement modifiés dans l'environnement. Une première application du principe de prudence », *Revue juridique de l'environnement*, 3.
Illich, Ivan, 2015, *Une société sans école* (1971), Éditions du Seuil, Paris.
Kapp, Karl, W., 1950, *The Social Costs of Private Enterprise*, Shocken, New-York.

KROPOTKINE, Pierre, 2020, *L'entraide, un facteur de l'évolution* (1902), Nada, Paris.
LASCOUMES, Pierre, 1994, *L'éco-pouvoir. Environnement et politiques*, La Découverte, Paris.
LARRÈRE, Catherine, LARRÈRE, Raphaël, 2022, *Du bon usage de la nature* (1997), Flammarion, Paris.
LATOUR, Bruno, 2004, *Politiques de la nature. Comment faire entrer les sciences en démocratie* (1999), La Découverte, Paris.
LEOPOLD, Aldo, 2019, *L'éthique de la terre, suivi de Penser comme une montage*, Payot, Paris.
LOVELOCK, James, 2017, *La Terre est un être vivant : l'hypothèse Gaïa* (1979), Flammarion, Paris.
LUKE, Timothy W., 1995, « On Environmentality : Geo-Power and Eco-Knowledge in the Discourses of Contemporary Environmentalism », *Cultural Critique*, n°31.
— 1999, « Environmentality as Green Governmentality », dans coll. *Discourses of the Environment*, Blackwell Publishers, Malden.
MARSH, George, Perkins, 2006, *Man and Nature or Physical Geography as modified by Human Action* (1864), University of Michigan Library.
MISHAN, Ezra, 1967, *The Cost of Economic Growth*, Staples Press, London.
NAESS, Arne, 1973, « Le mouvement d'écologie superficielle et le mouvement d'écologie profonde de longue portée. Une présentation », *Inquiry*, n°16.
NAESS, Arne (avec John SEED, Joanna MACY et Pat FLEMING), 2022, *Penser comme une montagne. Pour un conseil de tous les êtres* (1988), Passerelle Éco.
O'CONNOR, James, 1988, « Capitalism, Nature, Socialism. A Theoretical Introduction », d*ans Capitalism, Nature, Socialism*, vol. 1, Routledge, New-York.
ODUM, Eugene, 1971, *Fondamentaux de l'écologie* (1953), Sanders College Publishing.
PIGOU, Arthur C., 2001, *The Economics of Welfare* (1920), Routledge, New-York.
RECLUS, Élisée, 1876-1894, *Nouvelle géographie universelle*, 19 volumes, Librairie Hachette, Paris.
ROQUEPLO, Philippe, 1999, *Climats sous surveillance*, Economica, Paris.
RUTHERFORD, Paul, 1999, « The Entry of Life Into History », dans coll. *Discourses of the Environment*, Blackwell Publishers, Malden.
SAHLINS, Peter, *1994, Forest Rites : The War of the Demoiselles in Nineteenth-Century France, Harvard University Press, Cambridge.*
SÈVE, Bernard, 1993, « La peur comme procédé heuristique et comme instrument de persuasion », dans Gilbert Hottois, (dir.), *Aux fondements d'une éthique contemporaine : H. Jonas et H. T. Engelhardt*, Vrin, Paris.
SOLOW, Robert M., 1974, « Intergenerational Equity and Exhaustible Resources », *Review of Economics Studies*, vol. 41.
STIGLITZ, Joseph E., 1974, « Growth with Exhaustible Natural Resources : Efficient and Optimal Growth Path », *Review of Economics Studies*, vol. 41.
STONE, Christopher D., 2017, *Les arbres doivent-ils pouvoir plaider?* (1972), Le Passager Clandestin, Lorient.

Textes mentionnés concernant l'écologie – postérieurs à 2000

ARDILLO, José, 2015, *Les illusions renouvelables. Énergie et pouvoir : une histoire* (2007), L'Échappée, Paris.
— 2018, *La liberté dans un monde fragile. Écologie et pensée libertaire* (2014), L'Échappée, Paris.
AUDIER, Serge, 2019, *L'âge productiviste. Hégémonie prométhéenne, brèches et alternatives écologiques*, La Découverte, Paris.
BEDNIK, Anna, 2012, *Extractivisme. Exploitation industrielle de la nature : logiques, conséquences, résistances*, Le Passager Clandestin, Lorient.
BENNHOLDT-THOMSEN, Veronika, MIES, Maria, janvier 2001, « Defending, Reclaiming and Reinventing the Commons », *Revue canadienne d'études du développement.*

Berlan, Aurélien, 2021, *Terre et liberté. La quête d'autonomie contre le fantasme de délivrance*, La Lenteur.

Bertrand, Aliénor, 2014, « Une archéologie philosophique des normes environnementales : biopolitique et droit des peuples autochtones », *Revue générale de droit*, 43

Blanc, Guillaume (dir.), Demeulenaere, Élise (dir.), Feuerhahn, Wolf (dir.), 2017, *Humanités environnementales : enquêtes et contre-enquêtes*, Éditions de la Sorbonne, Paris.

Bourg, Dominique, Whiteside, Kerry, 2010, *Vers une démocratie écologique. Le citoyen, le savant et le politique*, Éditions du Seuil, Paris.

Bourg, Dominique, 2021, *Désobéir pour la terre, défense de l'état de nécessité*, PUF, Paris.

Bourg, Dominique, Papaux, Alain (dir.), 2021, *Dictionnaire de la pensée écologique*, PUF, Paris.

Canabate, Alice, 2021, *L'écologie et la narration du pire*, Utopia, Paris.

Castoriadis, Cornelius, 2020, « La force révolutionnaire de l'écologie », dans *Écologie et politique*, Éditions du Sandre, Saint-Loup-de-Naud.

Celnik, Nicolas, Benoit, Fabien, 2022, *Techno-luttes. Enquête sur ceux qui résistent à la technologie*, Reporterre, Éditions du Seuil, Paris.

Charbonnier, Pierre, 2020, *Abondance et liberté. Une histoire environnementale des idées politiques*, La Découverte, Paris.

— 2022, *Politiques de l'écologie*, AOC.

Chartier, Denis, 2004, « Aux origines du flou sémantique du développement durable. Une lecture critique de *La stratégie mondiale de la conservation* », *Écologie et politique*, n°29.

Chastenet, Patrick, 2023, *Les racines libertaires de l'écologie politique*, L'Échappée, Paris.

Couix, Quentin, 2019, « Natural Resources in the Theory of Production : the Georgescu-Roegen/Daly Versus Solow/Stiglitz Controversy », *European Journal of History of Economic Thought*, 26(6).

Crétois, Pierre, 7 avril 2023, « L'incomplétude économique face à la catastrophe écologique qui vient », *Analyse. Opinion. Critique*.

D'Alisa, Giacomo, Demaria, Federico, Kallis, Giorgos, 2014, *Degrowth : A Vocabulary for a New Era*, Routledge, trad. fr., 2015, *Décroissance : vocabulaire pour une nouvelle ère*, Le Passager Clandestin, Lorient.

Dard, Olivier, 2012, « Bertrand de Jouvenel et l'écologie », *Écologie et politique*, n° 44.

Deneault, Alain, 12 juillet 2022, « L'extrême centre et l'écologisme industriel », *Analyse. Opinion. Critique*.

Descola, Philippe, 2015, *Par-delà nature et culture* (2005), Gallimard, Paris.

Diamond, Jared, 2005, *Collapse : How Societies Choose to Fail or Succeed*, Penguin Books, New York.

Douai, Ali, Plumecocq, Gaël, 2017, *L'économie écologique*, La Découverte, Paris.

Dubiau, Antoine, 2022, *Écofascismes*, Grevis, Caen.

Flipo, Fabrice, 2014, *Nature et politique. Contribution à une anthropologie de la modernité et de la globalisation, Éditions Amsterdam, Paris.*

Flipo, Fabrice, 2016, « Penser l'écologie politique », *Vertigo*, 16, 1.

Fourel, Christophe, Ruault, Clara, 2022, *« Écologie et révolution », pacifier l'existence. André Gorz/Herbert Marcuse : un dialogue critique*, Les Petits Matins, Paris.

Fressoz, Jean-Baptiste, Bonneuil, Christophe, 2013, *L'événement anthropocène. La Terre, l'histoire et nous*, Éditions du Seuil, Paris.

Fressoz, Jean-Baptiste, Locher, Fabien, 2020, *Les révoltes du ciel. Une histoire du changement climatique, xve-xxe siècle*, Éditions du Seuil, Paris.

Fry, Tony, 2018, *Design Futuring : Sustainability, Ethics, and New Practice* (2009), Bloomsbury Visual Arts.

Garcia, Renaud, 2020, *La collapsologie ou l'écologie mutilée*, L'Échappée, Paris.

Gerber, Vincent, 2017, « Les idéaux de Bookchin fleurissent au Rojava », *EcoRev*, n° 44.

Gorz, André, 2003, *L'immatériel*, Galilée, Paris.

Greisch, Jean, 2006, « "L'heuristique de la peur" ou qui a peur de Hans Jonas », dans col., *La peur. Émotion, passion, raison*, Presses de l'Université Saint-Louis, Bruxelles.

Guillibert, Paul, 2021, *Terre et capital. Pour un communisme du vivant*, Éditions Amsterdam, Paris.

— 2023, *Exploiter les vivants. Une écologie politique du travail*, Éditions Amsterdam, Paris.

Haribey, Jean-Marie, 2012, « La portée écologiste de l'œuvre de Marx », *Actuel Marx*, n°52.

Jarrige, François, 2022, *On arrête (parfois) le progrès*, L'Échappée, Paris.

Jackson, Tim, 2010, *Prosperity Without Growth : Economics for a Finite Planet* (2009), trad. *Prospérité sans croissance : La transition vers une économie durable*, De Boeck.

Kallis, Giorgos, 2018, *Degrowth*, Agenda Publishing.

Keucheyan, Razmig, 2014, *La nature est un champ de bataille : essai d'écologie politique*, Zones, Paris.

La Parisienne Libérée, 2019, *Le nucléaire, c'est fini*, La Fabrique, Paris.

Larrère, Catherine, 2011, « La question de l'écologie. Ou la querelle des naturalismes », *Cahiers philosophiques*, n°127.

Latour, Bruno, Schultz, Nicolaj, 2022, *Mémo sur la nouvelle classe écologique*, La Découverte, Paris.

Lipietz, Alain, 2022, *Face à la toute-urgence écologique, la révolution verte*, Les Petits Matins, Paris.

Longeaux, Nicolas (de), 2009, *La nature et la norme : la philosophie politique contemporaine face aux questions écologiques*, L'Harmattan, Paris.

Ludosky, Priscilla, Toussaint, Marie, 2020, *Ensemble nous demandons justice. Pour en finir avec les violences environnementales*, Massot Éditions, Paris.

Malm, Andreas, 2020, *Comment saboter un pipeline ?*, La Fabrique, Paris.

— 2023, *Avis de Tempête. Nature et culture dans un monde qui se réchauffe*, La Fabrique, Paris.

Mancebo, François, 2006, *Le développement durable*, Armand Colin, Paris.

Méda, Dominique, Cassiers, Isabelle, Maréchal, Kevin (dir.), 2017, *Vers une société post-croissance. Intégrer les défis écologiques, économiques et sociaux*, Éditions de l'Aube, La Tour d'Aigues.

Méda, Dominique, Jany-Catrice, Florence, mai 2023, « La post-croissance, mais avec quels indicateurs ? », *L'Économie politique*, n° 98.

Milanese, Arnaud, 24 janvier 2023, « Le Rapport Meadows, ou les limites des *Limites de la croissance* », *Analyse. Opinion. Critique.*

Monnin, Alexandre, Landivar, Diego, Bonnet, Emmanuel, 2021, *Héritage et fermeture. Une nouvelle voie pour démanteler le legs du capitalisme*, Divergences, Paris.

Monnin, Alexandre, 2023, *Politiser le renoncement*, Divergences, Paris.

Morena, Édouard, 2023, *Fin du monde et petits fours. Les ultra-riches face à la crise climatique*, Le Découverte, Paris.

— 9 mai 2023, « L'écologie du ruissellement », *Analyse. Opinion. Critique.*

Niezgoda, Fabien, Waechter, Antoine, 2017, *Le sens de l'écologie politique. Une vision par-delà droite et gauche*, Sang de la Terre.

Parrique, Timothée, 2022, *Ralentir ou périr. L'économie de la décroissance*, Éditions du Seuil, Paris.

Pelluchon, Corinne, 2015, *Les nourritures. Philosophie du corps politique*, Éditions du Seuil, Paris.

Pestre, Dominique, 2013, *À Contre-science. Politiques et savoirs des sociétés contemporaines*, Éditions du Seuil, Paris.

Perez-Cebeda, Juan Diego, janvier 2013, « An Editorial Flop Revisited : Rethinking the Impact of Murray Bookchin's *Our Synthetic Environment* on its Golden Anniversary », *Global Environment : A Journal of Transdisciplinary History.*

Pottier, Antonin, 2014, *L'économie dans l'impasse climatique*, EHESS.

Rabhi, Pierre, 2010, *Vers la sobriété heureuse*, Actes Sud, Arles.

Raworth, Kate, 2018, *La théorie du Donut, l'économie de demain en sept principes* (2017), Plon, Paris.

Richard, Jacques, Rambaud, Alexandre, 2021, *Philosophie d'une écologie anticapitaliste. Pour un nouveau modèle de gestion écologique*, Presses de l'Université Laval.

Rosanvallon, Pierre, 2010, « Le souci du long terme », dans Dominique Bourg, Alain Papaux (dir.), *Vers une société sobre et désirable*, PUF, Paris.

Ross, Kristin, 2023, *La forme-Commune. La lutte comme manière d'habiter*, La Fabrique, Paris.
Roussopoulos, Dimitrios, 2015, *Political Ecology Beyond Environmentalism*, New Compass Press.
Rutherford, Stéphanie, 2017, « Environmentality and Green Governmentality », *The International Encyclopedia of Geography*.
Salleh, Ariel, 2004, « Sustainability and Meta-Industrial Labour : Building a Synergistic Politics », *The Commoner*, 9.
Sas, Eva, 2010, *Philosophie de l'écologie politique*, Les Petits Matins, Paris.
Servigne, Pablo, Stevens, Raphaël, 2015, *Comment tout peut s'effondrer. Petit manuel de collapsologie à l'usage des générations présentes*, Éditions du Seuil, Paris.
Servigne, Pablo, Chapelle, Gauthier, 2017, *L'entre-aide : l'autre loi de la jungle*, Les liens qui libèrent, Paris.
Smith, Rebecca K., 2008, « 'Ecoterrorism'?: A Critical Analysis of the Vilification of Radical Environmental Activists as Terrorists », *Environmental Law*, vol. 8 (2).
Spash, Clive, L., 2015, « The content, direction and philosophy of ecological economics », dans *Handbook of Ecological Economics*, Edward Elgar Publishing.
Spash, Clive, L. (dir.), 2017, *Routledge Handbook of Ecological Economics*, Routledge.
Spector, Céline, 28 août 2023, « Consentir à la finitude ? Écologie et démocratie », *Analyse. Opinion. Critique.*
Victor, Peter, 2008, *Managing without Growth : Slower by Design, not Disaster*, Edward Elgar Publishing.
Villalba, Bruno, 2023, *Politiques de sobriété*, Le Pommier, Paris.
Villalba, Bruno, Porchon, David, 22 mai 2023, « Jusqu'où assumer la contre-violence en Anthropocène ? », *Analyse. Opinion. Critique.*
Wagner, Travis, 1er mars 2008, « Reframing Ecotage as Ecoterrorism : News and the Discourse of Fear », *Environmental Communication*, vol. 2, n°1, Routledge, New-York.
Wallenhorst, Nathanaël, 2022, *Qui sauvera la planète ? Les technocrates, les autocrates ou les démocrates…*, Actes Sud, Arles.

Autres textes mentionnés

Anders, Günther, 2014, *La Violence : oui ou non. Une discussion nécessaire (1986)*, Éditions Fario, Paris.
Arendt, Hannah, 2020, *La condition de l'homme moderne* (1961), Livre de Poche, Paris.
Berger, Suzanne, 2003, *Notre première mondialisation. Leçons d'un échec oublié*, Éditions du Seuil, Paris.
Biebricher, Thomas, 2019, *The Political Theory of Neoliberalism*, Stanford University Press.
Bisson, Frédéric, 27 juillet 2023, « Sainte-Soline ou la politique de la zone », *Analyse. Opinion. Critique.*
Boltanski, Luc, 2009, *De la critique. Précis de sociologie de l'émancipation*, Gallimard, coll. « NRF essais », Paris.
Bosvieux-Onyekwely, Charles, 2020, *Croire en l'État. Une genèse de l'idée de service public en France (1873-1940)*, Éditions du Croquant, Vulaines-sur-Seine.
Bourdieu, Pierre, juin 1984, « La délégation et le fétichisme politique », dans *Actes de la recherche en sciences sociales*, vol. 52-3.
Caillé, Alain, 2009, *Théorie anti-utilitariste de l'action. Fragments d'une sociologie générale*, La Découverte, Paris.
Chomsky, Noam, Herman, Edward, 1988, *Manufacturing Consent : The Political Economy of the Mass Media*, Pantheon Books.
Crétois, Pierre, 2020, *La part commune. Critique de la propriété privée*, Éditions Amsterdam, Paris.

— 2023, *La Copossession du monde. Vers la fin de l'ordre propriétaire*, Éditions Amsterdam, Paris.

Crétois, Pierre, Jourdain, Édouard (dir.), 2022, *La démocratie sous les bombes. Syrie, le Rojava entre idéalisation et répression*, Le Bord de l'Eau, Lormont.

Dardot, Pierre, Laval, Christian, 2014, *Commun, Essai sur la révolution au XXIe siècle*, La Découverte, Paris.

Deleule, Didier, 1979, *Hume et la naissance du libéralisme économique*, coll. « Analyse et raisons », Aubier, Paris.

Dewey, John, 2010, *Le public et ses problèmes* (1927), Gallimard, Paris.

— 2014, *La quête de certitude. Une étude de la relation entre connaissance et action* (1929), Gallimard, Paris.

— 2014, *Liberalism and Social Action* (1935), traduit *Après le libéralisme? Ses impasses, son avenir*, Climats, Flammarion, Paris.

Foucault, Martial, Muxel, Anne, 2022, *Une jeunesse engagée. Enquête sur les étudiants de Sciences Po, 2002-2022*, Sciences Po Les Presses, Paris.

Foucault, Michel, 2004, *Naissance de la biopolitique. Cours au Collège de France (1978-1979)*, Gallimard, Éditions du Seuil, Paris.

Frobert, Ludovic, 2021, *Vers l'égalité ou au-delà? Essai sur l'aube du socialisme*, ENS Éditions, Lyon.

Garcia, Renaud, 2018, *Le sens des limites. Contre l'abstraction capitaliste*, L'Échappée, Paris.

Gautier, Claude, 2019, *Voir et connaître la société*, ENS Éditions, Lyon.

Gautier, Claude, Zancarini-Fournel, Michelle, 2022, *De la défense des savoirs critiques*, La Découverte, Paris.

Hardin, Garrett, 2018, *La tragédie des communs* (1968), PUF, Paris.

Heath, Joseph, Potter, Andrew, 2020, *Révolte consommée. Le mythe de la contre-culture* (2004), L'Échappée, Paris.

Hobbes, Thomas, 1999, *Léviathan* (1651), Dalloz, Paris.

Jobard, Fabien, Fillieule, Olivier, 2020, *Politiques du désordre*, Éditions du Seuil, Paris.

Keynes, John Maynard, 1931, *The End of Laissez-Faire*, Hoggart Press, 1926, repris dans *Essays in Persuasion*, Macmillan & Co, London.

— 1931, « Economic Possibilities for Our Grandchildren » (1930), dans *Essays in Persuasion*, op. cit.

Kropotkine, Pierre, 2019, *Agissez par vous-mêmes*, Nada, Paris.

Laville, Jean-Louis, 2019, *Réinventer l'association. Contre la société du mépris*, Desclée de Brouwer, Perpignan.

Lippmann, Walter, 2022, *Public Opinion* (1922), Wilder Publications.

— 1991, *The Method of Freedom* (1934), Routeledge, New-York.

— 2004, *The Good Society*, titre original *An Inquiry into the Principles of the Good Society* (1937), Routledge, trad. fr., 2011, *La cité libre*, Les Belles Lettres, Paris.

Locke, John, 1994, *Le second traité du gouvernement* (1690), PUF, Paris.

Marglin, Stephen, 1974, « What Do Bosses Do? The origins and functions of hierarchy in capitalist production. Part I », *The Review of Radical Political Economics*, 6 (2): 60-112, trad. fr. par B. Tinel, 2004, *« À quoi servent les patrons? », Marglin et les radicaux américains*, ENS Éditions, Lyon.

Marx, Karl, 2008, *Le Capital, Tome I* (1867), Gallimard, Paris.

Milanese, Arnaud, 2020, *Walter Lippmann, d'un néolibéralisme à l'autre*, Classiques Garnier, Paris.

Montesquieu, 1993, 1999, *De l'esprit des lois* (1748), livres I et II, Garnier Flammarion, Paris.

— 2014, *Mes Pensées*, Gallimard, Paris.

Moscovici, Serge, 1981, *L'âge des foules*, Fayard, Paris.

Napoli, Paolo, 2003, *Naissance de la police moderne*, La Découverte, Paris.

Olsen, Niklas, 2019, *The Sovereign Consumer. A New Intellectual History of Neoliberalism*, Palgrave MacMillan, Cham.

Ostrom, Elinor, 2010, *La gouvernance des biens communs* (1990), Deboeck Supérieur, Louvain-la-Neuve.

Polanyi, Karl, 2004, *La Grande Transformation. Aux origines politiques et économiques de notre temps* (1944), Gallimard, Paris.
Rousseau, Jean-Jacques, 2011, *Du contrat social* (1762), Flammarion, Paris.
Sartre, Jean-Paul, 1985, *Critique de la raison dialectique, tome 1 : théorie des ensembles pratiques* (1960), Gallimard, Paris.
Segal, Howard P., 2005, *Technological Utopianism in American Culture*, Syracuse University Press.
Smythe, William Henry, 1918, « Technocracy – Ways and Means to Gain Industrial Democracy », *Industrial Management*.
Stiegler, Barbara, 2019, *« Il faut s'adapter ». Sur un nouvel impératif politique*, Gallimard, Paris.
Strauss, Leo, 2008, *Droit naturel et histoire* (1953), Flammarion, Paris.
Tourneux, Odile, 2022, *La souveraineté à l'ère du néolibéralisme*, Classiques Garnier, Paris.

Index

A

B

C

D

E

F

G

H

T

U

V

W

Z

Table des matières

Partie III – Une radicalisation écologiste du politique • 123

Composition : Le Bord de L'eau éditions

Cet ouvrage a été achevé d'imprimer en juillet 2024
pour le compte des éditions Le Bord de L'eau
par Imprimerie Laballery (58500 Clamecy).

Dépôt légal : Août 2024 - N° d'impression : 407034

Imprimé en France